Südengland

Zeit für das Beste

Highlights – Geheimtipps – Wohlfühladressen

»Ich frage mich, ob jemand in Oxford irgendwas tut außer zu träumen und sich darauf zu besinnen, wie schön dieser Ort ist. Fast erwartet man, dass die Menschen singen statt sprechen. Es ist alles wie eine Oper.«

William Butler Yeats

BRUCKMANN

Südengland

Zeit für das Beste

Michael Pohl
Franz Marc Frei

BRUCKMANN

Vorangehende Doppelseite: Eines der Wahrzeichen Englands: die Kreidefelsen Seven Sisters
Oben: Viele Gasthäuser wie hier in Rye haben Außenplätze.
Unten: Eigentlich prägen gelbgraue Sandsteinbauten Bristol – am Hafen aber ist es richtig bunt.

INHALTSVERZEICHNIS

DER NORDEN – DAS TOR ZU DEN MIDLANDS

DER WESTEN – DORSET, SOMERSET, BRISTOL

REISEINFOS

Oben: Erinnerung an koloniale Zeiten – der Royal Pavilion in Brighton.
Mitte: Eine einzigartige Architektur prägt die Kathedralen Englands wie hier in Salisbury.
Unten: In den Cotswolds wird es richtig dörflich mit malerischen Häusern und Pflanzen.

DIE TOP TEN

DOVER CASTLE (S. 30)

Die Kreidefelsen am Ärmelkanal sind für viele Besucher das Erste, das sie beim Eintreffen der Fähre von Frankreich aus sehen. Hoch oben über dem Fährhafen von Dover liegt das Schloss der Stadt, ein großes Fort, das zum Teil aus dem 11. Jahrhundert stammt. Es ist baulich sehenswert und birgt vor allem nach einem Umbau eine sehr gute Ausstellung, die Lust auf den Rest des Landes macht.

CANTERBURY (S. 48)

Die kleine Kathedralenstadt in Kent ist ein hervorragendes Beispiel für mittelalterliche Stadtentwicklung. Sie bietet ein wunderbares Gesamtbild und ist deswegen leider oftmals überlaufen. Wer Canterbury wirklich entdecken möchte, sollte abends oder früh morgens kommen – oder am besten über Nacht bleiben.

ISLE OF WIGHT (S. 114)

Die Insel vor der Südküste Englands ist der perfekte Ort für alle, die schon anderes im Land gesehen haben. Auf kleiner Fläche sind hier Steilküsten, idyllische Dörfer, imposante Gebäude und viel Geschichte zu erleben. Fähren verkehren mehrmals die Stunde zu diesem ganz besonderen Eiland.

SALISBURY CATHEDRAL (S. 149)

Eine der schönsten Kathedralen Englands bietet neben einem sagenhaften Gebäude auch eine Rarität: Eine der letzten vier existierenden Magna-Charta-Abschriften befindet sich hier in Salisbury und kann zumindest in Teilen betrachtet werden. Bis heute basiert das britische Recht darauf.

STONEHENGE (S. 156)

Es ist so etwas wie das Wahrzeichen eines ganzen Landes geworden: Um den frühzeitlichen Steinkreis von Stonehenge ranken sich viele Geschichten und Spekulationen. Unklar ist bis heute, wie er überhaupt errichtet werden konnte, da die Steine aus dem weit entfernten Wales stammen. Die ganze Gegend birgt noch mehr Relikte aus jener Zeit.

WINDSOR (S. 170)

Das Wochenenddomizil des britischen Königshauses im Westen von London ist nicht einfach nur ein Schloss – es ist eine der imposantesten Anlagen des ganzen Landes. Rundherum ist eine Kleinstadt entstanden, die noch heute den Charme vergangener Zeiten versprüht.

COTSWOLDS (S. 194)

Oft wird diese Gegend zwischen Bath, Oxford und Cheltenham als Herz Englands bezeichnet – was an ihrer bilderbuchhaften Landschaft, den malerischen Dörfern und der Tierwelt liegen dürfte. Mit dem Wollhandel gelangte sie zu Reichtum. Heute sind die Cotswolds eine vor allem bei einheimischen Reisenden beliebte Gegend auf der Suche nach schönen Wanderrouten und Entspannung.

BATH (S. 224)

Das alte römische Kurbad ist heute ein georgianisches Gesamtkunstwerk: Die ganze Stadt wurde streng in diesem Baustil erneuert, was sie einzigartig macht. Ein Muss ist das römische Badehaus, das unterhalb des Straßenniveaus wiederentdeckt wurde – und das Bath seinen Namen gab.

BRISTOL (S. 232)

Die alte Seefahrerstadt hat es verstanden, ihren nicht mehr genutzten Hafen zu einem Vergnügungsviertel umzugestalten. Der schönste Bereich befindet sich aber weitab davon: Clifton, seit jeher ein Wohnort der eher wohlhabenderen Einwohner, liegt an der Clifton Suspension Bridge und führt fast so etwas wie ein Eigenleben.

CHEDDAR (S. 248)

Der Ort des gleichnamigen Käses liegt in einer Schlucht. Forscher entdeckten zwei Höhlen, in denen vor Jahrtausenden Menschen gelebt haben müssen. Und bis heute wird auch hier noch der weltweit bekannte Cheddar-Käse hergestellt, wenngleich er zumindest in den Supermärkten größtenteils längst aus anderen Städten stammt.

Oben: Bilderbuchidylle allerorten – zum Beispiel in Beaminster in Dorset
Unten: Wer behauptet, das Wetter in England sei schlecht? Nicht nur im Sommer kann man vielerorts draußen Platz nehmen.

Kennen Sie Südengland?

Der Steinkreis von Stonehenge? Dovers Kreidefelsen? Opulente Schlösser und Herrenhäuser wie Highclere Castle, das als Downton Abbey in der gleichnamigen Fernsehserie Karriere gemacht hat? Englands Süden ist vielen Reisenden nicht gänzlich unbekannt, aber nur wenige kennen seine ganze Vielfalt. Im Schatten der heutigen Hauptstadt London lebt die Geschichte fort – etwa in der alten Römerstadt Bath, die heute eines der prachtvollsten Beispiele georgianischer Architektur in England ist. Brighton ist nicht nur ein altes Seebad, sondern eine Partyhochburg für Wochenendtouristen von nah und fern. Aus Bristol stammen nicht nur die Knetfiguren Wallace und Gromit – hier hat sich in den vergangenen Jahrzehnten eine ausgesprochen kreative Kunstszene entwickelt.

Schon Kelten und Römer genossen den Aufenthalt in Südengland. Es zog sie hierher auf der Suche nach wertvollen Mineralien und auch im Drang, das eigene Machtzentrum zu vergrößern. Prähistorische Steinkreise, Hügelgräber und alte Knochenfunde beweisen die Attraktivität, die diese Gegend seit zig Tausenden von Jahren genossen haben muss. Die Römer verlängerten ihr Straßennetz kontinuierlich, viele der heutigen Straßen stammen vom Verlauf her aus jener Zeit.

Drumherum hat sich das Leben aber längst weiterentwickelt. Viele südenglische Städte verfügen über renommierte Schulen und Hochschulen, etwa Cambridge, Eton und Oxford – Forschung und Wissenschaft sind längst wichtige Standbeine im Alltag geworden.

Steckbrief Südengland

Lage: England bildet den südlichen Teil Großbritanniens, im Norden angrenzend an Schottland, im Westen an Wales. Es ist der größte und einwohnerstärkste Bereich des Vereinigten Königreichs. Traditionell ist England in 39 Grafschaften eingeteilt, wobei große Städte inzwischen eigene Verwaltungseinheiten bilden.

Größe: 130 395 km^2

Hauptstadt: London (8,4 Mio. Einwohner)

Flagge: 

Sprache: Die Amtssprache ist Englisch.

Währung: Pfund Sterling

Geografie: Südengland ist geprägt von eindrucksvollen Steilküsten, idyllischen Stränden und hügeliger, grasbewachsener Landschaft. Im Süden zieht sich ein Kalksteingebiet entlang der Küste.

Klima: In Südengland gibt es die höchsten Durchschnittstemperaturen der Britischen Inseln und die meisten Sonnenstunden. Die Sommer sind durchschnittlich 20 Grad warm, aber selten heiß. Selbst im Winter bewegen sich die Temperaturen meist bei über 0 Grad. Jährlich fallen statistisch gesehen 750 mm Niederschlag – in etwa so viel wie in Hamburg. Das Wetter ist in Küstennähe oft wechselhaft.

Tourismus: Weil Südengland in der Regel wärmeres Wetter hat als der Norden der Insel, ist dieser Teil bei Reisenden sehr beliebt. Neben Küstenorten wie Brighton oder Bournemouth ziehen auch die alten Städte Salisbury, Bath oder Canterbury Tag für Tag Busladungen von Touristen an. Wer es ruhiger haben möchte, hält sich an die ländlichen Gegenden: Die Cotswolds punkten mit schönen Wanderrouten. Auch ein Netz früherer Handelskanäle wie der Kennet-and-Avon-Canal wird inzwischen touristisch genutzt.

Ein Gesamtkunstwerk: die Grand Parade in Bath vom Avon-Fluss aus gesehen

Oben: Die Kreidefelsen bescheren Südengland eine der schönsten Küstenlinien.
Unten: Party ohne Ende: Das Seebad Brighton lebt von seinem Ruf, nie langweilig zu werden.

Das Zentrum Englands

Die Nähe zu London wirkt sich auch auf die Wirtschaft der südenglischen Grafschaften aus. Die Verlagerung von Produktionsstätten nach Fernost mag vielen Städten zu schaffen gemacht haben, doch einige haben sich für andere Branchen herausgeputzt. Große Konzerne wie Vodafone sitzen nicht in der teuren Hauptstadt, sondern in ihrem Umfeld, etwa in Reading. Während der Norden unter dem Wegfall von Bergbau und Industrie leidet, war man in Südengland immer schon besser dran – Dienstleistung, Forschung und Finanzwesen ließen die Gegenden gut dastehen.

Dieser Band behandelt den Süden Englands zwischen Kent und Somerset. Den beiden südwestlichen Grafschaften Devon und Cornwall ist ein eigener Band der Reihe »Zeit für das Beste« (ISBN 978-3-7654-8242-7) gewidmet, ebenso der Hauptstadt London (ISBN 978-3-7654-5786-9).

Der Ärmelkanal

Er ist vielen wegen der kürzesten Verbindung zwischen dem Festland und Großbritannien ein Begriff: Von Calais nach Dover führen die weitaus meisten Fährrouten. Doch der Ärmelkanal zieht sich von hier aus wie eine Lebensader an der Südküste Englands entlang, bis er bei Land's End schließlich in den Atlantik übergeht. Wer also an Stränden wie Brighton oder Bournemouth ins Wasser geht, badet streng genommen im Ärmelkanal. Einige bekannte Inseln liegen hier, neben der Isle of Wight sind die Kanalinseln Guernsey und Jersey vor der französischen Küste die beliebtesten. Letztere gehören aber politisch streng genommen nicht zu Großbritannien und auch nicht zu England, sondern unterstehen als Kronbesitz direkt der britischen Monarchie und verfügen über eine eigene Gesetzgebung.

Seit 1994 besteht mit dem Eurotunnel eine Verbindung zwischen Frankreich und England. Der Tunnel ist aufgrund seiner Länge von rund 50 Kilometern allerdings nur für den Bahnverkehr freigegeben. Schnellzüge aus Paris und Brüssel rollen hier hindurch nach London-St. Pancras. Zwischen Calais und Folkestone gibt es zudem einen Autotransport als Alternative zu den Fähren. Das Jahrhundertbauwerk sollte eigentlich viel früher realisiert werden: Bereits 1875 begann der Bau eines Tunnels, dessen Arbeiten jedoch schnell wieder eingestellt wurde. Neben dem immensen Aufwand war damals offenbar die latente Angst der Briten vor einer französischen Invasion durch eben diesen Tunnel ausschlaggebend.

Literatur und Film

James Bond, Miss Marple, Harry Potter – große Serien in Film und Fernsehen sind in Südengland entstanden. Produktionsteams nutzen nicht nur mit schöner Regelmäßigkeit malerische Anwesen wie Lacock Abbey und Stoke Park für Dreharbeiten; auch große Filmstudios sind hier beheimatet. In den Pinewood-Studios etwa entstanden sämtli-

Oben: Auf den Straßen Englands sind schon Rockmusiklegenden entstanden – wie hier in Henley-on-Thames.
Unten: Nicht nur das Land von Erd-, Heidel- und Himbeeren – auch Kuschelbären stehen in England hoch im Kurs.

Oben: Skurrile Veranstaltungen wie die London-Brighton-Rallye muss man meist nicht lange suchen.
Unten: Zum Wasser haben die Briten als Inselnation eine besondere Beziehung.

che James-Bond-Filme. Und Warner Brothers besitzen mit ihrem Standort in Watford bei London nicht nur eine frühere Rolls-Royce-Flugzeugfabrik, sondern jene Studios, in denen die Harry-Potter-Reihe verfilmt wurde.

Kein Ende auch bei den erfolgreichen Autoren Südenglands – Krimiikone Agatha Christie und die Königin der Landromanzen, Rosamunde Pilcher, muss man geografisch den beiden südwestlichsten Grafschaften Devon und Cornwall zuordnen. Doch auch in anderen Gegenden sind Bestseller entstanden: Jane Austen, Charles Dickens, Oscar Wilde, Ian McEwan und Douglas Adams sind nur einige jener englischer Autoren, deren Bücher längst in aller Welt gelesen werden.

Alles mit Links

Zugegeben: Man muss sich zuallererst mit etwas anfreunden, vor dem viele Kontinentaleuropäer Bedenken haben, nämlich dem Linksverkehr. Doch wer von der Fähre kommt, merkt, dass man quasi immer jemanden vor sich hat, dem man hinterherfährt. Viel falsch machen kann man also nicht. Das Straßennetz in Südengland ist zudem hervorragend ausgebaut. Autobahnen (Motorways) und Schnellstraßen (A Roads) führen in etliche Gegenden und sind oftmals zwei- bis dreispurig. Einziger Störfaktor sind für viele die Kreisverkehre, die Englands Straßenbauer inflationär planen. Auch die meisten Schnellstraßen enden früher oder später in einem Kreisel – meist früher als später.

Spätestens, seitdem Miss Marple um 16.05 Uhr ab Paddington in Richtung Südwesten gestartet ist, kennt jedermann auch die legendäre Great Western Railway: Das britische Ingenieursgenie Sir Isambard Kingdom Brunel konstruierte sie zwischen 1833 und 1838 und ließ die Gleise an eini-

gen der spektakulärsten Küsten entlang und durch malerische Landschaften im Landesinneren verlegen. Die Strecke verbindet London-Paddington heute mit Plymouth und Penzance. Sie gilt nach wie vor als eine der attraktivsten Abschnitte der britischen Eisenbahn, die entgegen vieler Vorurteile inzwischen eigentlich recht zuverlässig ist. Doch auch zahlreiche Museumsbahnen existieren heute hier im Süden. Vereine haben sich mehrerer früher im Linienverkehr genutzten Strecken angenommen und betreiben sie meist mit alten Dampfloks. An den Küstenorten haben andere Verkehrsmittel Karriere gemacht: Boote verkehren nicht nur zu Touristenzwecken, sie sind auch im Linienverkehr eingesetzt. Die zahlreichen Kanäle und Flüsse dienen primär der Erholung.

Fischerei

Lange Zeit war die Fischerei neben dem Bergbau ein wichtiger Wirtschaftsfaktor im Süden Englands. Sardinen gehörten zum größten Exportschlager, doch dann übertrieb man es. Durch Überfischung schrumpften die Bestände vor den Küsten merklich, sodass heute kaum noch ein privater Fischer von seinem Beruf leben kann. Doch es gibt diese Branche immer noch, und überall finden sich in den Häfen Boote, die gerade mit ihrem Fang eingetroffen sind. Seeteufel, Austern,

Oben: Hübsche Hafenorte wie Lymington sind überall entlang der Küste zu finden.
Unten: Das Land der Eisenbahn – wie auf der Isle of Wight existieren bis heute überall malerische Strecken für Züge.

Oben: Kaffeefans im Café in Lewes
Unten: Cream Tea mit Scones
S. 15 o.: Historische Bauten wie das Rifles prägen viele Städte.
S. 15 M.: Ein bisschen Spaß muss sein, auch auf der Pubwerbung.
S. 15 u.: Biogärtner Charles Dowding

Muscheln oder Krebse gehören zum Beliebtesten, was in den Gewässern vor der südenglischen Küste gefangen wird. Insgesamt rund 40 Sorten Fisch kommen von hier laufend in den Handel.

Von Fisch bis Scones

Noch schlechter als der Ruf der britischen Eisenbahn ist eigentlich nur noch der der britischen Küche – doch auch dies völlig zu Unrecht. Die Zeiten, in denen die Küche aus Fish and Chips und Hamburgern bestand, sind größtenteils vorbei. Regionale Zutaten sind in den südenglischen Küchen inzwischen sehr angesagt, Gemüse, Fleisch und Fisch kommen aus der Umgebung, das Ganze im Stil moderner Crossover-Küche zubereitet. Wobei immer gilt: Weniger Firlefanz als in anderen Ländern – das Gericht soll in jedem Fall satt machen.

Nachmittags gehört der Cream Tea zum Alltag, bei dem es zum Earl Grey auch Scones gibt, eine Art süßes, festes Brötchen, das mit Marmelade und Clotted Cream – dickem Rahm – gegessen wird. Das traditionelle Frühstück ist warm, mit Eiern (Rührei, Spiegelei oder pochierte Eier), gebratenem Speck, Würstchen, gebackenen Bohnen, Champignons und Tomaten. Engländer essen auch gern Porridge, eine Art Haferbrei. Allein: Dieses deftige Frühstück wird meist nur in Hotels oder am Sonntag zu Hause zubereitet. Sonst hält man sich auch in England eher an Toast und Kaffee.

Englands Apfel-Grafschaft

In Südengland mag man nicht unbedingt schwermütige Drinks wie den schottischen Whisky, dafür haben sich britischer Gin (mit einem guten Tonic wie Feevertree, Fentimans oder Britvic) und vor allem Pimm's etabliert. Letzteres ist ein bitterer Likör, der mit Limonade, Gurke und viel Obst getrunken wird – ein echtes Sommergetränk! Zu jeder Jahreszeit hält man sich an Bier und vor allem an Cider, eine Art Apfelschaumwein. Der gleicht auf den ersten Blick dem skandinavischen oder französischen Cidre – er beinhaltet jedoch etwas mehr Alkohol, nämlich mit rund fünf Prozent etwa so viel wie ein Bier. Und er kommt in vielen Fällen direkt aus dem Süden Englands, denn Somerset gilt als Apfel-Grafschaft.

In den Pubs dominieren die Biersorten der großen internationalen Getränkekonzerne. Wer sucht, findet aber auch einzelne Biere von regionalen Brauereien, etwa Wadworth aus Devizes oder Butcombe aus Bristol. Gezapft werden sie in Pintgläsern (0,568 Liter), stets bis zum Rand vollge-

AUTORENTIPP!

DIE FÜNF SCHÖNSTEN TEAROOMS

Secret Wartime Tunnels Tearoom. Das Café ist in einem der napoleonischen Tunnel von Dover Castle untergebracht. Castle Hill, Dover CT16 1HU, Tel. 013 04/21 10 67, www.english-heritage.org.uk/daysout/properties/dover-castle

Julien Plumart Salon de Thé. Französische Variante eines Tearooms. 27–29 Duke Street, Hove BN1 1AG, Tel. 012 73/20 89 97, www.julienplumart.com/jpboutique

The Old Station. Café und Tearoom in einem früheren Bahnhof im New Forest. Station Road, Holmsley, Burley BH24 4HY, Tel. 014 25/40 24 68, www.stationhouseholmsley.com

Lucy's Tea Room. Gemütliches Café mit schönem Garten in den Cotswolds. The Square, Stow-on-the-Wold GL54 1AB, Tel. 014 51/83 00 00

The Pump Room. Tee in elegantem Saal mit Pianomusik. Stall Street, Bath A1 1LZ, Tel. 012 25/44 44 77, www.searcys.co.uk/venues/pump-room-restaurant

schenkt – übrigens anders als in Deutschland weitestgehend ohne Schaum. Selbst Pilsbiere werden so eingeschenkt, dass das Glas bis obenhin gefüllt ist. Das hat den Hintergrund, dass es früher keine Eichstriche gab, sondern das Glas selbst die Eichmarke war. Wer nicht so viel trinken möchte, kann auch ein halbes Pint bestellen (»half a beer« oder ein »glass«). Man unterscheidet in England zwischen Lager (helles Exportbier, worunter auch das in Deutschland übliche Pils fällt), Ale (ein rotes, obergäriges Bier, das gern bei Kellertemperatur ohne Kohlensäure gezapft wird und deswegen nicht jedermanns Sache ist) sowie Stout, ein dunkles, fast schwarzes Bier – bekanntester Vertreter ist das irische Guinness, das es auch in England in so gut wie jedem Pub gibt.

Noch etwas ist besonders im Südwesten: Es gibt tatsächlich Weingüter, eigentlich untypisch für die Britischen Inseln. Gerade der Weißwein ist durchaus trinkbar, erhält er doch durch das Klima die nötigen Sonnenstunden. Viele Weingüter experimentieren aber auch mit Rotweinen oder Rosé. In den Restaurants sind nach wie vor eher Weine aus den früheren Kolonien angesagt, aus Australien, Neuseeland und Südafrika.

Eine Teenation mit Kaffeebars

Morgens und tagsüber gibt es in Südengland tatsächlich nach wie vor oftmals Tee – trotz aller Klischees. Er wird traditionell mit Milch getrunken, und man darf sich nicht wundern, wenn zur Kanne Tee eine weitere mit heißem Wasser auf den Tisch kommt. Es ist üblich, nach und nach Wasser aufzugießen, damit der Tee nicht zu stark wird. Es hat sich inzwischen aber auch eine großartige Kaffeekultur in England entwickelt. Selbst kleine Pubs verfügen oftmals über eine Espressomaschine und bereiten die ganze Palette an italienischen

Kaffeespezialitäten zu. Wegen der besonders fetthaltigen Milch schmecken Cappuccino und Caffè Latte übrigens besonders gut. Ansonsten gibt es in fast jeder Ortschaft mindestens eine moderne Kaffeebar – von Costa Coffee über Starbucks bis zu Caffè Nero.

Natur und Umwelt

Was wäre Südengland ohne seine Gärten? Nicht nur die zahlreichen Schlösser und Herrenhäuser sind umgeben von aufwendig angelegten Grünflächen, auch viele Vorgärten von ganz normalen Wohnhäusern gleichen preisverdächtigen Anlagen. Am typischsten sind wohl die Palmen: Wegen des milden Klimas vor allem im Südwesten wachsen Pflanzen, die üblicherweise nur in Südeuropa anzutreffen sind. Viele Gärtner haben gezielt von den Kanarischen Inseln oder anderen Regionen Spaniens und Südamerikas Blumen nach England geholt, die die Vegetation deutlich bereichert haben. Wegen des Golfstroms dauert zudem die Blütezeit länger: Bereits kurz nach dem Winter erstrahlen viele Gärten in kunterbunten Farben. Und auch im Spätherbst gibt es noch einiges zu sehen. Die grünen Gärten und rauen Küsten sind aber nur ein Aspekt der einzigartigen Natur in diesem

Oben: Der Golfstrom und regelmäßige kurze Regenschauer lassen in Südengland die Blumen sprießen.
Unten: Historisches zu bewahren ist für Engländer überaus wichtig. So kann man auch heute noch den Anblick von Scotney Castle genießen.

Oben: Ideal für Radtouren und Wanderungen: die Küstenlandschaften bei Beachy Head nahe Eastbourne.
Unten: Spaziergänger bei Tennyson Down auf der Isle of Wight.

Teil Großbritanniens. Ausgedehnte Hügellandschaften wie die Cotswolds ziehen viele Wanderer zurecht an.

Immer an der Klippe entlang

Einige Küstenabschnitte im Südwesten eignen sich ausgezeichnet zum Wassersport. Surfer finden durch hohe Wellen perfekte Bedingungen vor, beliebt ist längst auch das sogenannte Coasteering, eine Art Klippenklettern, bei dem man früher oder später im Meer landet. Bournemouth hat sich nicht zuletzt durch ein künstliches Riff zu einem angesagten Ort für Wasserratten entwickelt.

Schwimmen im Meer kann zumindest im Südwesten durchaus ein Vergnügen sein. Wegen des Golfstroms heizt sich das Wasser im Sommer an einigen Stellen bis zu 25 Grad auf – allerdings nur für wenige Wochen. Und: Vielerorts ist das Wasser glasklar, aber eben nicht überall. Vor allem in Bereichen, in denen Flüsse münden, hält seine trübe Farbe vom Baden ab.

Wandern und Radfahren

Der Southwest Coast Path ist so etwas wie das ultimative Erlebnis für Wanderer im Südwesten. Der gut 1000 Kilometer lange Weg führt einmal die

Küste der Grafschaften Devon und Cornwall entlang und reicht jeweils noch ein Stückchen weiter bis in die Nachbargrafschaften Somerset und Dorset. Er gilt als längster zusammenhängender Fernwanderweg Großbritanniens und ist durchweg mit einem Eichel-Symbol gekennzeichnet. Ursprünglich nutzte ihn die britische Küstenwache im Kampf gegen Schmuggler, längst haben aber Hobbywanderer die Strecke für sich entdeckt. Aber auch andere Gegenden wie die Cotswolds und die Küste Kents bieten sich für Wanderungen an. Für Anfänger lohnt sich fast in jeder Stadt ein Blick auf die Landkarte: Meist gibt es außerhalb des Zentrums teils gut ausgeschilderte Wege, die in die Natur führen.

Radfahrer haben es noch einfacher: Das landesweite Fernwegeradnetz National Cycle Network hat auch in Südengland eine starke Präsenz. Mehr noch: Eine frühere Eisenbahnstrecke zwischen Bristol und Bath war der Ursprung dieses Netzes. Bis heute kümmert sich die gemeinnützige Organisation Sustrans, Erfinder des National Cycle Networks, um alternative Routen zu den Autostraßen. Allerorten sieht man die blauen Schilder mit dem weißen Radsymbol und der weißen Ziffer auf rotem Grund – alle nationalen Strecken sind wie Autobahnen durchnummeriert und so angelegt, dass sie über weite Abschnitte frei von Autoverkehr sind. Ein Radverleih findet sich in fast jedem touristisch relevanten Ort.

Kunst und Kultur

Kunst und Kultur spielen in Südengland eine große Rolle. Nicht nur in London hat sich über die Jahrhunderte eine lebendige Theaterszene entwickelt – in etlichen anderen Orten wurden Traditionstheater teils über private Initiativen am Leben erhalten. Allen voran das Old Vic (18. Jahrhundert)

Oben: Ein Paradies für Wassersportler beim Segeln vor der Isle of Wight
Mitte: Ein Sprung ins kalte Wasser von Brighton
Unten: Beim Kitesurfen in Poole

Oben: Ein Land mit Sinn für Kunst, hier in Henley-on-Thames
Unten: Street Art in Bristol

in Bristol, Großbritanniens älteste noch bespielte Bühne. In derselben Stadt hat sich das alteingesessene Hippodrome zu einem der angesagtesten Musicaltheater des Landes entwickelt.

Cheltenham setzt dagegen auf Autoren: Das Literaturfestival der Stadt ist eines der ältesten der Welt und zieht jedes Jahr bekannte Schriftsteller an. Klassische Musik ist nicht nur während der jährlichen Proms-Konzerte in London ein Highlight des englischen Kulturkalenders. Hervorragende Konzerte finden sich überall. Und dass die Briten die Könige der Pop- und Rockmusik sind, haben bereits die Beatles bewiesen. Bis heute kommen aus Südengland inspirierende Bands und Solokünster, die in aller Welt Erfolg haben – Tom Odell (Chichester), Radiohead (Oxford) und die Stranglers (Surrey), um nur einige zu nennen. Das spiegelt sich in einigen international beachteten Festivals wider. Das Glastonbury Festival oder das Isle of Wight Festival etwa stehen in ihrem Kultstatus dem legendären Woodstock kaum nach.

Sparen in Outlet Malls

Es gibt sie noch, die kleinen mittelalterlichen Orte, in denen hinter aufwendigen Holzfassaden Einzelhändler ihre Waren anbieten – etwa in Canterbury oder Salisbury. Es gibt auch nach wie vor Märkte und Markthallen, in denen unter anderem frisches Obst und Gemüse in Hülle und Fülle verkauft wird. Doch die meisten Städte Südenglands bieten zumindest in ihrer Haupteinkaufsstraße einen austauschbaren Mix an Einzelhandelsketten, von Next über Gap bis zum Topshop.

Auch Einkaufszentren am Rande der Stadt haben sich großflächig etabliert. Und es gibt jede Menge Outlet Malls nach amerikanischem Vorbild. Bekannte Marken bieten hier ihre Ware aus der Vor-

saison zum deutlich ermäßigten Preis an. Besonders umfangreiche und aufwendige Malls haben sich in Gloucester, Bicester und Swindon breitgemacht. Der Lebensmitteleinzelhandel ist bestimmt von großen Ketten wie Tesco, Sainsbury's und Waitrose, die allesamt Filialen unterschiedlicher Größen betreiben. Zunehmend drängen aber auch ausländische Discounter wie Aldi, Lidl und Netto in den Markt.

Der Engländer

Zurückhaltend, höflich, bodenständig – und manchmal auch ein bisschen skurril? So sind viele Menschen hier im Süden Englands. Aber andere sind mitunter auch hyperaktiv, zukunftsgewandt und trendig. Selbst die eher kleinen Orte Südenglands lassen sich nicht so einfach als provinzielles Hinterland abhaken. Die Industrialisierung hat die Gegend schon vor weit mehr als 100 Jahren eng mit anderen Städten des Landes verknüpft. Universitäten haben die Forschung hierher gebracht, und nicht nur die großen Universitäten Oxford

Oben: Lokale Produkte stehen auf den Speisekarten hoch im Kurs. Deswegen gibt es überall regelmäßig Märkte wie hier in Dorchester. **Unten:** Traditionsverbunden: ein Mitarbeiter der Harveys-Brauerei in Lewes

Oben: Oxford steht bis heute wie kaum eine andere Stadt für Forschung und Lehre.
Unten: Skurril? Traditionell? Modern? Modisch begegnet einem auf Englands Straßen schlichtweg alles.

und Cambridge genießen ein hervorragendes Renommee, auch in Bristol, Brighton oder anderen kleinen Orten wird gelehrt und geforscht. Dabei kam Südengland im Vergleich zum Rest der Insel schon immer die Nähe zur Hauptstadt zugute und auch die Tatsache, dass man sich auf unterschiedliche Gewerbe konzentriert hat. So waren die Abwanderung der produzierenden Industrie oder das Aus des Bergbaus für den Süden eher zu verkraften als für den Norden. Heute leben viele Menschen von Dienstleistungen, IT-Unternehmen und vom Bankensektor.

Im Alltag besteht die Regel: Jedermann wird Gäste freundlich, aber zurückhaltend aufnehmen. Höflichkeit spielt bei den Engländern eine große Rolle – nicht nur in den legendären Schlangen am Schalter oder an der Bushaltestelle, wo keiner je auch nur auf die Idee kommen würde, sich vorzudrängeln. Bei offiziellen Anlässen legt man Wert auf einen passenden Dresscode, hat aber im Alltag auch gern mal das Hemd aus der Hose hängen. Und wenn am Wochenende das jüngere Partyvolk auf die Pisten zieht, geht es nur allzu oft hoch her – nicht zuletzt durch die großen Mengen Alkohol. »Binge Drinking«, das Komatrinken, ist nicht nur in den Großstädten weit verbreitet. Wer seine Ruhe haben möchte, meidet an Wochenenden potenzielle Partyviertel und nimmt sich ein Hotel in einer ruhigen Gegend.

Von hier aus die Welt entdeckt

Schon weit vor Christus siedelten die ersten Menschen im Süden, was durch Funde bei zahlreichen Ausgrabungen belegt ist – nicht zuletzt durch den Steinkreis von Stonehenge. Die Kelten zog es bis hierher, und im ersten Jahrhundert n. Chr. kamen die Römer nach England und besetzten es bis zur Grenze nach Schottland. Mehrere Städte haben ihre Wurzeln in jener Zeit, etwa Bath. Die Seefahrt hatte seit jeher eine große Bedeutung für den Süden. James Cook und Sir Francis Drake stachen von hier aus in See, um die Welt zu entdecken. Auch schlimme Entwicklungen der Vergangenheit wie der Sklavenhandel bescherten den Häfen Wachstum und Reichtum – unter anderem betraf dies Bristol, das neben Liverpool Zentrum dieser Sparte wurde.

Unterschiedliche Armeen segelten los in den Kampf gegen Nationen wie Spanien und Frankreich. Bei der D-Day-Landung in der Normandie hatten die Häfen Südenglands ihre große Stunde, und bis heute pflegt die britische Marine ihre Stützpunkte an der Südküste. Als die Eisenbahn im 19. Jahrhundert auch den Südwesten erreichte, wuchs mit dem Tourismus eine wichtige Branche heran, die nicht nur die zahlreichen Seebäder an der Südküste erreichte. Heute sind Häfen wie Dover, Southampton und Portsmouth noch immer wichtige Verkehrsknotenpunkte – allerdings eher für Fähren und Kreuzfahrtschiffe. Viele kleinere Orte, die früher vom Handel auf See lebten, sind zu idyllischen Küstendörfern geworden.

AUTORENTIPP!

DIE FÜNF SCHÖNSTEN ANWESEN

Highclere Castle. Besser bekannt als fiktives Downton Abbey – hier wurde die gleichnamige Fernsehserie gedreht. Highclere Park, Newbury RG20 9RN, Tel. 016 35/25 32 10, www.highclerecastle.co.uk

Dyrham Park. Dieses schöne Gebäude aus dem 17. Jahrhundert liegt schlossähnlich in einem Park voller Hirsche. A46, South Gloucestershire SN14 8ER, Tel. 01 17/937 25 01, www.nationaltrust.org.uk/dyrham-park

Chartwell. Auf dem Anwesen lebte der frühere Premierminister Winston Churchill. Mapleton Road, Westerham TN16 1PS, Tel. 017 32/86 83 81, www.nationaltrust.org.uk/chartwell

Stonor Park. Schönes Anwesen aus dem 12. Jahrhundert. Stonor, Henley-on-Thames RG9 6HF, Tel. 014 91/63 85 87, www.stonor.com

Osborne House. Der im mediterranen Stil umgebaute Privatsitz von Queen Victoria. York Avenue, East Cowes PO32 6JX, Tel. 019 83/20 00 22, www.english-heritage.org.uk/daysout/properties/osborne

Geschichte im Überblick

35 000 v. Chr. Die ersten Menschen müssen zu dieser Zeit bereits in England gelebt haben, wie Funde beweisen.

2900 v. Chr. Der Süden Englands wird von den Kelten bewohnt.

55/54 v. Chr. Julius Caesar überfällt in zwei Feldzügen die britische Insel, zieht sich aber beide Male wieder zurück.

43 Die Römer erreichen erneut Großbritannien und erobern große Teile der Insel – zumindest das heutige England und Wales, denn die Schotten leisten beharrlich Widerstand. Die Römer bauen zahlreiche neue Städte und entwickeln bestehende fort. Unter anderem das römische Badehaus von Bath zeugt noch davon. Sie gründen schließlich Londonium als Hauptstadt, das heutige London.

122 Der Bau des massiven Hadrianswalls zwischen der Ost- und Westküste Großbritanniens beginnt. Er wird zur dauerhaften Grenze zwischen Schottland und dem Römischen Reich.

383 Die Römer beginnen mit ihrem Rückzug aus Großbritannien.

410 Angeln und Sachsen besiedeln erste Gebiete der Insel. Sie teilen England in sieben kleine Königreiche.

5. Jhd. Die ersten Siedler aus Cornwall und Devon siedeln in die Bretagne über.

787 Skandinavier dringen in den Nordosten der Insel ein.

927 Aethelstan vereint die angelsächsischen Königreiche der Insel zu einem einzigen Königreich von England.

980 Die Wikinger beginnen mit weiteren Invasionen.

1016 Knut der Große aus Dänemark wird König von England und Herrscher über ein Reich, das auch Dänemark, Norwegen und Südschweden umfasste.

1066 Die Schlacht von Hastings: Die Insel wird von Eindringlingen aus der Normandie besiegt, Wilhelm der Eroberer wird neuer König von England.

1086 Die Arbeiten am *Domesday Book* beginnen, einer Art Grundbuch für das gesamte Königreich. Es stellt die neuen Eigentumsverhältnisse dar, die Wilhelm der Eroberer veranlasste: Er enteignete den angelsächsischen Adel und überließ das Land normannischen Rittern. Das *Domesday Book* ist ein wichtiger Forschungsgegenstand für Historiker geworden. Denn viele britische Orte lassen sich bis zu diesem Buch zurückverfolgen.

1215 Die Magna Charta wird unterzeichnet, eine Vereinbarung zwischen König Johann und dem revoltierenden englischen Adel. Ihr Inhalt bildet die Grundlage des britischen Rechts. Von den ursprünglich zwölf Exemplaren sind noch vier erhalten.

13. Jhd. Die Pest erreicht den Südwesten Englands und dezimiert die Bevölkerungszahl um etwa ein Drittel.

1534 Heinrich VIII. lässt die Church of England gründen und spaltet sich damit von der römisch-katholischen Kirche ab.

1620 Das legendäre Auswandererschiff Mayflower sticht von Plymouth aus in See. An Bord sind Pilger, die in den heutigen USA eine Kolonie gründen.

1642–1649 Englischer Bürgerkrieg. Anhänger des Parlaments bekämpfen die Königstreuen Karls I. Der Monarch wird schließlich am 30. Januar 1649 enthauptet. Es kommt zur Gründung einer englischen Republik, Oliver Cromwell entwickelt sich zum besessenen Feldherrn und startet Feldzüge gegen Katholiken in Irland und Schottland. Nach seinem Tod wird 1660 unter Karl II. die Monarchie wiederhergestellt.

1701 Act of Settlement. Das Parlament beschließt die Grundlagen der bis heute geltenden protestantischen Thronfolge.

1704 Die Briten erobern gemeinsam mit den Niederländern Gibraltar. Es bleibt bis heute Außenposten des Königreichs im Mittelmeer.

1707 Acts of Union. England und Schottland werden offiziell zum Königreich von Großbritannien vereint, nachdem die Schotten durch fehlgeschlagene Kolonialzüge bankrott sind.

1714 Nach dem Tod von Königin Anne wird Georg I. aus Hannover König. Die Personalunion zwischen England und Hannover beginnt, sie dauert bis 1837.

1768 James Cook sticht von Plymouth aus in See, um den Pazifik zu erkunden. Er entdeckt dabei Australien, Neuseeland und Tahiti.

1863 In London wird die erste U-Bahn der Welt in Betrieb genommen.

1914 Der Erste Weltkrieg beginnt und bringt unfreiwillig eine Modernisierung des Landes mit sich. Nach dem Kriegsende 1918 haben es die alten Adelsgeschlechter Englands zunehmend schwerer, ihre historisch gewachsene Spitzenposition in der Gesellschaft weiterhin zu behaupten.

1940–1942 Die deutsche Armee bombardiert ausgesuchte Ziele in England aus der Luft – darunter wegen der begrenzten Reichweite vor allem viele Städte im Süden.

6. Februar 1952 Elizabeth II. wird im Alter von 25 Jahren Königin von Großbritannien.

6. Mai 1994 Der Eurotunnel unter dem Ärmelkanal wird eröffnet.

31. August 1997 Tod von Prinzessin Diana.

29. April 2011 Hochzeit von Prinz William und Kate Middleton.

18. September 2014 Das Unabhängigkeitsreferendum Schottlands scheitert. Am nächsten Tag tritt dessen Initiator Alex Salmond zurück.

DER OSTEN – KENT UND UMGEBUNG

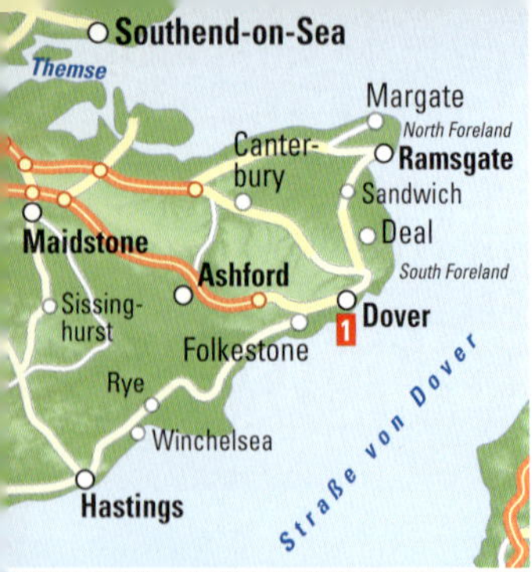

Vorangehende Doppelseite: Leeds Castle ist für viele Englands schönstes Schloss.
Mitte: Die riesige Festung Dover Castle
Unten: Die Kreidefelsen von Dover

1 Dover

Das Tor Englands

Dover ist für viele Reisende aus einem einfachen Grund der erste Anlaufpunkt in England: Hier im Hafen kommen die weitaus meisten Fähren vom europäischen Festland an. Zwischen ihm und Calais in Frankreich besteht die kürzeste Verbindung im Ärmelkanal. Bekannt ist Dover vor allem wegen seiner weiten Kreidefelsen sowie wegen der majestätisch auf dem Berg liegenden Burg. Die Stadt selbst lassen viele Besucher auf dem Weg nach London häufig links liegen – zu Unrecht.

Englands Einfallstor ist in vieler Hinsicht ein Phänomen: Durch seinen Fährhafen besuchen mehr Menschen Dover (40 000 Einwohner) als die meisten anderen Orte Großbritanniens – dennoch kennt kaum jemand die Stadt wirklich. Viele ziehen von der Fähre weiter über die gut ausgebauten Straßen Richtung London. Dabei ist Dover ein perfekter Standort, um den Osten Kents zu erkunden – und natürlich die Stadt selbst.

MAL EHRLICH

DOVER AUF DEN ZWEITEN BLICK

Lange gab man sich in Dover damit zufrieden, dass Besucher nach ihrer Ankunft über die Schnellstraße zügig das Weite suchten – weil man die eigentlich hübsche Innenstadt durch funktionale Architektur verbaut hatte. So versprüht der größte Bereich der Stadt bis heute eher den Charme einer Autobahnraststätte. Wer sich aufmacht, das wahre Dover zu entdecken, wird nicht enttäuscht – doch man muss es suchen. Folgen einer Städteplanung, wie sie schlimmer kaum hätten sein können.

Die schönen Ecken liegen gar nicht weit von jener vielbefahrenen Hauptstraße, die die Autobahn mit dem Hafen verbindet: Südöstlich davon zieht sich mit der Marine Parade eine hübsche Promenade mit teils viktorianischer Bebauung entlang des natürlichen Hafenbeckens. Hier gibt es auch einen schmalen Strand, dessen Wasserqualität angesichts des dichten Fährverkehrs jedoch zu wünschen übrig lässt. Für einen Spaziergang ist diese Gegend dennoch ideal, außerdem gibt es hier zwei Hotels mit Blick auf den Ärmelkanal. Südwestlich davon liegt die De Bradelei Wharf, ein altes Hafenbecken, in dessen Lagerhäuser inzwischen eine kleine Outlet Mall eingezogen ist.

In Höhe des Kreisels von Cambridge Road, Waterloo Crescent und Camden Crescent verbindet eine Unterführung Hafenbecken und Innenstadt. Entlang der Cannon Street und Biggin Street haben sich die meisten Geschäfte angesiedelt. Ganz reizvoll sind die Pencester Gardens, die am schmalen River Dour liegen und bereits einen Blick auf die Burg von Dover ermöglichen. Etwas außerhalb in Richtung Westen ist mit Sampire Hoe ein neues Stück England entstanden: Aus dem Abraum, der durch den Bau des Eurotunnels entstand, schüttete man vor den Shakespeare Cliffs dieses Land auf. Heute ist es zu einem Landschaftsschutzgebiet geworden.

Dover Harbour

Mit nur 34 Kilometern liegt der Hafen von Dover Frankreich am nächsten – was seine Attraktivität für Fährlinien erklärt. Rund um die Uhr treffen an den Eastern Docks Schiffe vom Festland ein, unterschiedliche Betreiber bedienen die Route in die französischen Städte Calais und Dünkirchen. Bis zu 65 Verbindungen sind es Tag für Tag. Die Eröffnung des Eurotunnels mag sich auf das Passa-

AUTORENTIPP!

KLIPPENWANDERWEG

Entlang der Kreidefelsen von Dover gibt es eine sehr schöne überschaubare Wanderstrecke, Länge etwa 6,5 Kilometer. Sie beginnt am Besucherzentrum des National Trust im Osten der Stadt, zu erreichen über die Upper Road. Von hier geht es über den Parkplatz in Richtung Osten an der Küste entlang. Immer wieder bieten sich tolle Ausblicke auf den Ärmelkanal und die Küstenlandschaft. Den Wendepunkt der Strecke (man geht denselben Weg wieder zurück) bildet das South Foreland Lighthouse, jener Leuchtturm, der als erster der Welt mit elektrischem Licht ausgestattet wurde. Der Turm kann in geführten Touren besichtigt werden – lohnenswert ist auch ein Besuch von Mrs. Knott's Tearoom mit selbstgemachten Scones.

White Cliffs of Dover. Langdon Cliffs, Upper Road, Dover CT16 1HJ, Tel. 013 04/20 27 56, www.nationaltrust.org.uk/white-cliffs-dover

Oben: Dover Harbour ist der größte Passagierhafen der Welt.
Mitte: Ein Koloss – und bis heute uneinnehmbar: Dover Castle
Unten: Bäderflair direkt am Hafen: Dovers Promenade wirkt viktorianisch-beschaulich.

gieraufkommen und die Rendite der einzelnen Linien ausgewirkt haben – Betrieb ist hier am Hafen von Dover dennoch ununterbrochen. Bis heute gilt er mit jährlich 16 Millionen Reisenden als der größte Passagierhafen der Welt. Neben den Eastern Docks als Fährhäfen gibt es auch noch die Western Docks, die zum Kreuzfahrtterminal ausgebaut worden sind. Zwischen diesen beiden Bereichen existiert auch noch ein Jachthafen sowie die frühere Anlegestelle des Luftkissenfahrzeugs Hoverspeed – das unter dem Druck des Wettbewerbs durch den Eurotunnel zur Jahrtausendwende eingestellt wurde.

Dover Castle

Sie thront hoch oben über Dover und ist schon vom Ärmelkanal aus sichtbar: Die Burg der Stadt ist eine riesige Festung, deren Wurzeln im Jahr der Landung Wilhelm des Eroberers (1027/28–1087) in England liegen, 1066. Er war es auch, der ein erstes Fort errichten ließ. Bereits 100 Jahre später folgte jene monumentale Anlage, die heute noch steht – offensichtlich mit großem Erfolg. Kein Angreifer hat Dover Castle je einnehmen können, was ihm schnell die Bezeichnung »Schlüssel zu England« eingebracht hat. Noch bis zum Jahr 1958 diente die Burg der Landesverteidigung. Heute ist sie im Besitz des English Heritage und zu einer der beliebtesten Sehenswürdigkeiten des Landes geworden.

Im Zentrum steht der Great Tower, das zentrale und höchste Bauwerk innerhalb der Burgmauern. Darin sind unter anderem das Schlafzimmer Heinrichs II. (1133–1189) zu sehen, außerdem dessen Empfangshalle und Küche. Die Räume sind nach altem Vorbild eingerichtet. Unweit davon führen mittelalterliche Tunnelanlagen aus den Jahren 1216 und 1797 in die Kreidefelsen. Sie sollten

Gang durch die Hafenstadt

Diese Route führt quer durch Dover. Wer die Steigung hinauf zum Castle scheut, kann in der Innenstadt auch die Buslinie 15 nehmen – sie streift die Burg.

Ⓐ **Marine Parade** – Die etwas versteckte Promenade ist in Fährhafennähe noch etwas gewöhnungsbedürftig, bietet jedoch mit dem Table-Restaurant am Hotel Premier Inn eine gute Speisemöglichkeit sowie ausreichend Parkplätze. Am hinteren Ende der Straße wird man mit maritimem Flair belohnt: links mit einem schmalen Strand und dem Ärmelkanal, rechts mit Häusern im viktorianischen Stil.

Ⓑ **De Bradelei Wharf** – Die früheren Lagerhäuser des Hafens beinhalten inzwischen eine kleine Outlet Mall, die gut geeignet für einen Bummel ist, selbst wenn man nichts kaufen möchte.

Ⓒ **Innenstadt** – Überall in England setzte man in den 1960er- und 1970er-Jahren auf Unterführungen. Diese ist gewöhnungsbedürftig, aber sie ist nicht lang und der beste Weg in Dovers Innenstadt. Gleich am Aufgang beginnen die Geschäftszeilen, die sich bis zum Rathaus ziehen.

Ⓓ **Dover Museum** – Das Geschichtsmuseum verrät eine Menge über die Entwicklung der Stadt. Die Fassade stammt noch von einem früheren Museum, das am Marktplatz einmal stand. Hier befindet sich auch die Touristeninformation.

Ⓔ **Town Hall** – Das Rathaus von Dover war in Teilen einst ein Hostel für Pilger. 1834 wurde es in das Rathaus umgewandelt. Trotz Umbaus im viktorianischen Stil sind an einigen Seiten noch alte Bauelemente deutlich sichtbar.

Ⓕ **Pencester Gardens** – Ein hübscher kleiner Park direkt am Dour-Fluss.

Ⓖ **Dover Castle** – Das Herzstück Dovers ist diese Burg. Bereits im 11. Jahrhundert wurde mit einem ersten Bau begonnen, seitdem diente sie über viele Jahrhunderte als Verteidigungsanlage. Heute kann sie besichtigt werden und ist vor allem wegen ihres verzweigten Tunnelsystems sehenswert.

AUTORENTIPP!

INDISCH SPEISEN

Die lange und enge Bindung zwischen Indien und Großbritannien ab dem 19. Jahrhundert hat auch dazu geführt, dass die indische Küche auf der Insel großflächig Einzug gehalten hat. Das Cinnamon Island in Dover ist eines jener Restaurants, das sich auf eine weitgehend authentische Küche spezialisiert hat, aber auch eher zeitgenössische Gerichte anbietet: von Tandoori King Prawns bis zu Bombay Chicken, einem mittelscharfen Currygericht. Das Restaurant befindet sich in einem ruhigen und von viktorianischen Häusern geprägten Viertel zwischen den beiden Hafenbecken Dovers. Direkt vor dem Gebäude gibt es eine Fußgängerunterführung in die Innenstadt.

Cinnamon Island. Mo–Sa 12–14.30 und 17–23.30 Uhr, So 12–23 Uhr, 1 Cambridge Road, Dover CT16 1JT, Tel. 013 04/24 16 88, www.cinnamonisland.co.uk

Ziel schöner Wanderungen: das South Foreland Lighthouse

Schutz vor potenziellen Angriffen bieten. Während des Zweiten Weltkriegs wurden direkt an den Klippen weitere Tunnel gegraben. So entstanden ein voll funktionsfähiges, unterirdisches Krankenhaus sowie ein Einsatzzentrum für die Operation Dynamo. Dabei wurden 1940 bei Dünkirchen eingekesselte britische und französische Truppen evakuiert. In dieser Tunnelanlage gibt es heute ein ungewöhnliches Café.

Der Admiralty Lookout ganz in der Nähe diente während beider Weltkriege dazu, von den Kreidefelsen aus mögliche Angreifer rechtzeitig zu erspähen. Außerhalb dieses zentralen Bereichs von Dover Castle befinden sich neben einer angelsächsischen Kirche, die 1860 neu erbaut wurde, die Überreste eines römischen Leuchtturms.

Dover Museum

Hinter einer historischen Fassade am Market Square ist nach dem Zweiten Weltkrieg ein modernes Gebäude für das Dover Museum entstanden. Es zeigt anhand zahlreicher Fundstücke die Geschichte der Stadt und der ganzen Region. Durch die strategisch wichtige Bedeutung Dovers liegt ein Schwerpunkt auf den zahlreichen Kriegen, in denen die Stadt unmittelbar eine Rolle spielte. Es geht allerdings auch um jene Leute, die im Laufe der Jahrhunderte den Ärmelkanal durchschwommen haben, begonnen mit Captain Matthew Webb (1848–1883), der am 24. August 1875 ohne fremde Hilfe von Dover nach Frankreich schwamm.

South Foreland Lighthouse

Der viktorianische Leuchtturm stammt aus dem Jahr 1846 und ersetzte damals zwei deutlich ältere Türme. Nachweisbar sind Leuchtfeuer an dieser

Stelle seit dem 14. Jahrhundert – was nicht verwundert, war dieser Frankreich am nächsten liegende Punkt der britischen Insel doch seit jeher ein beliebter Hafen und der Ärmelkanal selbst einer der wichtigsten Schifffahrtswege Europas. Das weiße, eckige Gebäude mit je einer Dienstwohnung zu beiden Seiten kann in geführten Touren besichtigt werden.

Der Leuchtturm stellt eine Besonderheit dar, war er doch 1875 der erste, der elektrisches Licht hatte. Bis 1922 wurde es über einen eigenen Generator erzeugt, dann schloss man South Foreland an das Stromnetz an. 1969 wurde der Turm vollautomatisiert, 1989 schließlich für nicht mehr notwendig befunden. Seitdem leuchtete er nur noch ein einziges Mal: im Juni 2012 zum diamantenen Thronjubiläum von Queen Elizabeth II. (geb. 1926). Bis heute trägt das Café im Leuchtturm jenen Namen, der eng mit seiner Geschichte verbunden ist: Die Familie Knott stellte über fünf Generationen die Leuchtturmwärter.

Western Heights

Diese Fortanlage aus dem späten 18. Jahrhundert entstand während der Napoleonischen Kriege und wurde um 1860 fertiggestellt. Die Western Heights sollten in Ergänzung zur Burg von Dover England vor einer Invasion der Franzosen beschützen. Entstanden ist eine massive, heute grasbewachsene Anlage, von der aus sich ein schöner Blick über die Küste, die Stadt und den Ärmelkanal bietet – an klaren Tagen bis nach Frankreich.

Nicht das gesamte fünfeckig angelegte Gelände ist zugänglich, da es unterschiedlichen Eigentümern gehört. Noch während der beiden Weltkriege nutzte es die Armee für Verteidigungsanlagen, 1961 gab sie es jedoch endgültig auf.

AUTORENTIPP!

ÖKOGÄRTNERN

Der idyllische Garten an der Küste nordöstlich von Dover hat sich ganz dem Umweltschutz verschrieben. Recycling und Kompostieren sind ebenso selbstverständlich wie der Verzicht auf jegliche Form von Pestiziden und anderen Chemikalien. Das Gelände befindet sich unmittelbar an den Kreidefelsen des Ärmelkanals. Neben einem Teich gibt es ein kleines Wegenetz, außerdem zahlreiche Skulpturen – am eindrucksvollsten ist eine große Statue des früheren britischen Premierministers Winston Churchill (1874–1965). Ein Museum widmet sich der örtlichen Geschichte mit Schwerpunkt auf der Zeit des Zweiten Weltkriegs. Gemütlich ist der Tearoom, der ebenfalls unter ökologischen Kriterien betrieben wird.

The Pines Garden Tea Room & Museum. Tgl. 10–17 Uhr, Eintritt 4 £, Beach Road, St. Margaret's Bay, Dover CT15 6DZ, Tel. 013 04/85 17 37, www.pinesgarden.co.uk

Fortanlage aus der Zeit Napoleons: die Western Heights

Infos und Adressen

SEHENSWÜRDIGKEITEN

Dover Castle. Burganlage auf den Kreidefelsen über Dover, vom Ärmelkanal aus schon von Weitem sichtbar. Apr.–Okt. tgl. 10–17 Uhr, Nov.–März Sa/So 10–16 Uhr, Eintritt 17,50 £, Castle Hill, Dover CT16 1HU, Tel. 013 04/21 10 67, www.english-heritage.org.uk/daysout/properties/dover-castle

Erinnern an die Zeit als Pilgerunterkunft: die Fenster in der Town Hall von Dover

Dover Harbour. Durch die Nähe zu Frankreich Englands wichtigster Passagierhafen. Harbour House, Marine Parade, Dover CT17 9BU, Tel. 013 04/24 04 00, www.doverport.co.uk

Dover Museum. Historisches Museum über die Stadt und die Gegend. Mo–Sa 9.30–17 Uhr, Apr.–Sept. auch So 10–15 Uhr, Eintritt 4 £, Market Square, Dover CT16 1PB, Tel. 013 04/20 10 66, www.dovermuseum.co.uk

Dover Town Hall. Das alte Rathaus der Stadt war früher mal eine Pilgerunterkunft. Geführte Touren Apr.–Okt. Mi 10–16 Uhr, Nov.–März Mi 10–14 Uhr, The Maison Dieu, Biggin Street, Dover CT16 1DL, Tel. 013 04/20 12 00, www.dover.gov.uk

Dover White Cliff Tours. Bootstouren entlang der Küste. Im Sommer tgl. 12, 14, 16 Uhr, Fahrt 10 £, Tel. 013 03/27 13 88, www.doverwhiteclifftours.com

South Foreland Lighthouse. Der erste elektrifizierte Leuchtturm der Welt. März–Okt. Fr–Mo 11–17.30 Uhr, im Aug. tgl. 11–17.30 Uhr, Eintritt 5 £, The Front, St. Margaret's Bay, Dover CT15 6HP, Tel. 013 04/85 24 63, www.nationaltrust.org.uk/south-foreland-lighthouse

Western Heights. Fort aus dem späten 18. Jahrhundert. Immer zugänglich, Eintritt frei. Geführte Touren nur an wenigen Tagen im Jahr. Centre Road, Dover CT17 9DY, Tel. 013 04/21 10 67, www.doverwesternheights.org

ESSEN UND TRINKEN

Hythe Bay. Schickes Fischrestaurant am viktorianischen Teil des Hafens. Tgl. 12–22 Uhr, The Esplanade, Dover CT17 9FS, Tel. 013 04/20 77 40, www.hythebay.co.uk/dover/dover.html

Mrs. Knott's Tearoom. Café im South Foreland Lighthouse. März–Okt. Fr–Mo 11–17.30 Uhr, im Aug. tgl. 11–17.30 Uhr, Eintritt 5 £, The Front, St. Margaret's Bay, Dover CT15 6HP, Tel. 013 04/85 24 63, www.nationaltrust.org.uk/south-foreland-lighthouse

The Eight Bells. Rustikaler Pub in der Innenstadt, günstige Gerichte. Tgl. 8–0 Uhr, 19 Cannon Street, Dover CT16 1BZ, Tel. 013 04/20 50 30, www.jdwetherspoon.co.uk/home/pubs/the-eight-bells

The White Horse Inn. Der angeblich älteste Pub Dovers aus dem Jahr 1365 mit rustikal britischer Küche. Tgl. 11.30–23 Uhr, St. James Street, Castle Hill Road, Dover CT16 1QD, Tel. 013 04/21 30 66

ÜBERNACHTEN

Best Western Dover Marina. Traditionelles Hotel direkt am Wasser, einfache Zimmer, keine Klimaanlage. Dover Waterfront, Waterloo Crescent, Dover CT17 9BP, Tel. 013 04/20 36 33, www.dovermarinahotel.co.uk/de

Loddington House. Einfaches Guest House am Hafen. 14 East Cliff, Sea Front, Marine Parade, Dover CT16 1LX, Tel. 013 04/20 19 47, www.loddingtonhousehotel.co.uk

Premier Inn Dover Central. Modernes, sauberes Budgethotel neben dem Hafen direkt am Wasser. Marine Court, Marine Parade, Dover CT16 1LW, Tel. 08 71/527 83 06, www.premierinn.com/en/hotel/DOVPTI/dover-central-eastern-ferry-terminal

Ramada Hotel. Hotel nicht weit vom Fährhafen. Singledge Lane, Whitfield, Dover CT16 3EL, Tel. 013 04/82 12 30, www.ramadadover.co.uk

White Cliffs Hotel. Einfaches Hotel etwas außerhalb an der Küste gelegen. High Street, St. Margaret's at Cliffe, Dover CT15 6AT, Tel. 013 04/85 22 29, www.thewhitecliffs.com

EINKAUFEN

Cyclelife Dover. Fahrradladen mit Radverleih. Mo–Sa 9–17 Uhr, 15 Bench Street, Dover CT16 1JW, Tel. 013 04/20 75 82, www.cyclelife.com/dover/home

De Bradelei Wharf. Kleine Outlet Mall mit eher unbekannten Marken in einem früheren Lagerbereich des Hafens. Mo–Sa 9.30–17.30 Uhr So 10.30–16.30 Uhr, Cambridge Road, Dover CT17 9BJ, Tel. 013 04/22 66 16, www.debradelei.com

The Cider Works. Bauernhof mit Shop und eigener Ciderherstellung. Tgl. 10–16 Uhr, Sandwich Road, Waldershare CT15 5AU, Tel. 013 04/82 16 30, www.greenoakfarm.co.uk

INFORMATION

Visitor Information Centre. Mo–Sa 9.30–17 Uhr, Apr.–Sept. auch So 10–13 Uhr, Dover Museum, Market Square, Dover CT16 1PH, Tel. 013 04/20 10 66, www.whitecliffscountry.org.uk

Innenstadt von Dover: Die Geschäftszeilen ziehen sich bis zum Rathaus.

2 Deal

Der Ort der Rosen-Burg

Kaum zu glauben, dass dieser relativ überschaubar wirkende Ort einmal Sitz des wichtigsten englischen Militärhafens war. Heute hat sich Deal eher zu einer Wohnsiedlung entwickelt, in die Besucher wegen eines historischen Bauwerks kommen: Deal Castle, eine jener Befestigungen, mit denen sich England vor Angriffen aus Frankreich schützen wollte. Besonders ist dieses Bauwerk wegen seines Grundrisses: Es wurde in Form einer Rose erstellt. Die High Street ist eine nette kleine Einkaufsstraße, die mehrfach ausgezeichnet wurde.

Über viele Jahrhunderte war Deal (30 000 Einwohner) ein einfacher Hafen am Ärmelkanal sowie Standort eines jener Forts, mit denen Heinrich VIII. (1491–1547) sein Land vor Angreifern vom Kontinent schützen wollte. Seine jüngere militärische Bedeutung erhielt das Städtchen erst 1861 mit der Errichtung einer Kaserne der Marine. Die Deal Barracks blieben über viele Jahrzehnte wichtiger Bestandteil von Deal – und gerieten in den 1980er-Jahren wegen eines Anschlags in die Schlagzeilen: Die Untergrundorganisation IRA zündete 1989 eine Bombe, dabei starben elf Soldaten. 1996 schloss man die Kaserne und wandelte die Gebäude in Wohnhäuser um.

Zugleich gab es immer wieder Bestrebungen, den Ort in ein Seebad zu wandeln, wie es sie an der Südküste Englands in Hülle und Fülle gibt. Aus dieser Zeit stammt die Seebrücke nördlich der Burg. Sie wurde erst 1957 erbaut, ersetzte jedoch zwei frühere Piers, die beide zerstört worden waren. Ihre Konstruktion aus Beton und Stahl er-

Mitte: Das Rosen-Fort: Deal Castle besticht durch seine ungewöhnliche Bauweise.
Unten: Der Strand von Deal zählt zu den echten Geheimtipps.

reicht bei Weitem nicht die Eleganz der viktorianischen Piers im Süden. Dennoch: Deals Seebrücke ist die einzige noch erhaltene in Kent. Und sie überspannt einen schmalen Streifen Strand, der im Sommer von vielen für einen Abstecher ans Meer genutzt wird. Parallel zur eher unspektakulären Promenade (Beach Street) verläuft die schmale Einkaufsstraße High Street, in der neben einigen Einzelhandelsketten überwiegend individuelle Läden von Einheimischen vertreten sind.

Deal Castle

Das Küstenfort aus dem Jahr 1540 ist eines von 20, die Heinrich VIII. im 16. Jahrhundert entlang der englischen Küste errichten ließ – und hebt sich von den anderen durch seinen Grundriss ab. Erbaut wurde Deal Castle in Form einer Tudor-Rose, um einen zentralen runden Turm erbaute man mehrere halbhohe Kreise. Was aus der Luft hübsch aussieht, hatte primär Verteidigungszwecke: Angreifer hätten erst mehrere der Kreise überwinden müssen, bevor sie in das Herz der Festung vorgedrungen wären. Allein: Es gab nie Angreifer.

Lediglich während des Englischen Bürgerkriegs (1642–1649) eroberten Parlamentstruppen die Burg von den Königstreuen. Und während des Zweiten Weltkrieges trafen die Bomben der Deutschen das Bauwerk. Heute ist Deal Castle längst wieder hergerichtet und kann besichtigt werden. Besucher können durch die Räume des von einem breiten Graben umgebenen Anwesens gehen und in einer interaktiven Ausstellung einiges über dessen Geschichte erfahren.

Timeball Tower Museum

Der alte Turm am Ärmelkanal hat eine wechselvolle Geschichte hinter sich. Bevor das Timeball

AUTORENTIPP!

EIN GARTEN FÜR DIE QUEEN MUM

Die ungewöhnliche Küstenfestung aus dem Jahr 1539 ist eine der besterhaltenen am Ärmelkanal. Da Walmer Castle militärisch an Bedeutung verlor, wandelte man es zu einem Wohnsitz um. Von 1708 an wurde es Residenz des Lord Warden of the Cinque Ports, eines Verbundes von Hafenstädten im Südosten Englands. Im Laufe der Jahrzehnte wurden so nicht nur die Innenräume immer wohnlicher, auch im Außengelände gedieh ein Garten, wie er sonst eher vor Schlössern zu sehen ist – inklusive Küchengarten und Gewächshaus. Ein Teil des Geländes ist Queen Mum gewidmet, der verstorbenen Mutter von Königin Elizabeth II.

Walmer Castle and Gardens. März–Okt. tgl. 10–17 Uhr, Eintritt 7,90 £, Kingsdown Road, Walmer, Deal CT14 7LJ, Tel. 013 04/36 42 88, www.english-heritage.org.uk/daysout/properties/walmer-castle-and-gardens/

Oben: Die frühere Minengegend in Kent hat sich zum Fowlmead Country Park entwickelt, der Radfahrern ideale Bedingungen bietet.
Unten: An Kent als Bergbauregion erinnert eine Statue.

Tower Museum einzog, wurde das Gebäude zunächst als Orientierungspunkt für die Seefahrt genutzt, von 1855 an als Außenposten des Royal Observatory in Greenwich. Um Punkt 13 Uhr fiel hier täglich eine große Kugel hinab, was Seefahrern eine genaue Bestimmung der Zeit ermöglichte. Solche Zeitbälle existierten im 18. und 19. Jahrhundert überall auf der Welt an wichtigen Küstenpositionen. Heute widmet sich das Museum der Geschichte des Turms sowie der regionalen Seefahrt. Schautafeln geben einen Überblick auch über die Zeit, in der hier die Telegrafenleitung aus London endete. Vom Dach des Gebäudes aus hat man einen guten Blick über den Ärmelkanal.

Fowlmead Country Park

Dieser Naturpark ist in gewisser Weise ein letztes Andenken an die Zeit Kents als Bergbauregion: In der Betteshanger-Mine wurde von 1927 bis 1989 Kohle abgebaut. Es handelte sich um die größte der insgesamt vier Minen Kents. Nachdem das Gelände mehrere Jahre leer stand, entwickelte man daraus den heutigen 80 Hektar großen Naturpark. Fowlmead ist ausgestattet mit etlichen Mountainbike-Routen, außerdem Wanderstrecken und einfachen Radwegen. Am Visitor Centre gibt es einen Fahrradverleih. Von einer Aussichtsplattform im Norden hat man einen guten Blick über den Park.

Infos und Adressen

SEHENSWÜRDIGKEITEN

Deal Castle. Küstenfort in Form einer Rose. April–Okt. tgl. 10–17 Uhr, Nov.–März Sa/So 10–16 Uhr, Eintritt 5,20 £, Marine Road, Deal CT14 7BA, Tel. 013 04/37 27 62, www.english-heritage.org.uk/daysout/properties/deal-castle

Fowlmead Country Park. Naturpark in einem früheren Bergbaugebiet. Tgl. 8–20 Uhr (im Winter bis 16.30 Uhr), Eintritt frei, A258, Deal CT14 0BF, Tel. 013 04/61 53 90, www.fowlmead.co.uk

Timeball Tower Museum. Heimatmuseum. April–Sept. Sa/So 12–16 Uhr, Eintritt 3 £, Victoria Parade, Deal CT14 7BP, Tel. 013 04/36 08 97, www.dealtimeball.co.uk

ESSEN UND TRINKEN

New Inn. Pub mit einfacher englischer Küche. Tgl. 11.30–23 Uhr, 32 High Streer, Deal CT14 6HE, Tel. 013 04/36 91 15, www.newinndeal.co.uk

Pop Up Café. Kleines Café und Bistro in der Innenstadt. Mi–Mo 10–16 Uhr, 16 High Street, Deal CT14 7AE, Tel. 013 04/37 28 95, www.popupcafe.co.uk

ÜBERNACHTEN

Eaton Lodge B&B. Hübsches kleines Bed and Breakfast nicht weit vom Castle. Castleaton, Campbell Road, Walmer, Deal CT14 7EF, Tel. 013 04/37 10 52

Number One B&B. Außen viktorianisch, innen Boutiquestil. 1 Ranelagh Road, Deal CT14 7BG, Tel. 013 04/36 44 59, www.numberonebandb.co.uk

The Royal Hotel. Schönes Traditionshotel direkt am Ärmelkanal. Beach Street, Deal CT14 6JD, Tel. 013 04/37 55 55, www.theroyalhotel.com

INFORMATION

Deal Visitor Information Centre. Mo–Fr 9.30–13 Uhr und 14–16.30 Uhr, Sa 10–14 Uhr, Town Hall, High Street, Deal CT14 6TR, Tel. 013 04/36 95 76, www.deal.gov.uk

Blick auf das Timeball Tower Museum

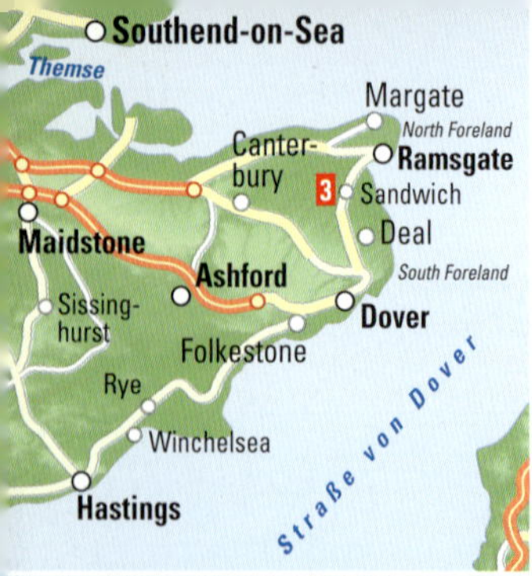

Mitte: Die malerische Kirche von Sandwich
Unten: Nicht nur belegte Brote: Sandwich überzeugt durch seine Bilderbuchidylle mit bewachsenen Häusern.

3 Sandwich
Geburtsort der Klappstulle

Die Geschichte klingt zu schön, um wahr zu sein – sie ist es aber: Der Earl dieses beschaulichen Orts in Kent hat tatsächlich das nach ihm benannte belegte Brot erfunden. Viel vom Sandwich ist in Sandwich indes nicht mehr zu sehen. Der Ort mit seinen engen Straßen und blumenbehangenen Häusern ist das Musterbeispiel eines idyllischen englischen Dorfs. Ramsgate ganz in der Nähe hingegen stellt neben Dover die zweite größere Hafenstadt der Grafschaft dar.

John Montagu (1718–1792), der vierte Earl of Sandwich, war nicht nur ein britischer Diplomat – er war es, der sich offenbar aus Zeitersparnis belegte Brote anrichten ließ und damit einen Trend setzte: Man wollte dasselbe wie in Sandwich, sollen Gäste damals gesagt haben. Und dieser Satz verkürzte sich mit der Zeit auf einen heute gebräuchlichen Ausdruck: ein Sandwich. John Montagu ist, soweit Historiker das herausfinden konnten, der Erfinder des nach ihm benannten Brotes. Nun ist es wie so oft in England: Die Familie Montagu trug zwar den Titel der Stadt Sandwich (heute 4500 Einwohner) – sie lebte jedoch ganz woanders, in Mapperton (Dorset). Sei es drum: In der namensgebenden Stadt ist man bis heute stolz darauf, indirekt auf den Speisekarten der Welt vertreten zu sein.

Sandwich selbst ist heute Idylle pur: An der Ramsgate Road in Höhe des River Stour befinden sich noch die alten Kais des früheren Hafens. Allerdings sieht man eher Leute Kaffee trinken als Schiffe auf ihre Ladung warten. Ein Stück weiter durch die engen Straßen gelangt man in die King Street und die New Street, die mit allerlei kleinen Geschäften ausgestattet sind und so etwas wie das überschaubare Zentrum von Sandwich darstellen.

Die alte Guildhall, ein Fachwerkbau aus dem Jahr 1579 am Cattle Market, beherbergt heute ein Museum, außerdem finden hier zahlreiche Hochzeiten statt. Zwei alte Kirchen sind bis heute erhalten geblieben: die St. Clement's Church (12. Jahrhundert) und die St. Mary's Church (13. Jahrhundert). Das Fisher Gate am Hafen stammt aus dem Jahr 1384 und ist das einzige der mittelalterlichen Stadttore, das noch steht.

Richborough Roman Fort

Die Römer errichteten an dieser Stelle im 1. Jahrhundert eine Befestigungsanlage und bauten den Küstenabschnitt zu einem Hafen und ihrer Niederlassung aus. Im 3. Jahrhundert folgte ein Amphitheater. Die Sachsen ersetzten all dies später mit einem eigenen Fort. Heute sind noch Überreste der Steinmauern aus römischer Zeit vorhanden, außerdem Markierungen der ursprünglichen Bebauung im Boden. Nicht weit entfernt lässt eine ovale 50 mal 60 Meter große Furche erahnen, wo sich einst das Amphitheater in die Landschaft eingefügt hat. Von Sandwich aus gibt es im Sommer Bootstrips auf dem Stour-Fluss bis nach Richborough – das mag keine weite Strecke sein, aber genau diesen Weg hatten die Römer einst genutzt, als sie den Standort ihres neuen Kastells ausfindig machten.

White Mill

Die weiße Windmühle am nordwestlichen Rand von Sandwich stammt aus dem Jahr 1760, in ei-

AUTORENTIPP!

ALI BARBERS HAARSCHNEIDEKUNST

Kaum zu glauben, dass ein einfacher Friseur noch überraschen kann – doch Ali Barbers in Ramsgate macht aus jedem Haarschnitt geradezu ein Fest. In unglaublicher Geschwindigkeit ist ein perfekter Herrenschnitt erledigt, inklusive Ohrenhaare abbrennen und netter Gespräche. Der kleine Salon am Rande der Fußgängerzone der Hafenstadt wirkt von außen eher unscheinbar, vom originellen Namen einmal abgesehen: *Barber* ist das englische Wort für Friseur und in diesem Fall eine Abwandlung des Ali Baba aus Tausendundeine Nacht. Der Friseursalon ist aber längst zu einem echten Geheimtipp in ganz Kent geworden. So sehr, dass sich daraus inzwischen eine kleine Kette in der Grafschaft entwickelt hat.

Ali Barbers. Mo–Sa 9–17 Uhr, So 10–16 Uhr, 62 Queen Street, Ramsgate CT11 9EJ, Tel. 018 43/58 54 30

Hinterlassenschaften der Römer: Richborough Roman Fort

Oben: Der Duft der rauen Seefahrt weht noch heute durch Ramsgate, auch wenn der Hafen längst von Jachten und kleineren Booten bestimmt wird.
Unten: Am West Harbour steht der alte Leuchtturm.

nem Anbau aus dem 19. Jahrhundert ist ein Museum untergebracht. Zu sehen sind unter anderem eine Zimmereinrichtung aus der Zeit um die Jahrhundertwende 19./20. Jahrhundert, eine Ausstellung von Bauernutensilien sowie jede Menge Bilder aus der Vergangenheit der Gebäude. Auch wenn sie wieder instand gesetzt wurde, ist die White Mill nicht mehr in Betrieb.

Ramsgate

Im harten Wettbewerb der Ärmelkanalfähren hat Ramsgate (38 000 Einwohner) inzwischen seine Position als wichtige Hafenstadt an Dover verloren. Doch nach wie vor versprüht die Kleinstadt ein wenig maritimes Flair. Die große Zeit mag vorbei sein, doch die viktorianische Architektur vor allem an der Hafenfront zeugt noch von der Bedeutung, die Ramsgate einmal innehatte. Statt der riesigen Fähren liegen im Hafen heute einige Jachten vor Anker.

Der maritimen Vergangenheit widmet sich das Maritime Museum im Clock House. Daneben liegt die Cervia vor Anker, ein alter Stahldampfer. Hübsch ist der King George VI Memorial Park nördlich der Innenstadt, der wegen seines georgianischen Gewächshauses Besucher anzieht. Viele kommen aber einfach wegen der Innenstadt nach Ramsgate – die in der Gegend für ihre zahlreichen Geschäfte bekannt ist.

Infos und Adressen

SEHENSWÜRDIGKEITEN

King George VI Memorial Park. Schöner Park. Apr.–Sept. Mo–Fr 9–17 Uhr, Eintritt frei, Montefiore Avenue, Ramsgate CT11 8BD, Tel. 018 43/85 38 39

Maritime Museum. Seefahrtmuseum. Juni–Sept. Di–So 10.30–17.30 Uhr, Eintritt 2,50 £, The Clock House, Pier Yard, Ramsgate CT11 8LS, Tel. 018 43/57 06 22, www.thesteammuseum.org/ramsgate.html

Richborough Roman Fort. Ruinen einer römischen Festung. April–Okt. Mi–So 10–17 Uhr, Nov.–März Sa/So 10–16 Uhr, Eintritt 5,20 £, Richborough Road, Sandwich CT13 9JW, Tel. 013 04/61 20 13, www.english-heritage.org.uk/daysout/properties/richborough-roman-fort-and-amphitheatre/

ESSEN UND TRINKEN

George & Dragon. Gasthaus aus dem 15. Jahrhundert, britische Küche. Mo–Sa 11–23.30 Uhr, So 11–16.30 Uhr, 24 Fisher Street, Sandwich CT13 9EJ, Tel. 013 04/61 31 06, www.georgeanddragon-sandwich.co.uk

The Old Custom Coffee House. Café und Restaurant in einem viktorianischen Gebäude mit traditioneller englischer Küche. Tgl. 8–17 Uhr, Harbour Parade, Ramsgate CT11 8LP, Tel. 018 43/59 87 55, www.customcoffeehouse.co.uk

ÜBERNACHTEN

The Grange. Altes Anwesen des Landmark Trust. Nur nach Vorabbuchung, St. Augustine's Road, Ramsgate CT11 9PQ, Tel. 016 28/82 59 25, www.landmarktrust.org.uk/search-and-book/properties/grange-8160

The Lodges at Princes Golf Club. Komfortable Unterkunft auf einem Golfplatz am Ärmelkanal. Princes Drive, Sandwich Bay, Sandwich CT13 9QB, Tel. 013 04/61 11 18, www.princesgolfclub.co.uk/the-lodge.php

INFORMATION

Tourist Information Centre. April–Okt, Mo–Do 9–17 Uhr, Fr 9–16.30 Uhr, Guildhall, Sandwich CT13 9AH, Tel. 013 04/61 35 65, www.visitsandwich.co.uk

Erinnert an die große Zeit des Fischfangs: das Smack Boys Home, eine frühere Einrichtung für die Schiffsbesatzung

Mitte: Einst Teil der fünf wichtigsten Häfen im Ärmelkanal: Rye ist heute ein hübscher kleiner Ort mit mittelalterlich anmutenden Häuserzeilen.
Unten: Im Hintergrund Ryes St. Mary's Kirche

4 Rye
Die Schmugglerhauptstadt

Die heute noch mittelalterlich anmutende Stadt war einst ein bedeutender Hafen: Als Mitglied der Cinque Ports, einem Bündnis von fünf Häfen am Ärmelkanal, florierte der Handel in Rye. Mit den Jahrhunderten versandete jedoch die Bucht, sodass der Zugang zur Stadt nur noch über den Fluss Rother möglich war. Der Hafen musste deswegen weiter in Richtung der neu entstandenen Küste verlegt werden und ist heute als Rye Harbour ein eigenes Dorf. Die hoch gelegenen Kopfsteingassen des alten Teils von Rye ziehen umso mehr Besucher an.

Rye (4600 Einwohner) hat sich durch die Hangbebauung etwas anders entwickelt als vergleichbare Städte im Mittelalter, die ähnlich stark wuchsen. Während die schmale East Cliff Street mit ihren zahlreichen Fachwerkgebäuden zur zentralen Einkaufsstraße wurde, liegt der Mittelpunkt südlich davon an der Market Street. Angrenzend an die St. Mary's Church als wichtigster Kirche der Stadt befand sich mit dem Rathaus auch das politische Zentrum hier oben.

Das hatte einen guten Grund: Nicht sehr weit südlich von St. Mary's lag vor Jahrhunderten die Küste – die wichtigsten Gebäude inklusive der alten Burg Rye Castle waren am Ärmelkanal gebaut worden, die Stadt entwickelte sich insofern zwangsweise in Richtung Landesinnere. Bei Flut gab konnte man sie deshalb nur über den Landweg durch das heute noch erhaltene Stadttor Landgate verlassen. Inzwischen wurde die Küstenlinie weiter gen Süden verlagert.

Schmugglerhochburg

Schmuggel war ein wichtiger »Geschäftszweig« in Rye, manche nannten den Ort die Schmuggelhauptstadt Englands. Hauptquartier dieser Berufsschicht war der Gasthof Mermaid Inn in der mit Kopfsteinpflaster ausgelegten Mermaid Street. Noch heute beherbergt das hübsche efeubewachsene Fachwerkgebäude (1420) ein gemütliches Gasthaus.

St. Mary's Church

An der Spitze von Rye liegt diese Kirche aus dem frühen 12. Jahrhundert, die für die relativ geringen Ausmaße des Orts durch ihre Größe erstaunen mag. Die Gegend um das Gebäude gehörte zu Bauzeiten dem Kloster von Fecamp in der Normandie. Und ausgerechnet die Franzosen waren es, die St. Mary's 1377 bei einem Angriff stark beschädigten und die Glocken mitnahmen. Die Engländer holten sie sich kurz darauf bei einem Gegenangriff wieder.

Wer den Turm der Kirche besteigt (von dem aus man einen schönen Blick auf die Stadt hat), sieht indes Glocken jüngeren Datums – die alten wurden im 18. Jahrhundert erneuert. Auch das Gebäude erfuhr im Laufe der Jahrhunderte mehrere Umbauten, sodass man heute eine Mischung aus normannischem Stil und Early English Style, einem Vorläufer der Gotik, vor sich hat. Besonders ist die Turmuhr aus dem Jahr 1561/62. Sie soll die älteste ihrer Art in Großbritannien sein.

Lamb House

Das Backsteinhaus aus dem Jahr 1722 hatte im Laufe der Zeit mehrere mehr oder weniger bekannte Bewohner: Unter anderem die Schriftstel-

AUTORENTIPP!

ROMANTISCHE BURGRUINEN

Die Überreste von Bodiam Castle aus dem Jahr 1385 sind zusammen mit dem sie umgebenden breiten Wassergraben eine der malerischsten Burganlagen Südenglands. So malerisch, dass sie im Film *Die Ritter der Kokosnuss* von Monty Python kurz auftauchen. Auch wenn Dächer fehlen und mehrere Mauern eingestürzt sind, lassen sich doch die einstigen Räume noch gut nachvollziehen. Nach zahlreichen Besitzerwechseln wurde das Anwesen 1925 dem National Trust vermacht, der sich seitdem um den Erhalt und die behutsame Restaurierung kümmert. Schön sind die geführten Spaziergänge, die mehrmals die Woche angeboten werden und auch über das angrenzende Gelände führen.

Bodiam Castle. März–Dez. tgl. 10.30–17 Uhr, Wanderungen Di/Mi/Fr 14 Uhr, Eintritt 7,20 £, Bodiam, Robertsbridge TN32 5UA, Tel. 015 80/83 01 96, www.nationaltrust.org.uk/bodiam-castle

Oben: Rye Castle ist eigentlich nicht viel mehr als ein Turm und beherbergt heute ein Museum. **Mitte/Unten:** Tagsüber tummeln sich zahlreiche Besucher in den schmalen Straßen von Rye, doch abends wirkt der Ort beschaulich.

ler Henry James (1843–1916) und Edward Frederic Benson (1867–1940) lebten hier zeitweise. Das Gebäude kann in Teilen besichtigt werden. Es ist mit früheren Möbeln von James ausgestattet, außerdem erinnern Bilder und Briefe an den Autoren. Georg I. (1660–1727) soll 1726 im Lamb House für einige Tage übernachtet haben, nachdem sein Schiff in einem Sturm in Seenot geraten war.

Rye Castle

Die Burg von Rye wird meist Ypres Tower genannt – vor allem, weil sie aufgrund ihrer geringen Größe wenig von einer Burg hat. Das Gebäude entstand im Jahr 1249, um Schutz vor Angreifern vom Kontinent zu bieten. Im Lauf der Jahrhunderte wurde es ein Gefängnis, ein Gericht, eine private Unterkunft und schließlich bis heute ein Museum. Gezeigt werden Utensilien aus der Vergangenheit, eine Zelle sowie ein Nachbau jenes Galgens, an dem der örtliche Schlachter John Breads einst wegen Mordes hingerichtet wurde. Seine Leiche soll 50 Jahre in einem Stahlkorb aufbewahrt worden sein – als Mahnung.

Camber Castle

Das Küstenfort zwei Kilometer südlich von Rye ist eine jener Befestigungsanlagen, die Heinrich VIII. (1491–1547) entlang des Ärmelkanals anlegen ließ, um nicht eines Tages von den Franzosen überrascht zu werden. Es ist ähnlich wie Deal Castle in Form ineinander verwobener Kreise konzipiert, sodass Angreifer sich erst zum Herzen des Ganzen hätten vorkämpfen müssen, einem runden Turm. Bereits im 17. Jahrhundert wurde Camber Castle nicht mehr benötigt und deswegen sich selbst überlassen. Heute ist es noch in seinen Grundzügen vorhanden, jedoch bei Weitem nicht so gut erhalten wie andere Küstenbefestigungen.

Infos und Adressen

SEHENSWÜRDIGKEITEN

Camber Castle. Früheres Küstenfort von 1544. Juli–Sept. Sa/So 14–17 Uhr sowie zu besonderen Tagen, Eintritt 3 £, Rye Harbour Road, Rye TN31 7TD, Tel. 08 70/333 11 81, www.english-heritage.org.uk/daysout/properties/camber-castle/

Lamb House. Wohnhaus aus dem Jahr 1722. April–Okt. Di/Sa 11–17.30 Uhr, Eintritt 5 £, West Street, Rye TN31 7ES, Tel. 015 80/76 23 34, www.nationaltrust.org.uk/lamb-house

Bei schönem Wetter bieten viele Pubs Außenplätze im Grünen.

Aufwendige Schilder zeichnen Rye aus.

Rye Castle Museum. Museum im alten Festungsturm. April–Sept. tgl. 10.30–17 Uhr, Okt.–März tgl. 10–15.30 Uhr, Eintritt 3 £, 3 East Street, Rye TN31 7JY, Tel. 017 97/22 67 28, www.ryemuseum.co.uk

St. Mary's Church. Zentrale Kirche in der Altstadt. Tgl. 9.15–17.15 Uhr (im Winter bis 16.15 Uhr), Church Square, Rye TN31 7HF, Tel. 017 97/22 23 18, www.ryeparishchurch.org.uk

ESSEN UND TRINKEN

Avocet Tea Room. Kleines Café am Hafen. Do–So 10.30–17 Uhr, Harbour Road, Rye Harbour TN31 7TY, Tel. 017 97/22 30 05, www.avocetgalleryandtea.co.uk

Mermaid Inn. Englische Küche mit Stil. Tgl. 12–14.30 und 19–21.30 Uhr, Mermaid Street, Rye TN31 7EY, Tel. 017 97/22 30 65, www.mermaidinn.com

ÜBERNACHTEN

The Hope Anchor. Einfaches englisches Landhotel. Watchbell Street, Rye TN31 7HA, Tel. 017 97/22 22 16, www.thehopeanchor.co.uk

The George. Traditionshotel mit schicken modernisierten Zimmern. 98 High Street, Rye TN31 7JT, Tel. 017 97/22 21 14, www.thegeorgeinrye.com

INFORMATION

Tourist Information Centre. Tgl. 10–16 Uhr, 4/5 Lion Street, Rye TN31 7LB, Tel. 017 97/22 90 49, www.visitsoutheastengland.com

Mitte: Das Zentrum der Anglikanischen Kirche versteckt sich hinter einer schmalen Häuserfassade.
Unten: In Canterbury gibt es eine der eindrucksvollsten Kathedralen des Landes.

5 Canterbury

Sitz der Anglikanischen Kirche

Der historische Bischofssitz und das Zentrum der Anglikanischen Kirche liegt für britische Verhältnisse alles andere als zentral. Doch für Besucher vom europäischen Festland ist Canterbury meist einer der ersten Anlaufpunkte – die mittelalterliche Stadt liegt nur einen Steinwurf vom Fährhafen in Dover entfernt. Und das zu Recht: Rund um die Kathedrale schlängeln sich hübsche Straßen und Gassen, eingefasst von einer fast vollständig erhalten gebliebenen Stadtmauer. Einen besseren ersten Eindruck von England kann man kaum bekommen.

Zugegeben: Canterbury (44 000 Einwohner) mag sich an den Stadträndern durchaus modern weiterentwickelt haben, und nicht immer in einem Stil, den man auch heute noch als schön bezeichnen würde – das Zentrum jedoch innerhalb der ursprünglich von den Römern angelegten Stadtmauer ist weitestgehend so konserviert, wie es seit vielen Jahrhunderten existiert hat.

MAL EHRLICH

GHOST TOUR

Sie sind in mittelalterlichen Städten so zwingend wie die Stadtmauer – doch sie bringen einen selten nach vorn: Ghost Tours, bei denen kostümierte Führer während eines Nachtspaziergangs die Schreckensseiten hervorheben, sind auch in Canterbury im Angebot. Am besten spart man sich diese Touristenfalle, sieht sich die Stadt bei Tageslicht an – und genießt die Atmosphäre abends in einem schönen Restaurant oder einem urigen Pub.

Durovernum Cantiacorum

Bereits die Römer bauten die Siedlung um den Fluss Stour unter dem Namen Durovernum Cantiacorum aus. Mit der Schaffung des Bischofssitzes war die Bedeutung der Stadt schließlich gefestigt. Canterbury ist das Zentrum der Anglikanischen Kirche, was die Kathedrale der Stadt zum zentralen Anlaufpunkt für viele macht. Rundherum hat sich eine Innenstadt entwickelt, die zu den schönsten Englands gehört. An vielen Stellen ist sie noch eingefasst von der alten Stadtmauer, in den historischen Gebäuden haben sich etliche Läden, Cafés und Restaurants angesiedelt.

Kathedrale

Die Kathedrale von Canterbury ist nicht nur ein berühmtes Bauwerk der Gotik – sie ist auch Weltkulturerbe und seit Gründung der Anglikanischen Kirche deren Zentrum. Dementsprechend ist der Erzbischof von Canterbury der höchste Geistliche jener Kirche und befähigt, die englischen Monarchen zu krönen. Wobei ebenjene streng genommen ihm vorgesetzt sind: Denn der britische König ist qua Amtes Oberhaupt der Anglikanischen Kirche – eine Randerscheinung der Tatsache, dass das ganze Konstrukt erst durch Heinrich VIII. (1491–1547) seine heutige Form erhielt. Er war es, auf dessen Druck sich die Anglikanische Kirche 1531 von Rom lossagte und fortan als so etwas wie die britische Staatskirche fungierte.

Der Kathedralbau stammt überwiegend aus dem 12. Jahrhundert, wobei es an selber Stelle bereits seit mindestens dem 6. Jahrhundert einen Vorgängerbau gegeben haben muss, vermutlich bereits seit der Zeit der römischen Herrschaft über England. Reste dieser früheren Bebauung wurden

AUTORENTIPP!

ZWEI TÜRME IM PARK

Rund um die Reculve Towers an der Nordküste von Kent hat sich ein Landschaftsgebiet entwickelt, das für den Südosten Englands einzigartig ist. Die beiden Türme der St. Mary's Church sind so etwas wie ein Wahrzeichen der Region geworden. Sie stehen direkt an der Küste und sind im Gegensatz zum Rest des Kirchengebäudes weitgehend erhalten geblieben. Die Reculve Towers wurden im 12. Jahrhundert erbaut, wobei die Kirche selbst aus dem 7. Jahrhundert stammt. Auf der anderen Seite des Parkplatzes gibt es ein Informationszentrum, das über das Tierleben der Region aufklärt und geschichtliche Aspekte aufgearbeitet hat.

Reculve Country Park. Türme immer zugänglich, Visitor Centre Sa/So 11–15 Uhr, Eintritt frei, Reculver Lane, Herne Bay CT6 6SS, Tel. 012 27/74 06 76, www.englishheritage.org.uk/daysout/properties/reculver-towers-and-roman-fort/

Oben: Im Canterbury Heritage Museum wird Geschichte lebendig. **Unten:** Am Ende dominiert die Kathedrale mit ihrem reichen Skulpturenschmuck die Stadt.

1993 bei Renovierungsarbeiten entdeckt. Der ganze Bau ist durchweg beeindruckend, beginnend mit dem Hauptschiff, das von 26 Meter hohen gotischen Säulen geprägt ist, und der typischen Decke mit Fächergewölbe. Dieser Teil des Gebäudes entstand erst im 13. Jahrhundert und misst insgesamt 157 Meter. Die Nordseite wurde im 17. Jahrhundert aus feinstem Marmor überarbeitet. Am Ende befindet sich die Trinity Chapel, deren Fenster aus 800 Jahre altem Glas bestehen. Sehenswert ist auch der Kreuzgang, der an den vorderen Bereich der Kathedrale grenzt, außerdem die Krypta aus dem 11. Jahrhundert, die größte ihrer Art in England.

St. Augustine's Abbey

Am Rande des Kathedralgeländes gleich außerhalb der Stadtmauer befinden sich die Überreste eines Klosters aus dem 6. Jahrhundert. Es wurde 597 durch Augustinus von Canterbury gegründet und gilt damit als erstes christliches Kloster im Süden Englands. Zudem war St. Augustine's Abbey die letzte Ruhestätte der angelsächsischen Könige von Kent. Zusammen mit der Kathedrale und der St. Martin's Church ist die Anlage Weltkulturerbe. Es handelt sich um einen ursprünglich im byzantinischen Stil errichteten quadratischen Bau, wie er zu jener Zeit in vielen Orten üblich war. Im 10. Jahrhundert entstand ein Kreuzgang, von dem aber lediglich Grundmauern erhalten sind. Aus der Bibliothek der Abtei existieren noch mehr als 250 Handschriften, allerdings sind sie über etliche Orte in England und Europa verteilt. Den Grundstock legte bereits Augustinus, der mehrere Bände aus Italien mit nach Canterbury nahm, darunter ein Evangelienbuch aus dem 6. Jahrhundert. Zur St. Augustine's Abbey gehört heute ein Museum, das Funde vom Gelände beinhaltet und die Geschichte aufgearbeitet hat.

Gang durch die Innenstadt

Der Rundgang führt durch das historische Zentrum von Canterbury, Start ist gewissermaßen am Herzen der Stadt – an der Kathedrale.

A Canterbury Cathedral – Das Zentrum der Anglikanischen Kirche. In der Kathedrale von Canterbury hat der Erzbischof als geistliches Oberhaupt der Kirche seinen Sitz. Der Bau ist ein Meisterwerk der Gotik.

B St. Augustine's Abbey – Vom ältesten Kloster Englands sind diese Ruinen erhalten geblieben. Sie zeugen von der Bedeutung, die die Stadt schon sehr früh für die Kirche gehabt hat.

C St. Martin's Church – Das relativ unscheinbare Gebäude stellt die älteste Kirche der englischsprachigen Welt dar. Sie stammt aus dem 6. Jahrhundert. Im Mauerwerk sind alte Ziegel aus römischer Zeit verbaut.

D Stadtmauer – An vielen Stellen existieren noch Abschnitte der alten römischen Stadtmauer, die sich einst komplett um den Kern von Canterbury zog.

E Canterbury Norman Castle – Von der Festung aus dem 11. Jahrhundert sind nur noch Ruinen übrig geblieben. Canterbury Norman Castle diente einst dem Schutz der Hauptverbindung zwischen Dover und London, verlor jedoch relativ schnell an Bedeutung. Seit dem 17. Jahrhundert war die Burg dem Verfall überlassen.

F Canterbury Heritage Museum – Das Museum am Fluss Stour ist in einem früheren Krankenhaus untergebracht und behandelt die Geschichte Canterburys. Sein wichtigstes Exponat ist das Canterbury Cross, ein Bronzekreuz aus der Zeit um 850.

G High Street – Die zentrale Einkaufsstraße von Canterbury ist ein Ensemble historisch bedeutsamer Architektur – und ein guter Ort für einen Einkaufsbummel noch dazu. Viele Cafés und Restaurants haben sich in den alten Gebäuden angesiedelt.

H Marlowe Theatre – Das Theater gehört zu einem der wenigen neuen Gebäude in der Innenstadt. Es entstand 1984 und wird seitdem als brillante Bühne gefeiert.

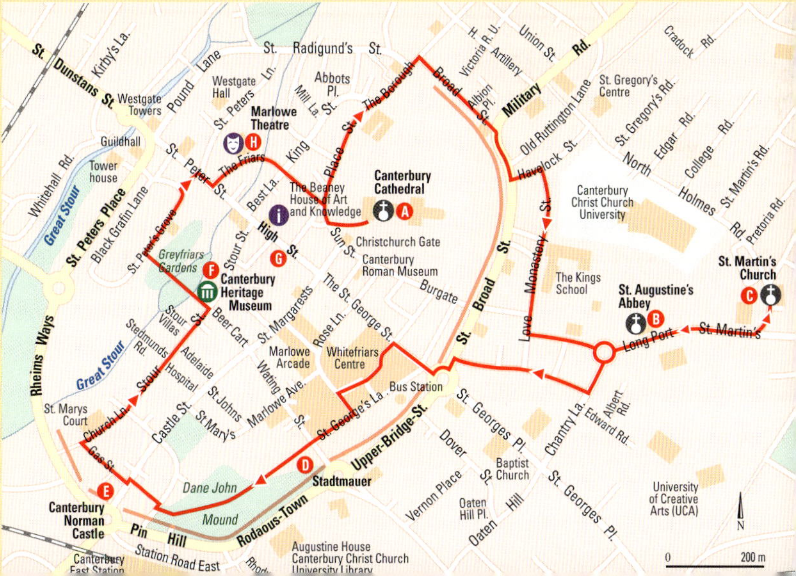

AUTORENTIPP!

DAS HOTEL NEBEN DER KATHEDRALDE

Näher kann man der Kathedrale von Canterbury nicht kommen: Die Cathedral Lodge, ein Hotel mit 35 Zimmern, befindet sich auf dem Gelände der Kathedrale und bietet von den meisten Zimmern aus einen Blick auf ebendieses Gebäude. Das hat einen einfachen Grund: Das Hotel gehört der Kirche. Auch wenn es beileibe nicht so alt ist, bietet es hübsche Zimmer mit allem, was man an Komfort benötigt – inklusive einem englischen Frühstück. Dazu gibt es einen privaten Garten, den Campanile Garden, der gerade in den Sommermonaten die perfekte Ruhe in der trubeligen Innenstadt ermöglicht. Angeschlossen ist ein kleines Konferenzzentrum – was bewirkt, dass die Zimmer häufig ausgebucht sind.

Canterbury Cathedral Lodge.
Canterbury Cathedral, The Precincts, Canterbury CT1 2EH,
Tel. 012 27/86 53 50,
www.canterburycathedrallodge.org

In der Kathedrale lohnt sich immer wieder auch der Blick nach oben.

St. Martin's Church

Der dritte Teil des Weltkulturerbes in Canterbury ist zugleich die älteste bis heute genutzte Kirche im englischsprachigen Teil der Welt – und insofern auch die älteste Großbritanniens. Sie befindet sich östlich der St. Augustine's Abbey und wurde mutmaßlich im 6. Jahrhundert erbaut, in jedem Fall vor 597. Das zeigt sich auch an den Außenmauern, die zwar seitdem mehrfach verändert und saniert wurden, jedoch nach wie vor Steine aus der Zeit der römischen Besatzung Englands (43–409) enthalten. Auch heute noch wird die St.-Martins-Kirche regelmäßig für Gottesdienste genutzt.

Canterbury Norman Castle

Die Burgruine im südwestlichen Bereich der alten Stadtmauer stammt aus dem 11. Jahrhundert. Wilhelm der Eroberer (1028–1087) ließ damals entlang der Strecke von Dover nach London mehrere solcher Festungen bauen. Ursprünglich handelte es sich um Motten, also einfache Bauten auf künstlichen Hügeln. Heinrich I. (1068–1135) machte aus der Festung von Canterbury eine richtige Burg. Heute ist noch der Kern des Gebäudes zu sehen, jedoch mit eingefallenen Mauern und ohne Dach.

Lange Zeit diente der Bau als Gefängnis, war aber bereits seit dem 17. Jahrhundert verlassen, nachdem die Burg von Dover als wichtigste Verteidigungseinheit massiv ausgebaut worden war. Am Eingang der Gas Street befindet sich ein 3-D-Modell, das zeigt, wie die Anlage um 1200 ausgesehen haben muss. Für den Bau von Canterbury Castle wurden Teile der römischen Stadtmauer verwendet. Einige alte Steine sind auch noch an einer Ecke zur Wincheap-Unterführung zu sehen.

Infos und Adressen

SEHENSWÜRDIGKEITEN

Canterbury Norman Castle. Ruinen eines Schlosses aus dem 11. Jahrhundert. Immer geöffnet, Eintritt frei, Castle Street, Canterbury CT1 2PR, Tel. 012 27/37 81 00

Cathedral. Die Kathedrale. Mo–Sa 9–17 Uhr, So 12.30–14.30 Uhr, Eintritt 10,50 £, Cathedral House, 11 The Precincts, Canterbury CT1 2EH, Tel. 012 27/76 28 62, www.canterbury-cathedral.org

St. Augustine's Abbey. Ruinen des ältesten christlichen Klosters Südenglands. April–Okt. Mi–So 10–17 Uhr, Nov.–März Sa/So 10–16 Uhr, Eintritt 5,20 £, Longport, Canterbury CT1 1PF, Tel. 012 27/76 73 45, www.english-heritage.org.uk/daysout/properties/st-augustines-abbey

St. Martin's Church. Die älteste Kirche der englischsprachigen Welt. Di, Do, Sa 11–15 Uhr, So 9.50–10.20 Uhr, Eintritt frei, North Holmes Road, Canterbury CT1 1PW, Tel. 012 27/76 80 72, www.martinpaul.org

ESSEN UND TRINKEN

Café du Soleil. Mediterrane Küche, schöner Garten. Tgl. 12–22 Uhr, 5 Pound Lane, Canterbury CT2 8AA, Tel. 012 27/47 99 99, www.cafedusoleil.co.uk

Im Sommer lebt die Innenstadt von Canterbury richtig auf.

Das Zentrum von allem: Canterbury Cathedral

Oscar & Bentleys. Bistro, spezialisiert auf glutenfreies Essen. Di 10.30–17 Uhr, Mi–Sa 10.30–21 Uhr, So 11–17 Uhr, 10 Guildhall Street, Canterbury CT1 2JQ, Tel. 012 27/45 45 44, www.oscar-bentleys.co.uk

ÜBERNACHTEN

Abode. Businesshotel in einem Fachwerkbau in der Fußgängerzone. 30–33 High Street, Canterbury CT1 2RX, Tel. 012 27/76 62 66, www.abodecanterbury.co.uk

Cathedral Gate Hotel. Frühere Pilgerunterkunft an der Kathedrale. 36 Burgate, Canterbury CT1 2HA, Tel. 012 27/46 43 81, www.cathgate.co.uk

INFORMATION

Tourist Information Centre. Mo–Sa 9–17 Uhr (Do bis 19 Uhr), So 10–17 Uhr, Beaney Art Museum and Library, 18 High Street, Canterbury CT1 2RA, Tel. 012 27/86 21 62, www.canterbury.co.uk

Mitte: Das etwas andere Schloss: Sissinghurst ist von Doppeltürmen geprägt.
Unten: Wer sich auf dem Gelände umsieht, wird andere schöne Gebäude entdecken – und ein Meer von Blumen.

6 Sissinghurst
Das Schloss der Türme

Sissinghurst Castle am Rande des Weald ist eines der ungewöhnlichsten Schlösser der Gegend – unter anderem, weil es lange Zeit als Farm genutzt wurde. Heute gilt der Klinkerbau vor allem wegen seines großen und abwechslungsreichen Gartens als einzigartig. Mehrere kleine Orte prägen die Region, unter anderem Tenterden, ein beliebtes Ziel für einen Einkaufsbummel. Wer größer shoppen möchte, sollte sich nach Ashford aufmachen – dort verspricht eine große Outlet Mall so einige Schnäppchen.

Das durch seinen Doppelturm weithin sichtbare Anwesen ist vor allem wegen seines Gartens berühmt. Die Schriftstellererin Vita Sackville-West (1892–1962) und ihr Mann, der Diplomat und Autor Harold Nicolson (1886–1968), bauten das Gelände zu dem aus, was es heute ist. Sie investierten von 1930 an viel Zeit und Geld in das fünf Hektar große Außengelände, das ursprünglich Farmland war.

Der Garten von Sissinghurst

Entstanden sind zehn einzelne Gärten, die zusammen ein Gesamtkunstwerk ergeben – darunter der Rosengarten mit vielen alten Rosensorten und der im italienischen Stil gehaltene Lindengang, der im Frühjahr seine volle Blütenpracht entfaltet. Sissinghurst Castle selbst war nie als Schloss gebaut, sondern wurde eher als Landhaus genutzt. Um 1480 ersetzte man ein älteres Gebäude durch den heutigen Klinkerbau, der jedoch in den Jahrhunderten danach zunehmend verfiel.

Erst Sackville-West und ihr Mann sanierten das Gelände grundlegend. Der Doppelturm, der nicht mit dem Rest des Hauses verbunden ist, wurde als Arbeitszimmer der Schriftstellerin ausgebaut. Die Bibliothek enthält noch etliche alte Bände, die inzwischen nach und nach penibel konserviert werden. Aus alten Zeiten stammen auch die auffälligen Hopfendarrtürme mit ihren spitz zulaufenden Dächern. Der National Trust hat Sissinghurst 1967 übernommen. Seitdem ist es dauerhaft für Besucher zugänglich, zumal Sackville-West bereits damit begonnen hatte, ihren Garten für Außenstehende zu öffnen.

Tenterden

Der kleine Ort (8000 Einwohner) am Rande des Weald-Waldes wirkt, als sei er schon vor langer Zeit konserviert worden. Im 14. Jahrhundert durch den Wollhandel zu Reichtum erlangt, ist er wegen seiner alten Bausubstanz ein beliebtes Touristenziel. Nette Geschäfte säumen die High Street mit ihren feinen, meist georgianischen Gebäuden. Zahlreiche Grünflächen sorgen für Entspannung und Erholung, dazu gibt es im Umland mehrere Weingüter.

Smallhythe Place ist ein malerisches, schiefes, mit Blumen bewachsenes Fachwerkhaus aus dem frühen 16. Jahrhundert, in dem in viktorianischen Zeiten die Schauspielerin Ellen Terry (1847–1928) gelebt hat. Heute ist das Gebäude besuchbar, innen sind unter anderem Andenken von ihr zu sehen. Die schönsten Eindrücke bieten sich aber von außen in dem prachtvollen Garten.

Ashford

Die Stadt an der Autobahn M20 zwischen London und Dover hat sich zu einem wichtigen industriel-

AUTORENTIPP!

MIT DAMPF VON TENTERDEN NACH BODIAM

Die Museumsbahn fährt auf der alten 16 Kilometer langen Strecke zwischen Tenterden und Bodiam durch landschaftlich wunderschönes Gebiet. Die Route wurde im Jahr 1900 eröffnet. Da sich die Stationen allerdings mitunter weitab von den Orten befinden, nach denen sie benannt sind – noch dazu in einem überwiegend dünn besiedelten Gebiet –, blieb der große Erfolg aus. Die Strecke wurde 1950 stillgelegt und erst 1974 durch einen Verein wieder in Betrieb genommen. Heute zieht eine Dampflok die alten Waggons meist in den Sommermonaten. Mit Tenderton und Bodiam Castle bieten sich an beiden Enden zwei schöne Ausflugsziele.

Ken & East Sussex Railway.
April–Sept., unterschiedliche Fahrtzeiten, im Winter meist an Wochenenden, 16 £, Tenterden Town Station, Tenterden TN30 6HE,
Tel. 015 80/76 51 55,
www.kesr.org.uk

Oben: Sissinghurst wirkt schon von Weitem malerisch …
Unten: … doch erst bei näherem Betrachten entfaltet es seine ganze Schönheit, etwa in den einzelnen Gärten.

len Zentrum entwickelt – was leider den architektonischen Höhepunkten Grenzen gesetzt hat. Ashford (118 000 Einwohner) ist Sitz etlicher Unternehmen, unter anderem des Suppenherstellers Campbell.

Reisende legen gern einen Zwischenstopp wegen eines wichtigen Einzelhandelsphänomens ein: Das Ashford Designer Outlet, ein riesiges Open-Air-Einkaufszentrum, beinhaltet Fabrikverkaufsläden von so ziemlich jeder Marke, die in englischen Innenstädten angeboten wird. Vor allem am Wochenende pilgern Einheimische wie Touristen beinahe in Autokolonnen hierhin. Eine wichtige Rolle kam der Stadt mit der Eröffnung des Eurotunnels zu: Mit dem internationalen Bahnhof erhielt sie den einzigen Bahnhof, an dem die Tunnelzüge zwischen Frankreich und London halten.

Godinton House

Im Zentrum des Anwesens aus dem 14. Jahrhundert steht ein altes Herrenhaus, das Spuren etlicher Epochen trägt. Das mittelalterliche Treppenhaus mit seinen Schnitzereien ist ebenso sehenswert wie die mit alten Möbeln eingerichteten Räume. Umgeben ist das Haus von zwölf Hektar Gartenfläche in unterschiedlichen Stilrichtungen: Neben einem Rosengarten gibt es einen Seerosenteich, außerdem einen italienischen Garten mit barocken Elementen.

Infos und Adressen

SEHENSWÜRDIGKEITEN

Godinton House. Haus April–Okt. Fr–So 13–17 Uhr, Garten März–Okt. 13–18 Uhr, Eintritt 8 £ (nur Garten 5 £), Godinton Lane, Ashford TN23 3BP, Tel. 012 33/64 38 54, www.godintonhouse.co.uk

Sissinghurst Castle. April–Okt. tgl. 11–17.30 Uhr, Eintritt 11,20 £, Biddenden Road, Cranbrook TN17 2AB, Tel. 015 80/71 07 01, www.nationaltrust.org.uk/sissinghurst-castle

Smallhythe Place. Altes Fachwerkhaus mit Garten. März–Okt. Sa–Mi 11–17 Uhr, Eintritt 7,10 £, Smallhythe, Tenterden TN30 7NG, Tel. 015 80/76 23 34, www.nationaltrust.org.uk/smallhythe-place

ESSEN UND TRINKEN

Everest Inn. Indisches Restaurant. Mo–Fr 12–15 und 17.30–23 Uhr, Sa/So 12–23 Uhr, 113 Station Road, Ashford TN23 1PJ, Tel. 012 33/64 36 43, www.everestinnashford.co.uk

Footprints Café. Biobistro mit einfachen Gerichten. Di–Fr 9–17 Uhr, Sa 9–16 Uhr, So 10.30–16 Uhr, Singleton Environment Centre, Wesley School Road, Ashford TN23 5LW, Tel. 012 33/66 83 08, www.ourfootprint.org.uk

ÜBERNACHTEN

Eastwell Manor. Nobles Hotel in altem Anwesen. Eastwell Park, Boughton Lees, Ashford TN25 4HR, Tel. 012 33/21 30 00, www.eastwellmanor.co.uk

EINKAUFEN

Ashford Designer Outlet. Große Outlet Mall. Mo–Fr 10–20 Uhr, Sa 9–20 Uhr, So 10–18 Uhr, Kimberley Way, Ashford TN24 0SD, Tel. 012 33/89 59 00, www.mcarthurglen.com/uk/ashford-designer-outlet/

INFORMATION

Tourist Information Centre. Mo–Sa 10.15–15 Uhr, Ashford Gateway Plus, Church Road, Ashford TN23 1AS, Tel. 012 33/33 03 16, www.visitashfordandtenterden.co.uk

Am schönsten im Sommer: Sissinghurst

Mitte: Prägt eine ganze Gegend: Leeds Castle, Südenglands berühmtes Wasserschloss
Unten: Feuerwerk über Leeds Castle

7 Maidstone

Die Stadt vor Leeds Castle

Die Hauptstadt von Kent hat sich inzwischen immer mehr zum Wohnraum für Londoner Angestellte entwickelt. Gleichwohl verfügt Maidstone durch seine lange Vergangenheit und seine enge Bindung an die Anglikanische Kirche über ein kleines, aber in Teilen hübsches Zentrum, außerdem über eine sehr gute Infrastruktur. Die Stadt ist umgeben von malerischen, kleineren Ortschaften. Hauptanziehungspunkt aber ist Leeds Castle, eines der berühmtesten Schlösser Großbritanniens, das aus einem Herrenhaus hervorging.

Maidstone (75 000 Einwohner) wurde ursprünglich am Fluss Medway gebaut, hat sich aber über die Jahrhunderte weit weg von seinen Ufern fortentwickelt. Entstanden ist eine Stadt, die sich sehen lassen kann, mit einem großen Innenstadtkern. Im Bereich der High Street und der East Street stehen einige alte Fachwerkhäuser, der überwiegende Teil der Stadt ist aber in der georgianischen Phase gewachsen – gespickt mit ein paar Bausünden aus den 1960er- und 1970er-Jahren, wie man sie in Südengland leider immer wieder in größeren Städten vorfindet.

Erzbischöflicher Palast

Im ausgehenden 14. Jahrhundert unterstand Maidstone dem Erzbischof von Canterbury, was sich noch im alten erzbischöflichen Palast am Fluss zeigt. Das Gebäude untersteht heute der Stadtverwaltung und wird für Hochzeiten genutzt. Es ist nur an wenigen Tagen im Jahr für Besucher geöffnet.

Maidstone Museum

Hingegen kann man das Maidstone Museum besichtigen, das in der St. Faith's Street in einem alten Herrenhaus aus der elisabethanischen Zeit untergebracht ist und auf eigenwillige Weise modern erweitert wurde. Es widmet sich nicht nur geschichtlichen Aspekten, sondern beinhaltet auch eine sehenswerte Kunstgalerie. Mit dem Mote Park und dem Teston Bridge Country Park gibt es im Umland zwei große, landschaftlich sehr reizvolle Gebiete.

Leeds Castle

Man kann angesichts der schieren Masse sehenswerter englischer Schlösser darüber streiten, ob die Eigenwerbung »hübschestes Schloss der Welt« wirklich zutrifft – doch schön anzusehen ist Leeds Castle sechs Kilometer südöstlich von Maidstone in jedem Fall. Das von einem breiten Wassergraben umgebene Bauwerk hat eine wechselvolle Geschichte hinter sich: Im Jahr 857 entstand an dieser Stelle zunächst ein Herrenhaus, das unter Edward I. (1239–1307) zu einem königlichen Palast aus- und umgebaut wurde. Weitere Monarchen zogen ein, darunter im Laufe der Zeit auch sechs Königinnen. Der engagierteste Vertreter des Königshauses dürfte Heinrich VIII. (1491–1547) gewesen sein, der massiv in den Bau des Schlosses investierte.

Im 20. Jahrhundert residierten in Leeds Castle etliche Berühmtheiten – weswegen es heute in einem hervorragenden baulichen Zustand und innen mit wertvollen Möbeln ausgestattet ist. Immer wieder ereigneten sich hier bedeutsame Begebenheiten: Kinofans dürfte das Schloss aus Alec Guinness' Film *Adel verpflichtet* bekannt sein. Im Jahr 2004 scheiterten an dem Ort wichti-

AUTORENTIPP!

ROCHESTER

William von Corbeil (1070–1136), der damalige Erzbischof von Canterbury, gab 1127 Rochester Castle in Auftrag. Nach einigen Zerstörungen baute man das dreigeschossige Gebäude im 13. Jahrhundert wieder auf. Heute stehen noch weite Teile der Anlage, wenn auch die Dächer längst verwunden sind. Zusammen mit der benachbarten Kathedrale von Rochester bildet die Burg einen geschichtlichen Schwerpunkt in der Region. Rochester Cathedral wurde im Jahr 1080 begonnen und ist somit die zweitälteste Kathedrale Englands nach jener von Canterbury. Ihre normannische Architektur dominiert den Bau, obwohl das Hauptschiff später im gotischen Stil ausgebaut wurde.

Rochester Castle. Tgl. 10–16 Uhr, Eintritt 6 £, Rochester, Kent ME1 1SW, Tel. 08 70/333 11 81,www.english-heritage.org.uk/daysout/properties/rochester-castle/

Oben: Nach dem schwarzen Schwan ist auch ein Boot benannt, das Besucher im Sommer über das Wasser von Leeds Castle schippert. **Unten:** Viele kommen nur wegen der Landschaft nach Kent, die gute Möglichkeiten zum Wandern bietet.

ge Friedensverhandlungen zwischen den Parteien Nordirlands.

Im Außenbereich stellt besonders der Irrgarten eine Attraktion dar (ein wirklich komplizierter Vertreter seiner Art), in dessen Zentrum sich eine Grotte befindet. Der Rest des parkähnlichen Geländes ist gespickt mit schönen und seltenen Pflanzen, enthält einen Teich und sogar einen Golfplatz. Wer länger bleiben möchte: Auf Leeds Castle werden Ferienwohnungen und Bed-and-Breakfast-Unterkünfte vermietet.

Bearsted

Der kleine Nachbarort von Maidstone ist das Musterbeispiel eines britischen Dorfs. Entlang der Hauptstraße mit dem simplen Namen The Street gibt es alte Fachwerkhäuser, mehrere Pubs, kleine Läden, außerdem einen Cricketplatz, der zu den ältesten in Kent zählt. Alfred Mynn (1807–1861), ein berühmter Cricketspieler des 19. Jahrhunderts, soll hier oft gespielt haben. Die Holy Cross Church des Orts stammt in Teilen aus dem 13. Jahrhundert und ist auch wegen ihres kleinen alten Friedhofs sehenswert.

Stoneacre

Das Fachwerkhaus aus dem 15. Jahrhundert ist hervorragend erhalten, liegt aber etwas versteckt. Das Gebäude steht noch so, wie es 1480 hier hochgezogen wurde. Das Untergeschoss ist an einem Tag der Woche für Besucher geöffnet. Es beinhaltet eine große Feuerstelle, auf der einst gekocht wurde, alte Möbel und fein verzierte Fenster – außerdem jede Menge Informationen über die Geschichte des Hauses. Bei gutem Wetter gibt es in dem netten Garten ein kleines Freiluftcafé.

Infos und Adressen

SEHENSWÜRDIGKEITEN

Maidstone Museum. Historisches Museum und Kunstgalerie. Mo–Sa 10–17 Uhr, April–Sept. auch So 12–16 Uhr, Eintritt frei, St. Faith's Street, Maidstone ME14 1LH, Tel. 016 22/60 28 38, www.museum.maidstone.gov.uk

Leeds Castle. Altes Schloss mit schönem Park. April–Sept. tgl. 10.30–16.30 Uhr, Okt.–März tgl. 10.30–15 Uhr, Eintritt 24 £, Maidstone ME17 1PL, Tel. 016 22/76 54 00, www.leeds-castle.com

Stoneacre. Fachwerkhaus aus dem 15. Jahrhundert. März–Sept. Sa 11–17.30 Uhr, Eintritt 4,40 £, Otham, Maidstone ME15 8RS, Tel. 016 22/86 32 47, www.nationaltrust.org.uk/stoneacre

ESSEN UND TRINKEN

The Mulberry Tree. Moderne europäische Küche. Di–Sa 12–14 und 18.30–21 Uhr, So 12–14.15 Uhr, Hermitage Lane, Boughton Monchelsea, Maidstone ME17 4DA, Tel. 016 22/74 90 82, www.themulberrytreekent.co.uk

Picknick vor Leeds Castle

Mittelalterliches Badezimmer im Schloss

The Oak on the Green. Schönes altes Gasthaus mit britischer Küche. Mo–Sa 11–23 Uhr, So 12–22.30 Uhr, The Street, Bearsted, Maidstone ME14 4EJ, www.oakonthegreen.com

ÜBERNACHTEN

Premier Inn. Modernes Budgethotel im Zentrum. 5–11 London Road, Maidstone ME16 8HR, Tel. 08 71/527 93 92, www.premierinn.com/en/hotel/MAILON/maidstone-town-centre

Marriott Tudor Park. Schönes Landhotel mit Golfplatz zwischen Autobahn und Innenstadt. Ashford Road, Bearsted, Maidstone ME14 4NQ, Tel. 016 22/73 43 34, www.marriotttudorpark.co.uk

INFORMATION

Visitor Information Centre. Mo–Sa 10–17 Uhr, April–Okt. auch So 12–16 Uhr, Maidstone Museum & Bentlif Art Gallery, St. Faith's Street, Maidstone ME14 1LH, Tel. 016 22/60 21 69, www.visitmaidstone.com

8 Southend-on-Sea

Londons Seebad

Das Seebad kann wegen seiner exponierten Lage an der Mündung der Themse auf eine lange Geschichte zurückblicken. Bereits zur Steinzeit siedelten in dieser Gegend Menschen, alle weiteren Herrscher über England wussten die Nähe zum Meer zu schätzen. Die Nähe zu London machte aus Southend-on-Sea im 19. und 20. Jahrhundert ein beliebtes Ausflugsziel für die Einwohner der britischen Hauptstadt. Inzwischen ist die Stadt allerdings vor allem an den Wochenenden oftmals Schauplatz von heiteren Junggesellenabschieden.

Mitte: Der Festplatz von Southend-on-Sea prägt die Wasserseite des Seebads.
Unten: Typisch für englische Badeorte: die bunten Strandhütten

Eigentlich hätte der Badeort unter seinem ursprünglichen Namen Prittlewell bekannt werden müssen – denn Southend-on-Sea (175 000 Einwohner) wurde als südliche Siedlung eben jenes Ortes gegründet, daher der Name Southend. Insofern liegt in Prittlewell das historische Zentrum der Stadt. Durch seine Nähe zum Wasser aber wurde Southend seit dem 18. Jahrhundert zunehmend beliebter, weshalb sich in dem Vorort irgendwann der neue Kern bildete.

Heute verhält es sich genau umgekehrt: Prittlewell ist nur noch ein Stadtteil von Southend-on-Sea, das mit seiner Promenade und Fußgängerzone zum Zentrum geworden ist. Die meisten kommen indes wegen der Strände: Auf einer Länge von elf Kilometern erstrecken sich mehrere schmale Abschnitte. Die City Beach ist unlängst mit modernen Lampen ausgestattet worden, sodass man theoretisch auch abends die Meerluft genießen kann.

Die Hauptgeschäftsstraße heißt wie so oft High Street und erstreckt sich zwischen zwei Einkaufszentren – dem Victoria Shopping Centre am Bahnhof Southend Victoria und dem Royals Shopping Centre an der Seebrücke. Die Architektur hier spiegelt größtenteils noch die große Zeit Southends als Seebad wieder – nur hier und dort sind die viktorianischen Gebäude durch modernere ersetzt worden. Eingezogen sind längst die üblichen Ketten, die sich in fast jeder größeren britischen Stadt finden – von Marks & Spencer bis Debenhams. Der Flughafen der Stadt nennt sich übrigens London-Southend, obwohl die britische Hauptstadt fast 70 Kilometer entfernt liegt und über ausreichend eigene Flughäfen verfügt.

Pier

Es mag schönere Seebrücken geben, doch die von Southend-on-Sea kann sich immerhin als längste der Welt rühmen. Gut zwei Kilometer ragt das Bauwerk in die Themsemündung. Und obwohl es bereits 1830 erbaut wurde, wirkt es vergleichsweise modern: Am Ende steht seit 2012 der Royal Pavilion, ein von Glas geprägter Flachbau, der die alte viktorianische Bebauung der Anlage ersetzt hat. Durch mehrere Brände war der Pier im Laufe der Jahrzehnte in Teilen stark beschädigt worden. Heute ist in dem Kopfgebäude ein Café untergebracht, außerdem finden immer wieder kleinere Konzerte und Festivals statt.

Wer die zwei Kilometer nicht zu Fuß gehen möchte, kann eine dieselbetriebene Bahn nutzen, die auf einem abgetrennten Bereich der Seebrücke zwischen Kopf und Rumpf pendelt. Auf der Promenadenseite befindet sich auch ein kleines Museum, das sich mit der Geschichte des Piers befasst. Außerdem gibt es einen für britische Piers üblichen Vergnügungspark mit vielen Fahrgeschäften.

AUTORENTIPP!

INSELFLUCHT

Man muss schon sehr genau hinsehen, um Canvey Island als Insel und nicht bloß als Halbinsel zu begreifen. Doch feine Wasserarme trennen das Stück Land tatsächlich vom Rest Großbritanniens. Die Zufahrt ist über eine Brücke möglich. Genau genommen bietet die Insel wenige spektakuläre Bauwerke und auch keine Vergnügungszentren – aber gerade dies kann vor allem an Wochenenden eine nette Abwechslung angesichts der sonst so quirligen Stadt sein. Niederländer hinterließen auf der Insel ihre Spuren, als sie im frühen 17. Jahrhundert gerufen wurden, um bei der Landbefestigung zu helfen. Mehrere Straßennamen wie die Tilburg Road sowie zwei kleine runde Hütten zeugen von dieser Zeit. Eine davon im Northwick Corner ist als Dutch Cottage in ein winziges Museum umgewandelt worden.

Canvey Island. www.canveyisland-tc.gov.uk

Oben: Das älteste Gebäude Southends ist Prittlewell Priory, dessen Park vor allem viele Einheimische anzieht.
Unten: Die längste Seebrücke der Welt befindet sich in Southend-on-Sea.

Southend Cliff Gardens

Direkt an der Themse erstreckt sich in Höhe der Seebrücke dieses schöne Parkgelände entlang des Hangs in Richtung Westen. Mehrere Wege durchziehen die steile Grünfläche, seit einigen Jahren ist auch wieder der alte Cliff Lift in Betrieb – eine kurze Standseilbahn aus dem Jahr 1912.

Prittlewell Priory

Das älteste noch existierende Gebäude Southends hat viele Nutzungen erfahren: Ursprünglich wurde der Fachwerkbau im 12. Jahrhundert als Kloster erbaut, im 16. Jahrhundert aber im Zuge der landesweiten Auflösung aller kirchlichen Einrichtungen in ein Wohnhaus umgewandelt. Ein örtlicher Juwelier erwarb den Grund und Boden später und schenkte ihn 1917 der Stadt Southend. Das Gebäude ist unterteilt in einen viktorianischen Flügel, der die Vergangenheit als Wohnhaus widerspiegelt, sowie einen Teil, der die Nutzung im 12. Jahrhundert als Kloster nachvollziehbar macht. Prittlewell Priory ist Teil der städtischen Museen, der angrenzende Priory Park ein beliebtes Naherholungsgebiet mit dem kleinen Fluss Prittle Brook.

Ein weiteres schönes Museum ist das Southchurch-Gebäude in den gleichnamigen Gärten. Das Haus stammt aus dem frühen 14. Jahrhundert und ist entsprechend dieser Zeit eingerichtet.

Infos und Adressen

SEHENSWÜRDIGKEITEN

Cliff Lift. Standseilbahn an der Promenade. Mai–Sept. tgl. 10–17 Uhr, Okt.–April Sa/So 10–17 Uhr, 0,50 £, Western Esplanade, Southend-on-Sea SS1 1EE, Tel. 017 02/61 87 47, www.southendmuseums.co.uk/page/Historic-Cliff-Lift

Prittlewell Priory. Di–Sa 10–17 Uhr, So 11–16 Uhr (im Winter tgl. bis 16 Uhr), Eintritt frei, Victoria Avenue, SS2 6BN, Tel. 017 02/34 28 78, www.southendmuseums.co.uk/page/Visit-Priory

Southend Pier Museum. Ausstellung zur Geschichte der Seebrücke. Mai–Okt. Sa/So, Di/Mi 11–17 Uhr, Eintritt 1,50 £, Western Esplanade, Southend-on-Sea SS1 1EE, Tel. 017 02/61 12 14, www.southendpiermuseum.co.uk

ESSEN UND TRINKEN

La Pizzeria. Kleine Pizzeria. Di–So 17–22.30 Uhr, Di–Sa auch 12–15 Uhr, 640 London Road, Westcliff-on-Sea SS0 9HW, Tel. 017 02/34 14 56, www.la-pizzeria.org

Mangetout. Burger, Salate, Rippchen und vormittags traditionelles English Breakfast in verschiedenen Variationen, auch vegetarisch. Mo–Mi 10–16 Uhr, So–Sa 10–23 Uhr, 27 Chichester Road, Southend-on-Sea SS1 2JP, Tel. 017 02/46 51 69, www.mangetout.co

ÜBERNACHTEN

Park Inn. Schickes Drei-Sterne-Hotel direkt an der Esplanade. Church Road, Southend-on-Sea SS1 2AL, Tel. 017 02/45 51 55, www.parkinn.co.uk/hotel-southendonsea

Roslin Beach Hotel. Vier-Sterne-Haus an der Themse. 10–16 Thorpe Esplanade, Southend-on-Sea SS1 3BG, Tel. 017 02/58 63 75, www.roslinhotel.com

INFORMATION

Visitor Information Centre. April–Okt. Mo–Fr 8.15–18 Uhr, Sa/So 8.15–20 Uhr (im Sommer tgl. bis 20 Uhr), Nov.–März Mi–So 9.15–17 Uhr, Western Esplanade, Southend-on-Sea SS1 1EE, Tel. 017 02/61 87 47, www.visitsouthend.co.uk

Mit Stil nach oben: der Cliff Lift von Southend

9 Royal Tunbridge Wells

Das königliche Kurbad

Die Stadt im Südosten Londons erhielt 1909 das Prädikat »royal« – weil sie zu jener Zeit aufgrund ihrer eisenhaltigen Quellen zu einem der beliebtesten Kurorte für die Schönen und Reichen geworden war. Alles, was Rang und Namen hatte, ließ sich früher oder später hier sehen. Das Baden-Baden Englands ist geprägt von der Architektur des 18. und 19. Jahrhunderts. Und es liegt in einer landschaftlich reizvollen Gegend, umgeben von zahlreichen kleinen Dörfern. Die Rolle als Kurort ist inzwischen längst in den Hintergrund gerückt.

Sie prägen Tunbridge bis heute: die Pantiles, Kolonnadenzeilen aus dem 17. Jahrhundert.

Die Gegend um Royal Tunbridge Wells (56 000 Einwohner) war bereits in der Steinzeit besiedelt, als in den eisenhaltigen Gesteinformationen der erste Bergbau begann. Im Mittelalter herrschte die Wollindustrie vor, allerdings sollte sich das 1606 ändern: Ein erkrankter Besucher am Hofe James' I. (1566–1626) entdeckte eine eisen-

MAL EHRLICH

ENGLISCHER WEIN?

Es gibt qualitativ sehr hochwertige Lebensmittel in Großbritannien – die Versuche südenglischer Winzer wie in der Gegend um Tunbridge Wells, Qualitätsweine zu produzieren, muss man aber leider mit Vorsicht genießen. Vielen Produkten fehlt die Fülle, die Frucht – was wohl nicht zuletzt auf die nicht immer ausreichende Wärme zurückzuführen ist. Bezeichnend ist, dass kaum ein Restaurant Südenglands einheimische Weine anbietet. Dafür aber umso köstlicheren Cider!

haltige Quelle und nahm daraus ein paar Schlucke. Sein Zustand besserte sich rapide, und man sprach es den heilenden Kräften eben jenes Wassers zu. Das war die Geburtsstunde Tunbridge Wells als Kurort.

Auf dem Weg zum »Royal«

Längst ist um die Chalybeate Spring genannte Quelle der alte Innenstadtkern gewachsen, die Pantiles. Und auch heute noch können Besucher während der Sommermonate das Wasser probieren. Seine große Zeit hatte der Ort während des 18. und 19. Jahrhunderts, als er gemeinsam mit Bath gern von den oberen Zehntausend besucht wurde. So manche Prachtbauen aus eben jenen Tagen erinnern daran. König Edward VII. (1841–1910) zollte dem Erfolg des Kurorts Respekt, indem er ihm 1909 den Zusatz »royal« zugestand – eine absolute Seltenheit, selbst in England.

The Pantiles

Die Kolonnadenzeile in der Innenstadt ist das Herzstück von Royal Tunbridge Wells. Mit all den Geschäften waren die Pantiles seit ihrem Bau im 17. Jahrhundert der Ort schlechthin zum »sehen und gesehen werden«. Und darauf kam es vielen Besuchern des Kurorts schon ein bisschen an. Früher wurde diese Promenade schlicht »The Walk« genannt, doch dann setzte sich der heute noch genutzte Begriff durch: Pantiles bezieht sich auf das ehemalige Pflaster im Boden, viereckige Tonziegel, die im Englischen so genannt werden. Dieser Bereich der Stadt mag ein bisschen in die Jahre gekommen sein, hat aber nichts von seinem Reiz verloren. Im Gegenteil: Die etwas morbide Atmosphäre mit der alten Bausubstanz bietet tolle Fotomotive.

AUTORENTIPP!

CHURCHILLS CHARTWELL

Winston Churchill machte keinen Hehl daraus, wie viel ihm an seinem Wohnhaus lag: »Ein Tag außerhalb von Chartwell ist ein vergeudeter Tag«, sagte er einmal. Wer sein früheres Anwesen besucht, wird diese Einstellung nachvollziehen können: Der hübsche Backsteinbau, den Churchill ohne das Wissen seiner Frau gekauft hatte, liegt romantisch abseits der Hauptstraßen und ist mit einem Park samt Teich ausgestattet. Churchill selbst ließ das Haus mehrfach verändern – und erlernte sogar das Maurerhandwerk. Heute können Besucher Chartwell besichtigen. Das Wohnhaus ist so eingerichtet, wie es zu Lebzeiten Churchills aussah.

Chartwell. März–Okt. tgl. 11–16.15 Uhr, Nov.–Feb. 11–16 Uhr (nur Garten), Eintritt 12,50 £ (nur Garten 6,25 £), Mapleton Road, Westerham TN16 1PS, Tel. 017 32/86 83 81, www.nationaltrust.org.uk/chartwell

AUTORENTIPP!

MIT BLICK AUF DIE GALOPPRENNBAHN

Pferderennen sind in England das ganze Jahr über beliebt. Eine schöne Möglichkeit, diese Form der Unterhaltung mit einem angenehmen Aufenthalt zu verbinden, ist Lingfield Park. Denn das Anwesen westlich von Royal Tunbridge Wells beherbergt nicht nur eine Rennbahn, sondern auch ein Vier-Sterne-Marriott-Hotel. Wer ein Zimmer zur Bahn hat, kann direkt aus seinem Fenster die Rennen verfolgen. Zum Gelände gehört auch ein Golfplatz. Hübsch ist der Ort Lingfield, der nur etwa fünf Autominuten entfernt in nördlicher Richtung liegt. Mit seinen kleinen Geschäften und Restaurants strahlt er die Atmosphäre eines typisch englischen Dorfs aus.

Lingfield Park. Rennen meist mittwochs und an den Wochenenden, 12 Monate im Jahr. Racecourse Road, Dormansland, Lingfield RH7 6PQ, Tel. 013 42/83 48 00, www.lingfieldpark.co.uk

Scotney Castle

Das Schloss, das es zweimal gibt: Neben dem Schloss aus dem 19. Jahrhundert steht auf dem Gelände auch noch eine ältere Version: Scotney Old Castle liegt romantisch auf einer kleinen Insel im See, genauer gesagt das, was von ihm übrig ist. Scotney New Castle wurde zwischen 1835 und 1843 im Tudor-Revival-Stil gebaut und war noch bis 2006 bewohnt. Erst nach dem Tod von »Betty« öffnete es der National Trust für Besucher. Entsprechend realistisch ist das Gebäude eingerichtet: Die Räume befinden sich mit Möbeln, Büchern und Gemälden in jenem Zustand, in dem sie verlassen wurden – inklusive einer Katze, die noch durch die Zimmer streunt.

Im alten Schloss ist ein Second-Hand-Buchladen untergebracht, wobei schon die Ruine selbst inmitten des Sees ein Erlebnis ist. Neben dem großen Park und einem Englischen Garten direkt am neuen Haus gibt es auch einen traditionellen Walled Garden, ein von Mauern umschlossenes Areal. Eine Besonderheit ist die Hopfenfarm auf dem Gelände in den typisch spitz zulaufenden Gebäuden. Die Westerham-Brauerei in Edenbridge braut einmal im Jahr ein exzellentes Bier aus jenem Hopfen: das milde, rotblonde Scotney Gree Hop Harvest Ale.

Bayham Old Abbey

Südöstlich von Tunbridge Wells liegt die Ruine der Klosteranlage Bayham Old Abbey aus dem 13. bis 15. Jahrhundert. Deutlich lassen sich eine Kirche und ein Kapitelsaal ausmachen, außerdem ein Torhaus aus dem 14. Jahrhundert sowie ein benachbartes Gebäude. Bayham Old Abbey wurde im Jahr 1207 gegründet und kontinuierlich weiter vergrößert.

Besonders ist seine Lage: Das Kloster befindet sich exakt auf der Grenze der beiden Grafschaften Kent und Sussex und soll zu beiden Seiten einen Eingang gehabt haben. Auf der Sussex-Seite wurden jedoch nie entsprechende Bauteile gefunden. Neben den Ruinen steht noch ein Wohnhaus aus dem 18. Jahrhundert, das spätere Eigentümer des Geländes bauen ließen.

Hever Castle and Gardens

Dieses malerische Schloss liegt gut 15 Kilometer nordwestlich von Tunbridge Wells und stammt aus dem 13. Jahrhundert, auch wenn der größte Teil während des 15. und 16. Jahrhunderts angebaut wurde. Das burgähnliche Gebäude ist heute noch so schön wie einst – die Räume sind allesamt so erhalten, als wohne noch jemand darin. Die meisten wurden mit aufwendigen Holzdekorationen ausgestattet. Die große Halle verfügt über kunstvoll gestaltete Holzsäulen und eine Galerie, deren Entwurf von der Kapelle des King's College in Cambridge inspiriert war. Im Book of Hours Room sind zwei jahrhundertealte Bibeln ausgestellt.

Das Gatehouse enthält den ältesten Teil des Schlosses aus dem 13. Jahrhundert. Die ersten Besitzer des Anwesens lebten hier. Die älteste noch erhaltene Deckenverkleidung befindet sich in King Henry VIII's Bedchamber, jenem Raum, den Heinrich VIII. (1491–1547) mitunter zum Übernachten

Oben: Überbleibsel eines alten Klosters: Bayham Old Abbey stammt aus dem 13. bis 15. Jahrhundert.
Unten: Scotney Castle wird immer wieder auch für Festivitäten genutzt.

Oben: Idylle pur – Scotney Old Castle
Unten: In Bateman's lebte der »Dschungelbuch«-Schöpfer Rudyard Kipling.

genutzt haben soll. Durch die Hochzeit mit Anne Boleyn (1501/1507–1536), die er später hinrichten ließ, kam das Schloss in den Besitz des Königs. 1903 erwarb es William Waldorf Astor (1848–1919), Mitbegründer des berühmten Waldorf-Astoria-Hotels in New York. Er ließ das ganze Areal streng im Tudorstil sanieren und umbauen.

Aus dieser Zeit stammt auch der einzigartige Garten rund um das Schloss. So gab Waldorf Astor eigens einen Bereich in italienischem Stil in Auftrag, in dem er seine Sammlung seltener Statuen ausstellen konnte. Er ließ auch den künstlichen See ausheben samt römischer Terrasse und japanischem Teepavillon. Und er bepflanzte den Irrgarten sowie große Flächen mit Rosen und Rhododendron. Inzwischen gibt es sogar eine nach dem Schloss benannte Rosensorte: die Hever Castle Rose (Horquinsey).

Bateman's

Das kleine Haus aus dem 17. Jahrhundert in Burwash, 20 Kilometer südlich von Tunbridge Wells, war lange Zeit das Zuhause von *Dschungelbuch*-Autor Rudyard Kipling (1865–1936). Gemeinsam mit seiner Frau Carrie bezog er das Anwesen im Jahr 1902 und lebte hier bis zu seinem Tod. Das Haus ist überwiegend noch so eingerichtet, wie es zu Lebzeiten des Autors ausgestattet war. Interessant ist im Hinblick auf Kiplings Tätigkeit die Bibliothek, in der auch sein Schreibtisch steht.

Zu sehen sind auch Zeichnungen aus dem *Dschungelbuch* sowie der Literaturnobelpreis, der dem Schriftsteller 1907 verliehen wurde. Neben einem Garten im englischen Stil gibt es auch eine Wassermühle aus dem 17. Jahrhundert. Kipling ließ nach seinem Einzug Generatoren in die Mühle bauen, um Bateman's mit Strom zu versorgen.

Infos und Adressen

SEHENSWÜRDIGKEITEN

Bateman's. März–Okt. tgl. 11–17 Uhr, Nov./Dez. tgl. 11.30–15.30 Uhr, Eintritt 8,95 £, Bateman's Lane, Burwash TN19 7DS, Tel. 014 35/88 23 02, www.nationaltrust.org.uk/batemans

Bayham Old Abbey. Klosterruine aus dem 13. bis 15. Jahrhundert. April–Sept. tgl. 11–17 Uhr, Eintritt 4,50 £, Furnance Lane, Tunbridge Wells TN3 8LP, Tel. 018 92/89 03 81, www.english-heritage.org.uk/daysout/properties/bayham-old-abbey/

Hever Castle. Schloss aus dem 13. bis 15. Jahrhundert. Tgl. 12–17 Uhr (im Winter 12–16 Uhr, Garten tgl. ab 10.30 Uhr), Eintritt 15,50 £, Hever Road, Hever TN8 7NG, Tel. 017 32/86 52 24, www.hevercastle.co.uk

Scotney Castle. Schlossähnliches Anwesen mit großem Park. März–Okt. 10–17 Uhr, Eintritt 13 £, Lamberhurst, Royal Tunbridge Wells TN3 8JN, Tel. 018 92/89 38 20, www.nationaltrust.org.uk/scotney-castle/

ESSEN UND TRINKEN

Barn Pub and Grill. Gasthaus mit englischer Küche. Mo–Do 12–15 und 17–23 Uhr, Fr/Sa 12–0 Uhr, So 12–22 Uhr, Mount Pleasant Road, Tunbridge Wells TN1 1NU, Tel. 018 92/51 04 24, www.barn-pub-rest.co.uk

Nur noch in Ruinen erhalten: Bayham Old Abbey

ÜBERNACHTEN

Hotel du Vin. Gemütliches edles Hotel in alt-ehrwürdigem Gebäude. Crescent Road, Royal Tunbridge Wells, Tel. 08 44/748 92 66, www.hotelduvin.com/locations/tunbridge-wells/

Hotel Mercure. Schickes Vier-Sterne-Haus am Stadtrand. 8 Tonbridge Road, Tunbridge Wells TN2 4QL, Tel. 08 44/815 90 74, www.mercuretunbridgewells.co.uk

INFORMATION

Visitor Information Centre. April–Sept. Mo–Sa 10–15 Uhr, Okt.–März Di–Sa 10–15 Uhr, Unit 2, The Corn Exchange, The Pantiles, Tunbridge Wells TN2 5TE, Tel. 018 92/51 56 75, www.visittunbridgewells.com

Anwesen im Park: Scotney Old Castle

Am schönsten vom Wasser aus betrachtet: Hastings

10 Hastings

Namensgeber der Schlacht

Berühmt ist Hastings in England vor allem wegen einer Schlacht: Wilhelm der Eroberer besiegte im Jahr 1066 die Angelsachsen – allerdings nicht genau hier, sondern etwas weiter nördlich beim heutigen Ort Battle. Hastings selbst ist in viktorianischen Zeiten zu einem beliebten Seebad gewachsen und wird heute noch bevorzugt von Sprachreiseveranstaltern aufgesucht. Eine Besonderheit ist der Fischfang, dem trotz aller Badegäste nach wie vor nachgegangen wird.

Hastings (90 000 Einwohner) pendelt in gewisser Weise zwischen mehreren Charakteristika einer Stadt. Während sich der Innenbereich mit seiner Fußgängerzone entlang der Castle Street und der angrenzenden Straßen großstädtisch gibt, verwandelt sich das Ganze nur ein paar Straßen weiter in ein mondänes Seebad, dessen ganzer Stolz, die Seebrücke, 2010 bei einem Brand schwer beschädigt wurde. St. Leonards etwas westlich versprüht Eleganz. Im späten 19. Jahrhundert wurden in dem Stadtteil gezielt Wohnhäuser für die etwas reicheren Bewohner geschaffen. Auch heute noch wirken die Gebäude unisono schick. Östlich des Piers wiederum hat sich noch immer das alte Fischerdorf bewahrt, das Hastings einst war.

St. Mary in the Castle

Hier fällt die frühere Kirche St. Mary in the Castle ins Auge, ein Bau aus dem Jahr 1828 im Stil des Palladianismus. Innen wird er von einer großen Kuppel bestimmt. 1970 schloss man die Kirche – mangels Gemeindemitgliedern. Nach einer Zeit des Verfalls nahm sich die Stadtverwaltung des Gebäudes an und sanierte es, um schließlich eine Veranstaltungshalle daraus zu machen.

Hastings Castle

Über allem thronen die Ruinen der alten Burg. Im Jahr 1287 hatte ein Sturm den Ort derart heftig getroffen, dass große Teile der Klippen und Hastings Castles hinabstürzten und den alten Hafen unter sich begruben. Gleichwohl blieb der Ort einer der Cinque Ports, einer Vereinigung von fünf südenglischen Hafenstädten, die speziell ausgerüstet waren für den Fall von Angriffen.

Das Schloss aus dem Jahr 1066 war eines der ersten, das Wilhelm der Eroberer (1028–1087) in England bauen ließ. Leider erwies sich die Wahl des Orts als nicht sehr weitsichtig. Nach dem heftigen Sturm von 1287 trafen im 14. Jahrhundert Angriffe der Franzosen die Stadt, Bodenerosion tat ihr Übriges zur Dezimierung der Bausubstanz, der Zweite Weltkrieg schließlich den Rest. Heute sind von dem normannischen Fort kaum mehr als ein paar Mauerreste vorhanden. Dafür wurde in jüngerer Zeit eine audiovisuelle Show auf dem Grundstück eingerichtet. Die *1066 Story* erklärt einiges über die Schlacht von Hastings sowie die Geschichte der Burg.

Shipwreck Museum

Vor der Küste Südostenglands werden um die 1000 Schiffswracks vermutet – vor allem im 19. und 20. Jahrhundert sanken in dem dicht befahrenen Ärmelkanal zahlreiche Schiffe. Das Shipwreck Museum widmet sich diesen und anderen maritimen Seiten der Region. Zu sehen sind unter anderem Funde aus den Wracks sowie Unterwasseraufnahmen von ihnen.

AUTORENTIPP!

DIE KLIPPENBAHNEN

Standseilbahnen sind in britischen Küstenorten keine Seltenheit – Hastings aber hat sich gleich zwei davon gegönnt. Während die East Hill Railway über 81 Meter vom Küstenberg an den Strand von Hastings fährt, überwindet die West Hill Cliff Railway am anderen Ende der Innenstadt ihre 150 Meter lange Strecke überwiegend in Tunneln. Beide Bahnen wurden um die Wende 19./20. Jahrhundert erbaut und sind noch in Betrieb. Das Prinzip war ursprünglich bei beiden identisch: Oben wurde Wasser in einen Tank des Waggons gelassen, woraufhin dieser durch das Gewicht nach unten sackte. Inzwischen aber sind beide Strecken elektrifiziert.

Cliff Railways. West Hill: Feb.–Dez. tgl. 11–16 Uhr, George Street; East Hill: Sommer tgl. 11–16 Uhr, Winter Sa/So 11–16 Uhr (Dez. geschlossen), Rock-a-Nore Road, 2,50 £, Hastings TN34 3EG, Tel. 014 24/45 11 11

Oben: Thront über allem: die Burgruine Hastings Castle
Unten: Landschaftlich schön – doch hier bei Battle tobte 1066 eine tödliche Schlacht.

Hastings Museum

Das Stadtmuseum von Hastings birgt mit der Durbar Hall eine Besonderheit. Der von Holzschnitzereien geschmückte Raum wurde 1886 ursprünglich für die Colonial and Indian Exhibition in London geschaffen und sollte die britische Sicht der indischen Architektur aufzeigen. Der Prince of Wales nutzte die Durbar Hall damals für offizielle Empfänge. Heute ist diese Einrichtung in dem Museum zu sehen. Der übrige Schwerpunkt liegt auf Fossilien und Dinosauriern. Ein Teil der Exponate widmet sich auch dem Thema Schmuggel – in der früheren Hafenstadt Hastings war dieser an der Tagesordnung.

Battle

Der Ort mit dem bezeichnenden Namen (übersetzt »Schlacht«) ist an jener Stelle entstanden, an der Wilhelm der Eroberer im Jahr 1066 den englischen König Harald II. (1022–1066) besiegte. Battle (6000 Einwohner) liegt etwa zehn Kilometer nordwestlich von Hastings. Im Zentrum ist das mächtige burgähnliche Eingangsportal der Abtei kaum zu übersehen. Im Andenken an die legendäre Schlacht wurde sie 1095 gegründet und war dem Heiligen Martin gewidmet. Von vielen anderen Gebäudeteilen der Battle Abbey sind jedoch nur noch Mauern und einige Gewölbe übrig geblieben. Heute wird hier die Geschichte der Schlacht von 1066 erzählt. Der Hochaltar der Kirche soll genau an jenem Punkt stehen, wo Harald damals gefallen ist.

Um die Abtei ist ein hübscher kleiner Ort mit vielen Geschäften und Cafés entstanden. Ironischerweise ist Battle im 17. Jahrhundert ausgerechnet durch die Schwarzpulverindustrie zu Reichtum gelangt – mit Kämpfen kannte man sich hier eben aus.

Infos und Adressen

SEHENSWÜRDIGKEITEN

Hastings Castle. Burgruine über dem Hafen. Feb./März Sa/So 10–15 Uhr, April–Okt. tgl. 10–16 Uhr, Eintritt 7,75 £, Castle Hill Road, West Hill, Hastings TN34 3AR, Tel. 01 424/20 16 09, www.discoverhastings.co.uk

Hastings Museum & Art Gallery. Stadtmuseum. April–Okt. Di–Sa 10–17 Uhr, So 12–17 Uhr, Nov.–März Di–Sa 10–16 Uhr, So 12–16 Uhr, Eintritt frei, Johns Place, Bohemia Road, Hastings TN34 1ET, Tel. 014 24/45 10 52, www.hmag.org.uk

Shipwreck Museum. Maritimes Museum. April–Okt. tgl. 10–17 Uhr, Nov.–März Sa/So 11–16 Uhr, Eintritt 1 £, Rock-a-Nore Road, Hastings TN34 3DW, Tel. 014 24/43 74 52, www.shipwrecKilometeruseum.co.uk

ESSEN UND TRINKEN

Coast Restaurant. Trainingsrestaurant des Coast College mit moderner europäischer Küche. Mo–Fr 12.30–15.30 Uhr, Mi/Do auch 18.30–22 Uhr, Station Approach, Sussex Coast College, Hastings TN34 1BA, Tel. 014 24/458 535, www.sussexcoast.ac.uk/facilities/coast-restaurant.html

The Cookhouse Café. Kleines Restaurant mit einfachen englischen Gerichten. Tgl. 9–16 Uhr, 79 Queen's Road, Hastings TN34 1RL, Tel. 014 24/42 13 07, www.thecookhousecafe.co.uk

ÜBERNACHTEN

Bannatyne Spa Hotel. Schön umgebautes und modernisiertes altes Anwesen. Battle Road, Tel. 08 44/248 38 36, www.bannatyne.co.uk/hotel

Royal Victoria Hotel. Traditionsreiches Strandhotel. Marina, St. Leonards On Sea, Hastings TN38 0BD, Tel. 08 45/373 09 29, www.royalvichotel.co.uk

INFORMATION

Tourist Information Centre. Mo–Fr 9–17 Uhr, Sa 9.30–17.30 Uhr, So 10.30–16 Uhr, Aquila House, Hastings TN34 3UY, Tel. 014 24/45 11 11, www.visit1066country.com

Erinnert an die Schlacht von Hastings: Battle Abbey

ENTRANCE

SÜDOSTEN – SUSSEX UND SURREY

11 Eastbourne
Seebad mit Tradition

Vorangehende Doppelseite: Immer wieder Opfer von Bränden, immer wieder aufgebaut: die Seebrücke von Eastbourne
S. 78: Prachtmeile von Eastbourne: die Royal Parade direkt an der Küste

Lange Zeit als Seniorenresidenz verspottet hat sich Eastbourne mühsam wieder zu einem Seebad für jedermann entwickelt. Das liegt zum einen daran, dass die University of Brighton einen Standort in der Stadt hat und damit Studenten hergezogen sind – zum anderen aber auch an den zahlreichen Sprachreisen, die Eastbourne zum Ziel haben. Mondäne Bäderarchitektur prägt die Stadt vor allem an der Küste, und man ist vor Ort stolz auf eine klimatische Besonderheit: Hier gibt es die meisten Sonnenstunden Englands.

Die Promenade Eastbournes (100 000 Einwohner) zeugt von den glorreichen Zeiten dieses Seebads: Große Hotels reihen sich aneinander, darunter sogar ein Fünf-Sterne-Haus – was für englische Badeorte ungewöhnlich ist, bevorzugt die übliche Klientel doch meist günstigere Unterkünfte. Doch Eastbourne wollte schon immer hoch hinaus, hatte man es durch die Nähe zu London auf dem umkämpften Reisemarkt doch stets etwas leichter. Mit der wachsenden Attraktivität der südeuropäischen Badeorte und schließlich dem Start der Billigflieger aber zog es die Briten zunehmend nach Spanien, Frankreich und in die Türkei. Eastbourne entwickelte sich in der Folge zu einem Alterssitz für langjährige Badegäste.

Inzwischen versucht die Stadt, andere Attraktionen zu bieten: die Natur in der Umgebung, Unterhaltung und Shopping am Meer. Vor dem Bahnhof (mit direktem Anschluss nach London) geht es direkt in die Einkaufsgegend von Eastbourne zwischen Terminus Road und Susans Road. Am Ende gelangt man zur Grand Parade, einer breiten Promenade an der Küste. Der Blick auf den Strand verrät schnell, warum es Badegäste vorziehen, ans Mittelmeer zu reisen: Statt feinem Sand kann Eastbourne nur mit einer groben Mischung aus Sand und Steinen aufwarten – was aber viele nicht daran hindert, trotzdem im Sommer ihre Liegestühle aufzubauen. An mehreren Stellen gibt es kleine Parks, am bekanntesten sind die Carpet and Seafront Gardens in Höhe der Seebrücke.

Eastbourne Pier

Immer wieder sind britische Seebrücken dem Feuer zum Opfer gefallen: Brighton, Weston-super-Mare, Southend – alle hatten im Laufe der Jahrzehnte mit Bränden ihrer meist mit Holz bebauten Piers zu kämpfen. Im Frühjahr 2014 stand auch ein Pavillon in Eastbourne in Flammen. Das unter der Hitze verbogene Stahlgerüst wirkte schnell wie ein Mahnmal. Man beschloss jedoch, diesen zerstörten Teil umgehend wieder aufzubauen. Schließlich war der Kopf der 300 Meter langen Seebrücke unversehrt geblieben.

Das Bauwerk entstand zwischen 1866 und 1872 und wurde mit viktorianischen Pavillons bestückt, in denen Cafés, Spielhallen und ein Theater Platz fanden. Auch eine Camera obscura baute man ein, die zwar bereits 1970 einem Brand zum Opfer fiel, 2003 aber rekonstruiert wurde – untergebracht in einer Kuppel am Pierende. Über viele Jahre starteten hier Schaufelraddampfer zu Küstentouren, während des Zweiten Weltkrieges diente die Seebrücke als Abwehranlage.

Souvereign Harbour

Wie überall im Land wurde auch der Hafen von Eastbourne irgendwann im 20. Jahrhundert nicht

AUTORENTIPP!

DAS »SCHÖNE KAP«

Vom Wasser aus weithin sichtbar, doch auch vom Land aus kaum minder schön: Beachy Head (vom Französischen »Beauchef«, schönes Kap) ist eine von steilen Kreidefelsen geprägte Landspitze südwestlich von Eastbourne. Die weiten Rasenflächen oberhalb der Steilküste bieten sich perfekt für Spaziergänge an. An den Küstenenden hat man einen einzigartigen Ausblick auf die weißen Felswände und den Ärmelkanal. Die Gegend markiert einen Teil der South Downs, jener Steinformation, die sich quer durch Südengland zieht.
Hübsch ist der rot-weiß gestreifte Leuchtturm im Meer vor der Küste. Es ist bereits der zweite, der hier gebaut wurde: Der erste, Belle Tout Lighthouse, steht am Rande der Küste und wird als Ferienwohnung vermietet.

Beachy Head. Immer zugänglich, kein Eintritt, Beachy Head Road, Eastbourne BN20 7YA, www.beachyhead.org.uk

Oben: Prägt die Küstenlinie vor Eastbourne: das Pier aus dem 19. Jahrhundert
Unten: Eindrucksvoll: Steilküsten, die sich vor Eastbourne am Ärmelkanal entlangziehen

mehr für seine eigentlichen Aufgaben benötigt – der Schiffsverkehr war längst an einige wenige Orte weitergezogen, die mit den immer größer werdenden Schiffen besser zurechtkamen. Die Stadt entschied sich zu einem radikalen Wandel: Aus dem großen Areal im Nordosten wurde ein neuer Stadtteil. Man fasste die fünf einzelnen Hafengelände zu einem Wohn- und Erlebniskomplex zusammen, dem Souvereign Harbour. Mehrere Apartmenthäuser ragen jetzt in den Himmel, unzählige Jachten liegen in den Hafenbecken vor Anker. Dazu wurden alte Lagerhäuser in Läden und Restaurants umgewandelt. Der neue Stadtteil, so die Grundidee, soll vor allem der Erholung und dem Vergnügen dienen.

Redoubt Fortress

Das kreisrunde Fort an der Küste nördlich der Seebrücke stammt aus dem Jahr 1805. Es war Teil der Verteidigungsstrategie gegen eine befürchtete Invasion der Franzosen. Heute ist es zum Museum umgestaltet mit einem Schwerpunkt auf Militärgeschichte. Zu sehen sind alte Uniformen aus den vergangenen Jahrhunderten, außerdem Medaillen sowie ein altes deutsches Fahrzeug, das 1943 in der Wüste Afrikas in Beschlag genommen wurde.

Infos und Adressen

SEHENSWÜRDIGKEITEN

Eastbourne Pier. Die Seebrücke der Stadt. Grand Parade, Eastbourne, East Sussex BN21 3EL, Tel. 013 23/41 04 66, www.eastbournepier.com

Redoubt Fortress. Küstenfort aus dem 19. Jahrhundert. April–Nov. tgl. 10–17 Uhr, Eintritt zum Gelände frei, Museum 4.50 £, Royal Parade, Eastbourne BN22 7AQ, Tel. 013 23/41 03 00, www.eastbournemuseums.co.uk

Souvereign Harbour. Umgestaltetes Hafengelände mit Bars, Wohnungen und vielen Jachten. The Waterfront, Pevensey Bay Road, Eastbourne BN23 6JH, Tel. 013 23/47 10 50, www.eastbourneharbour.com

ESSEN UND TRINKEN

The Crown and Anchor. Pub mit einfacher britischer Küche. So–Do 11–0 Uhr, Fr/Sa 11–1 Uhr, 15–16 Marine Parade, Eastbourne BN21 3DX, Tel. 013 23/64 25 00, www.crownandanchoreastbourne.co.uk

Urban Ground. Schicke Kaffeebar. Mo–Sa 7.30–18 Uhr, So 9–17 Uhr, 2A Bolton Road, Eastbourne BN21 3JX, Tel. 013 23/41 07 51, www.urbanground.co.uk

ÜBERNACHTEN

Langham Hotel. Einfaches Traditionshotel am Wasser. 43–49 Royal Parade, Eastbourne BN22 7AH, Tel. 013 23/73 14 51, www.langhamhotel.co.uk

The Belle Tout Lighthouse. Übernachten im Leutturm. Beachy Head, Eastbourne BN20 0AE, Tel. 013 23/42 31 85, www.belletout.co.uk

The Grand Hotel. Traditionsreiches Fünf-Sterne-Haus. King Edwards Parade, Eastbourne BN21 4EQ, Tel. 013 23/41 23 45, hwww.grandeastbourne.com

INFORMATION

Tourist Information Centre. Mai–Sept. Mo–Fr 9.15–17.30 Uhr, Sa 9.15–17 Uhr, So 10–13 Uhr, März/April und Okt. Mo–Fr 9.15–17.30 Uhr, Sa 9.15–16 Uhr, Nov.–Feb. Mo–Fr 9.15–16.30 Uhr, Sa 9.15–13 Uhr, Cornfield Road, Eastbourne BN21 4QA, Tel. 08 71/663 00 31, www.visiteastbourne.com

Abends entfaltet die Seebrücke von Eastbourne ihren ganzen Reiz.

12 Herstmonceux
Das Dorf mit Schloss

Zwei Pubs, ein paar Läden und jede Menge Einfamilienhäuser – unter objektiven Kriterien würde niemand einen Umweg über Herstmonceux in Kauf nehmen. Doch ein paar Kilometer außerhalb verfügt das Dorf über eines der schönsten Tudorschlösser Englands: Herstmonceux Castle. Das Gelände war über Jahrzehnte Sitz des königlichen Observatoriums von Greenwich, wovon noch die kuppelförmigen Bauten zeugen. Hier ist nun ein Naturwissenschaftsmuseum eingezogen.

Ursprünglich hieß das Dorf Gerdner Street, doch die Einwohner hatten schnell begriffen, dass der Name des nahegelegenen Schlosses mehr Aufmerksamkeit erzeugen würde. Herstmonceux Castle erhielt seinen Namen durch eine Hochzeit: Die Sächsin Idonea de Herst heiratete im 12. Jahrhundert in einem Vorgängerbau den Normannen Ingelram de Monceux. Es handelt sich also um die sehr frühe Form eines Doppelnamens.

Eines der schönsten Tudorschlösser Englands: das Herstmonceux Castle aus dem 15. Jahrhundert

Herstmonceux Castle

Inmitten eines aufwendigen elisabethanischen Gartens befindet sich dieses imposante Schloss, das um 1440 aus einem einfacheren Herrenhaus hervorgegangen ist. Obwohl es auf Bildern immer wie ein Wasserschloss wirkt, ist es streng genommen lediglich auf zwei Seiten von einem kleinen See umgeben. Im Entstehungsjahr war es das größte private Gebäude Englands und wurde im Tudorstil erbaut. Die Familie fiel zu Beginn des 16. Jahrhunderts beim Königshaus in Ungnade, weswegen ihr Schloss vorübergehend in den Besitz des Königs fiel. Unter Elizabeth I. ging es jedoch 1558 wieder zurück, verfiel aber im Laufe der Jahrhunderte, bis es 1911 nur noch eine Ruine war und komplett saniert werden musste.

Heute ist das Gebäude Sitz des Bader International Study Centre, einer Forschungseinrichtung der Queen's University aus dem kanadischen Ontario. Sie erhielt Herstmonceux Castle über eine Schenkung. Das führte leider dazu, dass das Schloss selbst nicht immer für Besucher zugänglich ist, sondern lediglich der Garten.

Observatory Science Centre

Herstmonceux Castle war nach dem Zweiten Weltkrieg Heimat des Royal Greenwich Observatory – wegen der zunehmenden Lichtverschmutzung im Himmel über London hatte man sich entschieden, das königliche Observatorium hierher in eine neu gebaute Anlage zu verlegen. Bis 1990 war es hier ansässig, dann zog es nach Cambridge und auf die Kanarischen Inseln um. Auf der Suche nach einer Nachnutzung des bisherigen Geländes kam man schließlich auf eine Art Naturwissenschaftsmuseum. Das Observatory Science Centre vereint seitdem historische Teleskope mit rund 100 weiteren Ausstellungsstücken – viele zum Anfassen und ausprobieren.

All Saints Church

Oberhalb des Schlosses befindet sich die All Saints Church aus dem 13. und 14. Jahrhundert. Ihr ältester Teil ist der Kirchenturm aus dem 12. Jahrhundert. Hier lag ursprünglich jener Ort, der heute als Herstmonceux bekannt ist. Die unterschiedlichen Epochen des Baus sind am Gebäude gut sichtbar – vom Sandsteinturm bis zum Backsteineingangsbereich.

Infos und Adressen

SEHENSWÜRDIGKEITEN

Herstmonceux Castle. Tudorschloss. April–Okt. tgl. 10–18 Uhr, Eintritt 6 £, Herstmonceux BN27 1RN, Tel. 013 23/83 38 16, www.herstmonceux-castle.com

Observatory Science Centre. Okt.–März tgl. 10–17 Uhr, April–Sept. tgl. 10–18 Uhr, Eintritt 8,80 £, Herstmonceux, Hailsham BN27 1RN, Tel. 013 23/83 27 31, www.the-observatory.org

ESSEN UND TRINKEN

Chapter 12 Wine Bar. Schöner Pub mit netten Kleinigkeiten, von Leberpastete bis Focaccia. Mo 9–16 Uhr, Di–Sa 9–0 Uhr, 12 High Street, Hailsham BN27 1BJ, Tel. 013 23/35 18 98, www.chapter12winebar.com

ÜBERNACHTEN

Cleavers Lyng. Guesthouse auf dem Land. Church Road, Herstmonceux BN27 1QJ, Tel. 013 23/83 36 44, www.cleaverslyng.co.uk

The Horseshoe Inn. Drei-Sterne-Haus in altem Fachwerkbau. Windmill Hill Road, Herstmonceux BN27 4RU, Tel. 013 23/83 32 65, www.horseshoeinnhotel.co.uk

Herstmonceux war Heimat des königlichen Observatoriums.

Wer nach Brighton kommt, will auch gesehen werden – am besten in einem der zahlreichen Cafés mit Außenplätzen.

13 Brighton

Die Partystadt am Meer

Englands wohl bekanntestes Seebad zieht bis heute durch eine Mischung aus viktorianischem Charme und Londoner Szeneflair Reisende aus dem ganzen Land an. Dabei ist der Strand der Stadt nicht mal außergewöhnlich schön – es ist eher die Kombination aus großen Traditionshotels, unzähligen Pubs und der allgegenwärtigen Meeresbrise, die die Attraktivität Brightons ausmacht. Dass vieles etwas in die Jahre gekommen ist, scheint niemanden zu stören.

Brighton (273 000 Einwohner) hebt sich unter den britischen Küstenorten besonders hervor – nicht nur wegen seiner langen Verbindung zum britischen Königshaus. Mit Beginn des Eisenbahnzeitalters strömten gerade die Londoner in dieses für sie nahegelegene Seebad und bescherten ihm jene Popularität, die es auch heute noch genießt, trotz aller Bausünden zwischen den viktorianischen und georgianischen Gebäuden, trotz eines nach objektiven Kriterien gar nicht mal überragenden Stran-

MAL EHRLICH

JUNGGESELLENABSCHIEDE

Sie kommen in Scharen, und dies nicht gerade wegen der milden Seeluft: An jedem Wochenende zieht es Londoner nach Brighton, um hier zu feiern. Die verschärfte Form sind Junggesellenabschiede, bei denen von Freitag bis Sonntag Großgruppen betrunkener Menschen durch die Pubs ziehen. Für Außenstehende ist dies meist nur laut und lästig. Wer Brightons Abende wirklich genießen will, sollte tunlichst die Wochenenden vermeiden.

des. Der Sand ist nicht so schön wie in Cornwall, die langgezogene Lage direkt an der Stadt nicht so erholsam wie in den Buchten von Wales. Trotzdem zieht es viele zum Baden nach Brighton.

Wie an der Themse

Vielleicht liegt dies an der Größe der Stadt: Zusammen mit Hove, mit dem Brighton eine Verwaltungseinheit bildet, verfügt der Ort über all jenes, das verwöhnte Londoner auch von der Themse kennen – edle Boutiquen, tolle Restaurants, Diskotheken in Hülle und Fülle. Zwischen Bahnhof Brighton und Strand ist ein großes Einkaufsgebiet entstanden, das keine Wünsche offen lässt. Hübsch sind die Lanes, ein Viertel aus dem späten 18. Jahrhundert, das aus sehr schmalen Gassen besteht, in denen sich kleine unabhängige Läden angesiedelt haben. Zu finden sind sie zwischen der North Street und der Prince Albert Street. Etwas ruhiger geht es in den Straßen Hoves zu. Dazu hat sich Brighton über die Jahrzehnte zu einem Zentrum der britischen Gay-Szene entwickelt, was noch einmal eine ganz andere Klientel zu Dauerbesuchern macht.

Brighton Pier

Eigentlich hieß er mal Palace Pier und war einer von zweien am Strand von Brighton – doch nachdem der zweite, der West Pier, im Laufe der Zeit durch Brände und Stürme völlig zerstört war, benannte man die verbleibende Seebrücke einfach um. Heute wirkt der Brighton Pier so prächtig wie eh und je. Er ragt in Höhe der Old Stein Street 520 Meter ins Meer und ist überwiegend im viktorianischen Stil bebaut. Das Ende markiert ein kleiner Vergnügungspark mit Karussell, Booster, Twister und anderen Fahrgeschäften, die ähnlich wohlklingende Namen tragen.

AUTORENTIPP!

HANOVER

Die Verbindung zwischen Hannover und dem britischen Königshaus durch die Personalunion von 1714 mag längst zu Ende sein – doch sie war nachhaltig. In jeder größeren Stadt gibt es bis heute eine Hanover Street, Brighton hat gleich einen ganzen Stadtteil daraus gemacht. In dem Viertel zu beiden Seiten der Southover Street wurden vorrangig Wohnhäuser gebaut, und eine Zeit lang war es in Verruf geraten. Heute befindet sich hier einer jener angesagten Bezirke, in die es Studenten und Dozenten zieht und in denen Pubs vor allem von Einheimischen besucht werden. Und zweimal im Jahr lässt man es richtig krachen: im Sommer beim Hanover Day, einem Straßenfest, und im Oktober beim Beer Fest. Auf Letzterem werden immer einige Dutzend Biere kleinerer, unbekannter Brauereien ausgeschenkt.

Hanover.
http://hanovercommunity.org.uk

Prachtvoll: der letzte noch erhaltene Pier von Brighton

Oben: Der Royal Pavilion ist eines der ungewöhnlichsten königlichen Gebäude Englands.
Mitte: Street Art gehört längst ins Straßenbild von Brighton.
Unten: Einfach abschalten und durch die Innenstadt schlendern – dafür reisen viele aus London an.

Die erste Seebrücke Brightons war der Old Chain Pier, der primär als Anlegemöglichkeit für Schiffe aus Frankreich diente. Nach und nach begannen die Eigentümer, Shops und Kioske aufzubauen, was sich als Beginn jener Unterhaltungspiers bezeichnen lassen könnte, wie sie heute überall an der englischen Küste stehen. 1866 kam ein zweiter hinzu, der West Pier. Er schloss 1975 und wurde dem Verfall preisgegeben: Lange ragte er noch als eine Art Denkmal ins Meer, bis mehrere Brände und Stürme große Teile zum Einsturz brachten. Heute befinden sich noch Teile des West-Pier-Kopfes im Meer vor Brighton. Der Old Chain Pier wurde bereits 1889 durch einen Sturm zerstört. An seine Stelle rückte ein Stück westlich im Jahr 1899 der Palace Pier. Hier stehen bis heute einige alte Kioske des Old Chain Pier.

Royal Pavilion

Der wohl ungewöhnlichste Palast Großbritanniens, wenn nicht Europas: Georg IV. (1762–1830) ließ das Gebäude zwischen 1815 und 1822 während seiner Regentschaft bauen, und zwar mehr oder weniger im Stil eines indischen Maharadschapalastes. Mit seinen prägenden zwiebelförmigen Kuppeln, den spitzen Zinnen und schmalen Minaretten wirkt das Ganze zumindest für hiesige Breitengrade überaus exotisch. John Nash (1752–1835) entwarf den Bau, jener Architekt, der auch den Buckingham Palace in seiner heutigen Form gestaltet hat, außerdem unzählige weitere Gebäude in London. Er bediente sich dabei eines durchaus zu jener Zeit auch in Indien beliebten Baustils, der bekannte Elemente der britischen Kolonialarchitektur mit indischen Bautraditionen verband.

Ausgangspunkt war ein einfaches Landhaus, das hier bereits stand. Innen wurde dem Prunk kein

Rundgang durch Brighton und Hove

Dieser Rundgang führt einmal quer durch Brighton und Hove. Wer nicht so viel laufen möchte, kann den Hove-Part auch auslassen und dazu am Strand in die West Street einbiegen, die direkt zum Bahnhof führt.

A **Brighton Station** – Der Kopfbahnhof aus dem Jahr 1840 ist für viele Besucher der erste Eindruck von Brighton, da hier die direkte Zugverbindung aus London endet. Das Gebäude strahlt noch die typische viktorianische Eleganz alter britischer Bahnhöfe aus.

B **Innenstadt** – Vom Bahnhof aus geht es direkt in die trubelige Innenstadt Brightons – was für britische Städte nicht selbstverständlich ist, denn oft befinden sich die Bahnhöfe am Stadtrand.

C **Brighton Dome** – Die früheren Stallungen des Königshauses erinnern bereits an den indischen Einschlag des Royal Pavilion. Sie wurden schon im 19. Jahrhundert in einen Kulturkomplex umgebaut.

D **Royal Pavilion** – Das beeindruckendste Gebäude Brightons und eines der aufwendigsten Englands. John Nash hat ein altes Anwesen für das Königshaus im Stil indischer Maharadschapaläste umgebaut.

E **The Lanes** – Das Viertel ist für seine schmalen Straßen bekannt, in denen sich zahlreiche inhabergeführte Geschäfte angesiedelt haben, fernab des sonstigen Kommerzes in der Innenstadt.

F **Brighton Pier** – Die alte Seebrücke hatte über viele Jahrzehnte einen Mitbewerber im Westen, den West Pier. Letzterer ist jedoch bis auf wenige Überreste eingestürzt, sodass das Brighton Pier der Anlaufpunkt an der Promenade ist.

G **Promenade** – Entlang der Küste haben sich einige Hotels angesiedelt, und an der Küste geht es auch weiter in Richtung des einstigen Nachbarorts Hove, der inzwischen zusammen mit Brighton eine Verwaltungseinheit bildet.

H **Regency Town House** – Das Gebäude aus dem 19. Jahrhundert beinhaltet ein kleines Museum. Es ist jedoch nur zu speziellen Zeiten geöffnet.

I **Hove** – Brightons Nachbarort fehlt ein wenig der Trubel, was ihn für viele noch attraktiver macht.

J **Queen's Road** – Diese Hauptstraße mit zahlreichen Restaurants und Geschäften führt wieder zurück zum Bahnhof.

AUTORENTIPP!

MODERNES HAFENVIERTEL
Als Hafen hatte Brighton nie eine so große Bedeutung wie andere Städte an der südenglischen Küste – doch in den 1970er-Jahren befand man, dass es zumindest einen ordentlichen Jachthafen bräuchte. Daraus ist inzwischen die Brighton Marina geworden, ein kombinierter Komplex aus Jachthafen, Einkaufs- und Restaurantviertel sowie aus Wohnhäusern. Hübsch ist es am Hafen in der Abendsonne, wenn in den Restaurants und Bars Leben einkehrt, tagsüber haben zahlreiche Läden geöffnet. Das Gelände soll noch ausgebaut werden: Die Inhaber planen weitere Apartments und Geschäfte. Aus maritimer Sicht war das Projekt kein großer Erfolg: Eine neue Fährverbindung nach Dieppe in Frankreich wurde mangels Nachfrage nach einem Jahr wieder eingestellt.

Brighton Marina. Marina Way, Brighton BN2 5UF, Tel. 012 73/62 86 27, www.brightonmarina.co.uk

Malerisch vor allem in den Abendstunden: die Seeseite von Brighton

Ende gesetzt. Viel Gold, Marmor, edle Teppiche: Räume wie der Music Room, in dem Georg IV. Konzerten zu lauschen pflegte, oder der große Bankettsaal mit chinesischen Einflüssen zeugen noch heute von dem Überfluss, der am Königshaus herrschte. In den königlichen Schlafzimmern steht noch das Originalbett, in dem Georg IV. einst zu nächtigen pflegte. Nach seinem Tod verlor das Königshaus das Interesse an dem extravaganten Gebäude. Wilhelm IV. (1765–1837) soll es noch genutzt haben, doch schon seine Nachfolgerin Queen Victoria (1819–1901) fremdelte etwas mit Brighton und dem Palast.

1850 kaufte die Stadt den Royal Pavilion und nutzte ihn für Veranstaltungen. Während des Ersten Weltkriegs wurde er wie viele große Herrenhäuser übergangsweise zu einem Krankenhaus umfunktioniert. Eine Fotoausstellung im Pavillon erinnert daran.

Brighton Dome

Ursprünglich die Stallungen des Royal Pavilion, inzwischen Brightons kulturelles Zentrum: Der Dome gleicht sich architektonisch weitestgehend an den Palast an und besteht aus drei Teilen. Im Zentrum liegt die runde Konzerthalle, der das Studio Theatre und der Corn Exchange, beides Veranstaltungshallen, angegliedert sind. Der Komplex ist über einen unterirdischen Tunnel mit dem Royal Pavilion verbunden. Erbaut wurde der Dome bereits im Jahr 1805. 1860 wandelte ihn die Stadt in die Konzerthallen um und versah den Hauptraum mit einer aufwendigen Orgel.

Preston Manor

Das einstige Anwesen der Stanford-Familie am Rande des Preston Park ist ein gutes Beispiel des luxuriösen Landlebens im 18. und 19. Jahrhundert. Ursprünglich war Preston ein eigener Ort, bevor er im 20. Jahrhundert nach Brighton und Hove eingemeindet wurde. Das Anwesen gibt es seit dem 13. Jahrhundert, das heutige Gebäude stammt aus dem Jahr 1738. Es ist im edwardianischen-Stil gestaltet und wirkt von außen eher schlicht. Innen aber finden sich seltene Möbel, Säulen und Gemälde. Besucher können das Haus besichtigen, außerdem den Garten, in dem es auch einen kleinen Friedhof für die Haustiere der Familie gibt.

Regency Town House

Das fünfgeschossige Stadthaus am Brunwick Square (1828) kann für den Aufstieg Brightons und Hoves zu einem königlichen Sitz stehen. Einst streng im Regency-Stil gehalten verkam es nach und nach zu einem simplem Mehrfamilienhaus – bis der Besitzer einer der Wohnungen sich 1987 aufmachte, das komplette Gebäude wieder in seinen Ursprungszustand zu versetzen. Heute gilt das Regency Town House gewissermaßen als Zentrum der Geschichtsfreunde der Stadt. Unregelmäßig gibt es Touren durch das Haus und durch die Umgebung mit Blick auf historische Aspekte.

Rottingdean

Das Dorf acht Kilometer östlich von Brighton gehört mit zum Stadtgebiet, wirkt aber völlig eigenständig. Rottingdean hat sich zu Zeiten der Sachsen um einen kleinen Teich nahe der Küste entwickelt und blieb lange Zeit eine abgeschiedene Farmsiedlung, bis es an die Küstenstraße angeschlossen wurde. Die Idylle des Ortes inspirierte Künstler, heute kommen Besucher gern wegen der Beacon Mill, einer Windmühle am Rande des Orts, sowie den Kipling Gardens, einer Gartenanlage aus dem frühen 20. Jahrhundert.

AUTORENTIPP!

MACARONS UND TÖRTCHEN

Es ist ein Stück Frankreich an der südenglischen Küste: Pâtissier Julien Plumart hat sich französischer Backkunst hingegeben, die er seit nunmehr 20 Jahren vor allem in Frankreich selbst verfolgt, wo er auch aufgewachsen ist. In Brighton betreibt er zwei Cafés, unter anderem seine Boutique mit Salon de Thé in der Duke Street, ein Straßencafé, das es in Paris nicht besser geben könnte. Bekannt ist Plumart für seine bunten Macarons – mehr als 20 unterschiedliche Sorten werden in der Regel im Café angeboten. Doch viele kommen auch einfach nur zum Frühstücken oder wegen eines der kleinen Törtchen. Die britische Presse feiert den Pâtissier längst über die Grenzen Brightons hinaus.

Julien Plumart. Tgl. 10–18 Uhr, 27–29 Duke Street, Hove BN1 1AG, Tel. 012 73/20 89 97, www.julienplumart.com

Ziel für Erholungsuchende: Rottingdean

Infos und Adressen

SEHENSWÜRDIGKEITEN

Hove Museum & Art Gallery. Historisches Museum in einem wunderschönen Gebäude mit tollem Café! Do–Di 10–17 Uhr, Eintritt frei, 19 New Church Road, Hove BN3 4AB, Tel. 030 00/29 09 00, www.brighton-hove-rpml.org.uk/Museums/hovemuseum

Kipling Gardens. Garten außerhalb von Brighton. Immer geöffnet, Eintritt frei, The Green, Rottingdean BN2 7HE, Tel. 012 73/30 10 04, www.rottingdeanpreservationsociety.org.uk

Gehört zu einem Pubbesuch dazu: Fish & Chips

Preston Manor. April–Sept. Di–Fr 10–17 Uhr, So 14–17 Uhr, Eintritt 6,40 £, Preston Drove, Hove, Brighton BN1 6SD, Tel. 03 00/029 09 00, www.brighton-hove-rpml.org.uk/Museums/prestonmanor

Regency Town House. Stadthaus aus dem 19. Jahrhundert. Touren unregelmäßig am Wochenende, Eintritt 6 £, 13 Brunswick Square, Hove BN3 1EH, Tel. 012 73/20 63 06, www.rth.org.uk

Royal Pavilion. Ein königlicher Palast mit indischem Einschlag. April–Okt. tgl. 9.30–17.45 Uhr, Okt.–März tgl. 10–17.15 Uhr, Eintritt 11 £, 4/5 Pavilion Buildings, Brighton BN1 1EE, Tel. 03 00/029 09 00, www.brighton-hove-rpml.org.uk/RoyalPavilion

ESSEN UND TRINKEN

Craft Beer Co. Pub mit großer Auswahl internationaler Biere. Mo–Do 15–23 Uhr, Fr 12–0 Uhr, Sa 12–1 Uhr, So 12–22.30 Uhr, 22–23 Upper North Street, Brighton BN1 3FG, Tel. 012 73/72 37 36, www.thecraftbeerco.com/pubs/brighton/

Iydea. Exzellentes kleines vegetarisches Restaurant. Tgl. 9.30–17.30 Uhr, 17 Kensington Gardens, Brighton BN1 4AL, Tel. 012 73/66 79 92, www.iydea.co.uk

The Blue Man. Restaurant und Bar mit nordafrikanischer Küche. So–Mi 10–23 Uhr, Do 10–0 Uhr, Fr/Sa 10–2 Uhr. 8 Queen's Road, Hove, Brighton BN1 3WA, Tel. 012 73/72 60 03, www.bluemanbrighton.com

The Cyclist Refreshing Room. Durchgestylter Pub im Stil der 1940er-Jahre im Bahnhof von Brighton. Einfache britische Gerichte mit lokalen Zutaten. Mo–Fr 8–23 Uhr, Sa/So 10–2 Uhr, Unit 2, Brighton Train Station, Brighton BN1 3XP, Tel. 012 73/72 48 79, www.thecyclistbrighton.co.uk

The Parlour. Schickes Café mit kleinen Speisen im Theatre Royal. Tgl. 10–19 Uhr, New Road, Brighton BN1 1SD, Tel. 012 73/76 44 00

ÜBERNACHTEN

The Grand Brighton. Traditionsreiches Grandhotel an der Promenade. 97–99 King's Road, Brighton BN1 2FW, Tel. 012 73/22 43 00, www.grandbrighton.co.uk

Hilton Brighton Metropole. Ebenfalls ein Traditionshotel mit Meerblick. King's Road, Brighton BN1 2FU, Tel. 012 73/77 54 32, www.placeshilton.com/brightonmet

Hotel du Vin & Bistro. Gemütliches und edles Boutiquehotel in den Lanes. 2–6 Ship Street, Brighton BN1 1AD, Tel. 012 73/71 85 88, www.hotelduvin.com/locations/brighton

Nineteen. Stylisches Guesthouse. 19 Broad Street, Brighton BN2 1TJ, Tel. 012 73/67 55 29, www.nineteenbrighton.com

EINKAUFEN

Choccywoccydoodah. Alles rund um Schokolade. Mo–Sa 10–18 Uhr, So 11–17 Uhr, 3 Meeting House Lane, Brighton BN1 1HB, Tel. 012 73/32 94 62, www.choccywoccydoodah.com

Churchill Square. Modernes Einkaufszentrum in der Innenstadt. Mo–Mi 9–18 Uhr, Do 9–20 Uhr, Fr/Sa 9–19 Uhr, So 11–17 Uhr, Western Road, Brighton BN1 2RG, Tel. 012 73/32 74 28, www.churchillsquare.com

Gresham Blake. Moderner Maßschneider für Damen- und Herrenbekleidung. Mo–Sa 10–17.30 Uhr, So 11–17 Uhr, 20 Bond Street, Brighton BN1 1RD, Tel. 012 73/60 95 87, www.greshamblake.com

Open Market. Traditionsreicher Markt. Mo–Fr 9–17 Uhr, Sa/So 10–17 Uhr, Marshalls Row, Brighton and Hove BN1 4JU, Tel. 012 73/23 40 47, www.brightonopenmarket.co.uk

VERANSTALTUNGEN

Brighton Dome. Veranstaltungs- und Konzerthallen in den früheren Stallungen des Königs. Church Street, Brighton BN1 1UE, Tel. 012 73/70 97 09, www.brightondome.org

Brighton Pier. Seebrücke mit Vergnügungsangeboten. Tgl. 9–18 Uhr, Eintritt frei, Madeira Drive, Brighton BN2 1TW, Tel. 012 73/60 93 61, www.brightonpier.co.uk

Brighton Wheel. Riesenrad und Vergnügungspark am Strand. So–Do 10–21 Uhr, Fr/Sa 10–23 Uhr, Eintritt 8 £, Daltons Bastion, Madeira Drive, Brighton BN2 1EN, Tel. 012 73/72 28 22, www.brightonwheel.com

INFORMATION

Brighton Visitor Information Centre. Tgl. 10–17 Uhr, 4–5 Pavilion Buildings, Brighton, East Sussex BN1 1EE, Tel. 012 73/29 03 37, http://de.visitbrighton.com

Viktorianische Eleganz: Pavillon an der Strandpromenade von Brighton

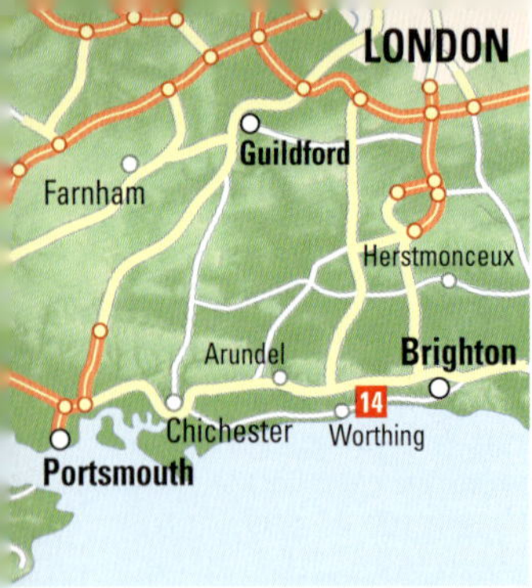

14 Worthing

Ein Seebad für jedermann

Die traditionsreiche Küstenstadt hat sich seit dem 19. Jahrhundert zunehmend hin zu einem Kur- und Badeort entwickelt. Bis heute reisen jeden Sommer vor allem Briten auf der Suche nach Ruhe und Entspannung an, Veranstalter von Sprachreisen haben in dem Ort eine Alternative zu den klassischen Zielen Brighton und Eastbourne entdeckt. Viktorianische Architektur dominiert die Promenade, von der die Seebrücke als wichtigstes Bauwerk der Stadt abgeht. Auslassen sollte man aber auch nicht das Hinterland: East Sussex ist bekannt für seine schöne Gras- und Hügellandschaft.

Es kommt in England nicht oft vor, dass Seebäder vom Meer bis in die Einkaufsbereiche ein harmonisches Ganzes bilden. In Worthing (100 000 Einwohner) ist dies gelungen: Von der Seebrücke aus kann man nahtlos an den zahlreichen Geschäften und Restaurants der Promenade, der Marine Parade, entlangspazieren oder auch gleich über die South Street in die große Fußgängerzone mit ihren Einzelhandelsgeschäften ziehen.

Seit fast 200 Jahren ist die Stadt am Ärmelkanal als Seebad beliebt – was auch zu manch berühmtem Gast führte: Oscar Wilde (1854–1900) soll in Worthing während eines Urlaubs 1894 sein Stück *The Importance of Being Earnest* geschrieben haben. Eine Hommage an die Stadt war unter anderem der Name des Hauptcharakters Jack Worthing. Auch Literaturnobelpreisträger Harold Pinter (1930–2008) lebte einige Jahre in Worthing, er blieb nicht nur für einen Urlaub.

Mitte: Nicht nur oberflächlich betrachtet schön: Blick über Worthing
Unten: Die manchmal raue See des Ärmelkanals ist in Worthing bestens zu erleben.

Eine Reihe von Gebäuden sticht aus dem Stadtbild hervor, unter anderem das Dome Cinema an der Promenade. Der Bau im edwardianischen Stil mit seiner hohen Kuppel stammt aus dem Jahr 1910 und beherbergt eines der ältesten noch betriebenen Kinos des Landes. Als Kino war auch das 1914 im Stil des Art déco gebaute Connaught Theatre konzipiert. Heute gibt es hier neben Filmen auch Theateraufführungen. Das Worhtington Museum and Art Gallery entstand 1908 als Museum und Bibliothek. In dem Klinkerbau sind unter anderem Spielzeug und Puppen aus georgianischer Zeit ausgestellt.

Castle Goring

Etwas außerhalb nahe Clapham liegt Castle Goring in der idyllischen Landschaft der South Downs. Das Schloss wurde Ende des 18. Jahrhunderts erbaut und vereint architektonisch gotische Elemente mit dem Palladianismus. Ursprünglich war es als Residenz und Familiensitz von Sir Bysshe Shelley vorgesehen, Großvater des romantischen Schriftstellers Percy Bysshe Shelley (1792–1822). Heute ist seine Zukunft ungewiss: Es wird ein Käufer gesucht, zu besichtigen ist das Schloss derzeit nicht.

Worthing Pier

Wie in vielen Seebädern ist auch in Worthing die Seebrücke zentraler Anlaufpunkt. Der 290 Meter lange Pier wurde 1862 eröffnet und seitdem mehrfach verlängert und verändert – mitunter unfreiwillig: Ein Unwetter zerstörte 1913 den Bereich zwischen Pavillon und Küste, 1933 beschädigte ein Feuer den Pavillon selbst. Während des Zweiten Weltkriegs wurde der ganze Pier geschlossen, da man eine Invasion der Deutschen befürchtete.

AUTORENTIPP!

NATÜRLICH UND GUT

Es ist vermutlich einer der besten Orte in der Grafschaft, um frischen Fisch zu genießen: Die Fish Factory am Rande von Worthings Innenstadt hat es sich zur Aufgabe gemacht, nur nachhaltig gefangene Meerestiere in ihre Küche zu bringen. Außerdem verwendet sie jeweils vor Ort produzierte Lebensmittel – Chorizo aus Spanien und Pasta aus in Italien hergestelltem Mehl. Das servierte Brot wird direkt im Restaurant gebacken – mit britischem Mehl. Die Fish Factory wirkt von außen unscheinbar, und auch innen hat man die edle Holzverkleidung modern aufgepeppt und um einfache Holztische ergänzt. Hier geht es um Natürlichkeit – nicht nur, was das Essen angeht.

The Fish Factory. Tgl. 11.30–23.30 Uhr, 51 Brighton Road, Worthing BN11 3EE, Tel. 019 03/20 71 23, www.protorestaurantgroup.com/the-fish-factory/

Kaum ein Badeort ohne Seebrücke: Auch Worthing hat seinen Pier.

Oben: Bei Ebbe wächst der Strand von Worthing um etliche Meter.
Unten: Blütenpracht in den Highdown Gardens

Heute beinhaltet der im Art-déco-Stil gehaltene Pavillon eine Diskothek sowie den für britische Seebäder üblichen Amusement-Spieletempel, in dem sich Automat an Automat reiht. Am nördlichen Ende, der Promenadenseite, steht das Pavilion Theatre, ein aufwendiger Bau aus dem Jahr 1926. Es wird allerdings nur noch für Gastspiele genutzt, ansonsten mieten es häufig Firmen für Veranstaltungen. Wer die Seebrücke genießen will, benötigt aber im Grunde weder Kultur noch Unterhaltung – und kann einfach den Blick übers Meer schweifen lassen.

Highdown Gardens

Der wenig bekannte Garten nordwestlich von Worthing liegt sehr hübsch oberhalb des Meeres. Das 3,4 Hektar große Gelände mit seinen zahlreichen seltenen Blumen und Bäumen wurde von 1909 an ursprünglich als Privatgarten angelegt – immer mit dem Ziel, all jenes anzupflanzen, das in dieser Gegend der Welt üblicherweise nicht wächst, beispielsweise den Judasbaum, der eigentlich in Südeuropa und Asien zu Hause ist. Angrenzend bietet sich Highdown Hill für einen Spaziergang an. Der Hügel aus prähistorischer Zeit gehört dem National Trust und kann kostenlos besucht werden – wie auch die Highdown Gardens, die der Stadt Worthing unterstehen.

High Salvington Windmill

Die Windmühle nordöstlich von Worthing stammt aus der Zeit um 1750 und wurde in den 1990er-Jahren renoviert, was auch bedeutet: Die Holzfassade und weite Teile des Kerns stammen aus jüngerer Zeit, da das Gebäude nahe dem Verfall war. Heute ist es alle zwei Wochen sonntags für Besucher geöffnet, die sich hier einen Eindruck vom Alltag vergangener Tage machen können.

Infos und Adressen

SEHENSWÜRDIGKEITEN

Highdown Gardens. Gärten außerhalb von Worthing. Dez./Jan. Mo–Fr 10–16 Uhr, Okt./Nov. und Feb./März Mo–Fr 10–16.30 Uhr, Apr.–Sept. Mo–Fr 10–18 Uhr, Eintritt frei, Littlehampton Road, Worthing BN12 6PG, Tel. 019 03/50 10 54, www.highdowngardens.co.uk

High Salvington Windmill. Alte Windmühle außerhalb von Worthing. Apr.–Sept. erster und dritter So im Monat, 14.30–17 Uhr, Eintritt frei, Salvington Hill, Worthing BN13 3BE, Tel. 019 03/26 53 59, www.highsalvingtonwindmill.co.uk

Worthing Museum and Art Gallery. Kunst- und Geschichtsmuseum. Di–Sa 10–17 Uhr, Eintritt frei, Chapel Road, Worthing BN11 1HP, Tel. 019 03/22 14 48, www.worthingmuseum.co.uk

Worthing Pier. Die Seebrücke des Orts. Tgl. 6–22 Uhr, Eintritt frei, Marine Parade, Worthing BN11 3PX, Tel. 019 03/22 10 67

ESSEN UND TRINKEN

Parklife Café. Das einfache Café ist für seine Cupcakes bekannt. Di–Sa 9–16.30 Uhr, So 10–16 Uhr, 6 Bath Place, Worthing BN11 3BA, Tel. 019 03/20 77 77, www.parklifefood.co.uk

Natur soweit das Auge reicht: Landschaft vor Worthing

The Indigo Restaurant. Moderne europäische Küche. Tgl. 12–14 und 18–20.45 Uhr, Steyne Gardens, Worthing BN11 3DZ, Tel. 019 03/23 04 51, www.indigorestaurant.info

ÜBERNACHTEN

Chatsworth Hotel. Einfaches Hotel im Zentrum. Steyne, Worthing BN11 3DU, Tel. 019 03/23 61 03, www.chatsworthworthing.co.uk

Findon Manor Hotel. Landhotel außerhalb der Stadt. High Street, Findon BN14 0TA, Tel. 019 03/87 27 33, www.findonmanor.com

INFORMATION

Visit Worthing Tourist Information Centre. Mo–Sa 9.30–17 Uhr (Di ab 10.30 Uhr), The Dome, 22a Marine Parade, Worthing BN11 3PT, Tel. 019 03/23 98 68, www.visitworthing.co.uk

Abends wird es am Pier von Worthing richtig romantisch.

Bilderbuchanwesen: Arundel Castle thront über dem Tal des Arun-Flusses.

15 Arundel

Das Schloss immer im Blick

Der kleine Ort zwischen Brighton und Chichester ist wegen seiner fürstlichen Schlossanlage bekannt. Arundel Castle prangt bilderbuchhaft über dem Tal des Flusses Arun. Das rückt das zweite Highlight, die Kathedrale, fast ein wenig in den Hintergrund. Dabei ist auch sie ein Meisterwerk der Architektur. Der ganze Ort wirkt in sich stimmig – nicht zuletzt wegen der vielen alten Gebäude, die sich bis hinauf an die Schlossmauern reihen.

Geschichte scheint in Arundel (3500 Einwohner) allgegenwärtig zu sein. Die Stadt ist geprägt von einer überaus großen Zahl an Tudorbauten, die sich zwischen Gebäuden aus georgianischer Zeit finden. Deutlichstes Zeichen für die lange Geschichte des Orts sind die Ruinen des Blackfriars-Klosters aus der Mitte des 13. Jahrhunderts. Sie befinden sich am Arun in Höhe der Brücke, die beide Teile Arundels miteinander verbindet. Auf der anderen Uferseite steht mit dem Lido ein Freibad, von dem aus man teilweise einen guten Blick auf das Schloss hat. Zudem verfügt Arundel über einen Cricketplatz, der zu den malerischsten des Landes zählt.

Arundel Castle

Die Familie des Duke of Norfolk lebt seit mehr als 400 Jahren in diesem Schloss, das zu den eindrucksvollsten Englands gehört. Der Komplex kann auf eine fast 1000-jährige Geschichte zurückblicken. Im Jahr 1068 ließ der Earl of Arundel an dieser Stelle eine Motte errichten, eine Befestigungsanlage auf einem künstlichen Hügel. Sie sollte die Flussmündung gegen Invasoren schützen. Zwei Jahre später folgte ein Torhaus, doch richtig ausgebaut wurde die Anlage erst im 12. Jahrhundert. Nachdem die Burg während des Englischen Bürgerkriegs schwer beschädigt worden war, erhielt sie überwiegend im 18. und 19. Jahrhundert bei grundlegenden Restaurierungsarbeiten ihr heutiges Aussehen.

Im Zentrum steht nach wie vor die Motte, auf der ein normannisch anmutender Turm erbaut wurde. Das eigentliche Schloss befindet sich gleich daneben. Es war einer der ersten englischen Landsitze, der mit elektrischem Licht ausgestattet war, außerdem mit Aufzügen und Zentralheizung. Die Inneneinrichtung war entsprechend repräsentativ ausgerichtet. Die sehenswerte Bibliothek etwa ist im Regency-Stil gehalten und besteht aus edlem Mahagoniholz. Die Schlafgemächer sind noch heute mit Himmelbetten, großen wertvollen Teppichen und zahlreiche seltenen Möbelstücken eingerichtet. Deswegen ist das Anwesen auch immer wieder Drehort für Filme und Fernsehserien gewesen, unter anderem für *The Young Victoria* mit Emily Blunt sowie für einige Folgen der BBC-Serie *Dr. Who*.

Fitzalan Chapel

Die Fitzalan Chapel am Rande des Schlossgeländes ist eine echte Kuriosität – nicht nur, weil sie bis heute Grabstätte der Dukes of Norfolk ist. Der kleine Bau im Stil einer gotischen Kathedrale stammt aus dem Jahr 1390 und ist genau genommen Teil einer viel größeren Kirche: der St. Nicholas Church. Beide Gebäude sind durch eine Glaswand getrennt, seitdem im Jahr 1879 beschlossen wurde, dass die Kapelle nicht Teil der protestantischen Kirche ist und deswegen katholisch bleiben darf.

AUTORENTIPP!

RÖMERVILLA IM WEIDELAND

Rund zehn Kilometer nördlich von Arundel sind Überreste aus der Zeit der römischen Besiedelung zu sehen. Die Bignor Roman Villa ist das, was von einem Wohnhaus aus dem 3. Jahrhundert übrig geblieben ist. Die Fundstücke sind mit einem einfachen Gebäude überbaut, neben zahlreichen Säulen- und Mauerresten ist vor allem der Mosaikboden erhalten geblieben, der für die Häuser der Römer typisch war. Das Wohnhaus wurde zu Beginn des 18. Jahrhunderts entdeckt und ist seitdem zu besichtigen. Warum sich die Römer damals gerade hier niederließen, kann man bei einem Besuch gut erahnen: Die Villa befindet sich gleich nördlich der South Downs inmitten von weitem Weideland.

Bignor Roman Villa. März–Okt. tgl. 10–17 Uhr, Eintritt 6 £, Bignor, Pulborough RH20 1PH, Tel. 017 98/86 92 59, www.bignorromanvilla.co.uk

Fast 1000 Jahre alt: Arundel mit dem Schloss

Oben: Arundel Cathedral: Das Gebäude aus dem 19. Jahrhundert erhielt erst 1965 den Status einer Kathedrale.
Unten: Eindrucksvoll ist vor allem das Kirchenschiff.

Arundel Cathedral

Die neugotische Kathedrale von Arundel ist ein weiteres sehenswertes Gebäude des Orts: Sie wurde zwischen 1868 und 1873 erbaut und ist anders als viele Kathedralen Großbritanniens das Bauwerk eines römisch-katholischen Bistums. Der Duke of Norfolk Henry Fitzalan-Howard (1847–1917) gab das Gebäude in Auftrag, um im Land der Anglikanischen Kirche ein Zeichen für die Katholiken zu setzen. Den Status einer Kathedrale erhielt es allerdings erst 1965, als Arundel und Brighton zu einem gemeinsamen Bistum zusammenwuchsen.

Der Bau aus hellem Bath Stone ist im Stil der französischen Gotik gehalten, mit vielen Türmchen und Spitzen. Ein großes Rosettenfenster aus Buntglas mit biblischen Szenen prägt die Westseite, zusammen mit Figuren von Jesus Christus und seinen Aposteln. Das Innere ist vom hohen Hauptschiff und seinen gotischen Gewölbedecken geprägt. Im nördlichen Teil steht der Schrein St. Philip Howards (1557–1595): Der Earl of Arundel starb1595 als Gefangener im Tower von London.

Infos und Adressen

SEHENSWÜRDIGKEITEN

Arundel Castle. Die Burg von Anrundel. April–Okt. Di–So 10–17 Uhr, Aug. auch Mo 10–17 Uhr, Eintritt 18 £, Arundel BN18 9AB, Tel. 019 03/88 21 73, www.arundelcastle.org

Arundel Cathedral. Die Kathedrale des Orts. Tgl. 9–18 Uhr, Eintritt frei, London Road, Arundel BN18 9AY, Tel. 019 03/88 22 97, www.arundelcathedral.org

Arundel Museum. Heimatmuseum der Stadt mit umfangreicher Ausstellung. Tgl. 10–16 Uhr, Eintritt 3 £, Mill Road, Arundel BN18 9PA, Tel. 019 03/88 58 66, www.arundelmuseum.org

ESSEN UND TRINKEN

Butlers Restaurant & Bar. Steak, Fisch, Pasta – moderne britische Küche. Tgl. 11–15 Uhr, Di–Sa auch 19–23 Uhr, 25 Tarrant Street, Arundel BN18 9DG, Tel. 019 03/88 22 22, www.butlersarundel.co.uk

The Town House. Schickes kleines Restaurant mit Blick aufs Schloss und britischer Küche. Di–Sa 12–14.30 und 19–21.30 Uhr, 65 High Streer, Arundel BN18 9AJ, Tel. 019 03/88 38 47, www.thetownhouse.co.uk

Märchenschloss Arundel Castle

Aufwendige Bleiglasfenster in der Kathedrale

ÜBERNACHTEN

Hilton Avisford Park. Hübsches Landhotel in der Nähe von Arundel. Yapton Lane, Walberton, Arundel BN18 0LS, Tel. 012 43/55 83 00, www.placeshilton.com/arundel

The Swan Hotel. Restaurant und Pub mit komfortablen Zimmern. 27–29 High Street, Arundel BN18 9AG, Tel. 019 03/88 23 14, www.swanarundel.co.uk

VERANSTALTUNGEN

Arundel Festival. Jährliches Kulturfestival mit Musik, Theater und Ausstellungen, immer Mitte August. www.arundelfestival.co.uk

INFORMATION

Arundel Town Council. Mo–Fr 9–13 Uhr, The Town Hall, Maltravers Street, Arundel BN18 9AP, Tel. 019 03/88 29 54, www.arundel.org.uk

Mitte: Hier bauten bereits die Römer.
Unten: Chichester Cathedral steht auf historischem Boden und ist innen wie außen ein Meisterwerk der Kirchenarchitektur.

16 Chichester
Die Römerstadt

Die Hauptstadt der Grafschaft West Sussex hat ihre Wurzeln in der Zeit der römischen Besiedelung Englands. Damals noch Noviomagus Regnorum genannt, entwickelten die Römer den Ort zu einer ansehnlichen Stadt, von der noch einzelne Straßenzüge und die Stadtmauer erhalten sind. Zentraler Punkt ist das fürstliche Marktkreuz im Zentrum der wichtigsten Einkaufsstraßen. Es ist eines der schönsten seiner Art im ganzen Land. Wichtig für die Entwicklung der Stadt war auch die Kathedrale, kulturell bedeutend ist das Chichester Festival, eine jährliche Konzertreihe.

Mit seinen fast ausschließlich alten Gebäuden im Zentrum fühlen sich Besucher von Chichester (27 000 Einwohner) schnell um Jahrhunderte zurückversetzt. Die Fußgängerzone zwischen West Street und East Street, zwischen Kathedrale und North Street ist gesäumt mit hübschen Häusern und unzähligen Geschäften. Die Stadt ist eine der Hauptattraktionen der Grafschaft West Sussex und deswegen entsprechend belebt. Neben dem fulminanten Marktkreuz nordöstlich der Kathedrale ist auch der Buttermarket in der North Street sehenswert, ein Marktgebäude, das 1808 von Architekt John Nash (1752–1835) entworfen wurde.

Kathedrale

Chichester Cathedral steht an jenem Ort, an dem bereits die Römer eine Basilika errichtet hatten. Entstanden ist sie von 1066 an, weil der Bischofs-

Rundgang durch Chichester

A Edes House – Der Klinkerbau wurde 1696 erbaut, ist ein Paradebeispiel für die Stuart-Periode und zudem eines der prachtvollsten Gebäude seiner Zeit. Heute wird Edes House für Konzerte und andere Veranstaltungen genutzt.

B Butter Market – Die von John Nash entworfene Markthalle war das Handelszentrum der Stadt.

C Guildhall – Das Gebäude aus dem 13. Jahrhundert war ursprünglich eine Kapelle und steht im Priory Park, einer weitläufigen Grünfläche im Nordosten der Innenstadt.

D Stadtmauer – Sie ist das prägnanteste Relikt aus der römischen Vergangenheit Chichesters, auch wenn sie in großen Teilen nicht mehr aus jener Zeit stammt, sondern aus dem Mittelalter. Anhand des Mauerverlaufs können die Umrisse der alten römischen Siedlung nachvollzogen werden.

E St. Pancras Church – Die kleine Kirche aus dem 18. Jahrhundert ist eine klassische Stadtkirche. Sie ersetzte einen Bau aus dem Mittelalter, der während des Englischen Bürgerkriegs zerstört wurde.

F Innenstadt – Als alte Marktstadt hat sich Chichester eine wunderschöne Innenstadt bewahrt. Innerhalb der Stadtmauer reihen sich alte Gebäude aus unterschiedlichen Epochen aneinander, viele Einzelhandelsketten haben sich darin angesiedelt.

G Market Cross – Es ist unbestreitbar eines der schönsten Marktkreuze Englands, und es markiert das Zentrum der Innenstadt. Von hier aus gehen in jede Himmelsrichtung Einkaufsstraßen ab.

H Kathedrale – Das Herz von Chichester ist die Kathedrale aus dem 11. Jahrhundert. Das monumentale Bauwerk weist unterschiedliche Stile auf. Beeindruckend ist vor allem das Kirchenschiff.

I Cloister Café – Das Kirchencafé ist auf dem Gelände der Kathedrale untergebracht und wegen seines schönen Gartens im Sommer einen Abstecher wert.

J Bishop's Palace Gardens – Dieser Garten war einst Teil des Bischofspalasts und ist inzwischen für jedermann geöffnet. Ein guter Ort, um sich vom Rundgang zu erholen.

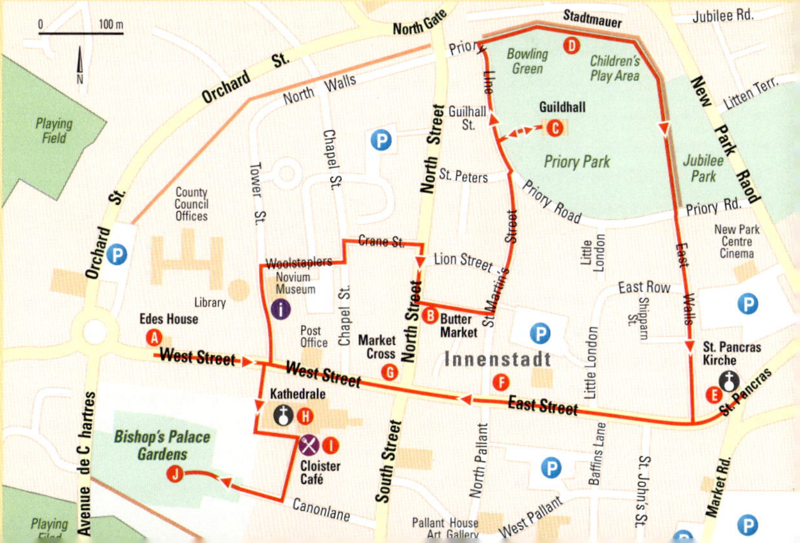

AUTORENTIPP!

SCHMETTERLINGE IM EIBENWALD

Zehn Kilometer nördlich von Chichester kommt man in das Naturschutzgebiet Kingley Vale, in dem ein alter Eibenwald steht – viele der Bäume sind mindestens 500 Jahre alt und älter. Das 160 Hektar große Gelände ist Teil der South Downs, einer Reihe von Kalkhügeln zwischen Eastbourne und Itchen Valley. Kingley Vale wurde viele Jahrhunderte lang für den Ackerbau genutzt, inzwischen kommen auch Wanderer auf der Suche nach Ruhe und Entspannung hierher und können eine reiche Fauna und Flora bewundern: Um die 40 Schmetterlingsarten wurden gezählt. Der Hauptparkplatz für Kingley Valey befindet sich bei West Stoke.

Kingley Vale. Immer zugänglich, Eintritt frei, NNR Base Kingley Vale, Gamekeepers Lodge, Downs Road, West Stoke, Chichester PO18 9BN, Tel. 03 00/060 26 81, www.naturalengland.org.uk/kingleyvalennr

Seltenheit: die freigelegten Mosaikböden im Fishbourne Roman Palace

sitz von Selsey hierher verlegt wurde – in jener Zeit bemühte man sich, Kirchzentren in den größeren Ortschaften zu schaffen. Der heutige Bau wurde 1108 vollendet, jedoch im Laufe der Jahrhunderte mehrfach erweitert: Die normannische Grundarchitektur weist vor allem gotische Elemente auf.

Chichester Cathedral wird eng mit dem früheren Bischof Richard de la Wyche (1197–1253) in Verbindung gebracht. 1262 wurde er heiliggesprochen. Sein Schrein war Ziel zahlreicher Pilger, wurde jedoch 1538 auf Anordnung von Heinrich VIII. (1491–1547) zerstört. Eine Statue vor dem Westeingang der Kathedrale erinnert an Richard, innen gibt es weitere Andenken. Im 15. Jahrhundert wurde neben dem Gebäude ein Uhrturm hochgezogen. Das Kirchenschiff ist nach traditioneller Art aufgebaut mit Hauptschiff, Chor und Lady Chapel und bestückt mit reichen Ornamenten. Hübsch ist das Cloisters Café an der Südseite, das über einen schönen Garten verfügt und auf seiner Karte Produkte aus fairem Handel stehen hat.

Fishbourne Roman Palace

Das größte römische Haus auf britischem Boden mag nur noch in Ansätzen zu erkennen sein. Doch die Überreste sind beeindruckend genug. 1960 stieß man bei Bodenarbeiten auf eine römische Villa aus dem 1. Jahrhundert und baute sie zu einem Museum aus. Eine besondere Augenweide sind die freigelegten Mosaikböden, die zu den größten des Landes zählen. Eine Ausstellung erzählt von der Zeit der römischen Besatzung Englands, dazu ist der Garten in etwa in den Zustand versetzt worden, den er vor 2000 Jahren gehabt haben muss – inklusive der Pflanzen, die die Römer nutzten.

Infos und Adressen

SEHENSWÜRDIGKEITEN

Chichester Cathedral. Kathedrale aus dem 11. Jahrhundert. Tgl. 7.15–18 Uhr, Touren Mo–Sa 11.15 und 14.30 Uhr, Eintritt frei, West Street, Chichester PO19 1PX, Tel. 012 43/78 25 95, www.chichestercathedral.org.uk

Fishbourne Roman Palace. Feb.–Nov. tgl. 10–16 Uhr, März–Okt. bis 17 Uhr, Dez./Jan. nur Sa/So 10–16 Uhr, Eintritt 8,70 £, Roman Way, Chichester, West Sussex PO19 3QR, Tel. 012 43/78 58 59, www.sussexpast.co.uk/properties-to-discover/fishbourne-roman-palace

Goodwood House. Herrenhaus aus dem 17. Jahrhundert. Mitte März bis Mitte Okt. So/Mo 13–17 Uhr, Aug. So–Do 13–17 Uhr, Eintritt 9,50 £, Chichester PO18 0PX, Tel. 012 43/75 50 00, www.goodwood.com/goodwood-house

ESSEN UND TRINKEN

Amelie and Friends. Moderne Küche zwischen Fisch und Geflügel. Mo–Fr 12–14.30 und 17.30–23 Uhr, Sa 12–15 und 17–23 Uhr, So 12–14.30 Uhr, 31 North Street, Chichester PO19 1LY, Tel. 012 43/77 14 44, www.amelieandfriends.com

Attibassi Espresso Bar. Italienischer Espresso im Zentrum. Mo–Sa 8–17 Uhr, So 9–17 Uhr, Gordon House, Church Square, Chichester PO19 7BD, Tel. 012 43/77 53 23, www.attibassi.co.uk

ÜBERNACHTEN

Millstream Hotel. Landhotel am Hafen von Chichester in Bosham. Bosham Lane, Bosham, Chichester PO18 8HL, Tel. 012 43/57 32 34, www.millstreamhotel.com

The Goodwood Hotel. Schickes Hotel außerhalb von Chichester. The Goodwood Estate, Chichester PO18 0QB, Tel. 012 43/77 55 37, www.goodwood.com

INFORMATION

Chichester Tourist Information Centre. Mo–Sa 10–17 Uhr, Sa 10–16 Uhr, Tower Street, Chichester PO19 1QH, Tel. 012 43/77 58 88, www.visitchichester.org

Heute very British: Zimmer in der Anlage des Roman Palace

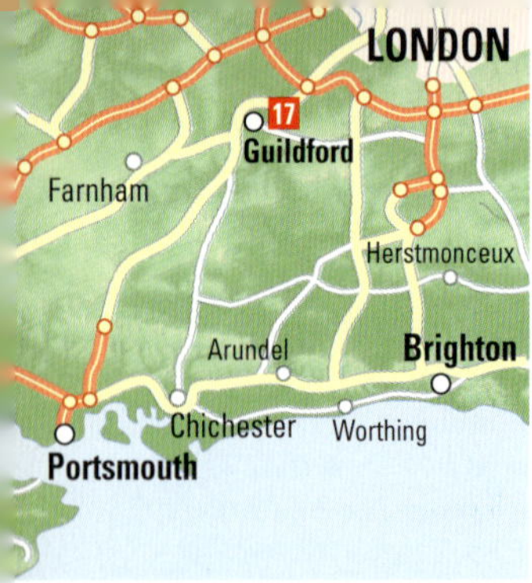

Mitte: Prägt das Stadtbild: die Kathedrale von Guildford
Unten: Beschaulich, aber zur Rush Hour auch schon mal voller: Einkaufsstraße von Guildford

17 Guildford

Surreys Hauptstadt

Die Hauptstadt der Grafschaft Surrey ist einer jener Orte, von dem aus allmorgendlich Pendler in Richtung London aufbrechen. Denn mit Fahrtzeiten von rund 40 Minuten bis zum Bahnhof Waterloo ist sie eine echte Alternative zu den horrenden Mietpreisen in der Hauptstadt geworden. Dabei bietet auch Guildford eine Menge: Die nette Kleinstadt verfügt über allerlei Geschäfte und auch einige Sehenswürdigkeiten. Sie ist ein guter Übernachtungsort für alle, die Surrey erkunden und abends gern eine schöne Auswahl an Restaurants und Pubs haben wollen.

International bekannt wurde Guildford (67 000 Einwohner) ausgerechnet wegen eines tragischen Ereignisses: Die IRA zündete hier 1974 in zwei Pubs Bomben. Bei dem Anschlag auf britische Soldaten starben fünf Menschen. Als vermeintliche Attentäter wurden vier Briten inhaftiert, die als »Guildford Four« traurige Berühmtheit erlangten. Sie mussten 14 Jahre einsitzen, bis der Justizirrtum aufgedeckt wurde – der Vorfall wurde später unter dem Titel *Im Namen des Vaters* verfilmt. Inzwischen ist wieder Ruhe in den Ort eingekehrt.

Zentrale Straße ist die High Street mit allen erdenklichen Einzelhandelsketten. Hier befindet sich auch das Abbot's Hospital, eine Seniorenresidenz aus dem Jahr 1619. Im Nordwesten der Innenstadt ist der Hauptcampus der University of Surrey angesiedelt, die mit 15 000 Studenten einen nicht unwesentlichen Einfluss auf das Leben der Stadt ausübt.

Guildford Cathedral

Guildford verfügt über eine der ungewöhnlichsten Kathedralen Großbritanniens – nicht etwa, weil sie besonders schön wäre, sie ist nur ausgesprochen jung. Erst 1936 begannen die Arbeiten, durch den Zweiten Weltkrieg mussten sie jedoch schon bald unterbrochen werden. Nach weiteren Verzögerungen in der Nachkriegszeit konnte das Gotteshaus schließlich 1961 eröffnet werden. Es trägt Elemente der Neugotik, wirkt aber insgesamt deutlich moderner.

Im Inneren ist der Treasury Room einen Besuch wert, in dem Gold- und Silberraritäten aus dem Fundus der Anglikanischen Kirche ausgestellt sind. Die Unterschriften auf einigen Steinen sind ein Zeichen der Geldnot zu Bauzeiten: Weil man auf Spenden angewiesen war, hatte die Kirche 1952 eine Kampagne gestartet: »Buy a brick!« – Kauf einen Stein! Die meisten Bürger der Stadt beteiligten sich, kauften den Stein und »signierten« ihn.

Guildford Castle

Die Ruine aus dem 11. Jahrhundert ist alles, was vom einstigen Schloss von Guildford übrig blieb. Wilhelm der Eroberer (1027/1028–1087) ließ im ganzen Land solche Burgen bauen, weniger aus Angst vor Angriffen anderer Nationen, als vielmehr, um Rebellionen im Keim ersticken zu können. Zunächst muss es sich um eine einfache Befestigung auf einem Hügel gehandelt haben, im 12. Jahrhundert jedoch wurde die Anlage weiter ausgebaut.

Heinrich III. (1207–1272) investierte im 13. Jahrhundert weiter – aus der Festung wurde ein Schloss. Im 14. Jahrhundert aber sah das Königshaus keinen Sinn mehr in Anwesen dieser Art.

AUTORENTIPP!

BUSSEN AUF DER SPUR

In Weybridge etwas außerhalb von London hat sich dieses Museum auf die Geschichte des Busverkehrs in der britischen Hauptstadt spezialisiert. Zu sehen sind um die 30 Fahrzeuge aus unterschiedlichen Zeiten – von pferdebetriebenen Wagen aus den 1870er-Jahren bis hin zu seltenen 70-Sitzern hundert Jahre später. Anders als im Londoner Transportmuseum sind wirklich nur Busse ausgestellt – nicht auch U-Bahnen. Die Fahrzeuge werden in ihrem historischen Kontext gezeigt, ergänzt um Fotos und kurze Filme. Mitfahren kann man indes nur zu besonderen Anlässen – ab und an schickt das Museum einen Bus auch mal auf die Straße.

Bus Museum. März–Okt. tgl. 10–17 Uhr, Nov.–Feb. tgl. 10–16 Uhr, Eintritt 11 £, Cobham Hall, Brooklands Drive, Weybridge KT13 0QN, Tel. 019 32/83 79 94, www.londonbusmuseum.com

Von einer einfachen Festung zur großen Burg: Guildford Castle

Oben: Am Wasser wird Guildford richtig idyllisch.
Unten: In der Innenstadt sollte man stets die Augen offen halten, um etwa aufwendige Uhren wie diese zu entdecken.

Überall im Land ließ man die Festungen verfallen. 1611 vermachte man das Anwesen Francis Carter, dessen Familie ein neues Haus am Schlossbogen baute. Im großen Turm steht ein Modell, das den Zustand der Burg um das Jahr 1300 zeigt.

Great Street Barn

Die mittelalterliche Scheune in Wanborough, acht Kilometer westlich von Guildford, ist eine der größten und bedeutsamsten noch erhaltenen ihrer Art. Sie wurde 1388 durch die Mönche von Waverley Abbey erbaut und von einem Bauernhof genutzt, der das Kloster ernährte. Mit dem Verbot der kirchlichen Einrichtungen im Jahr 1536 verließen die Mönche auch dieses Gelände. Die Scheune aus massiven Eichenbalken blieb jedoch zur weiteren Nutzung bestehen. Nun wird sie überwiegend für Feiern und Veranstaltungen vermietet – was dazu führt, dass sie nur an einzelnen Tagen im Jahr für Besucher geöffnet ist.

Loseley Park

Auf diesem historischen Anwesen südwestlich von Guildford findet sich ein schönes Herrenhauses. Loseley House wurde zwischen 1562 und 1568 für die Familie More-Molyneux erbaut, deren Nachfahren noch immer hier leben. Sehenswert im In-

Tour durch Guildford

A Guildford Cathedral – An der Kathedrale beginnt unser Rundgang durch die Stadt. Das Bauwerk wurde erst 1961 vollendet, entsprechend modern wirkt seine Architektur – auch wenn Elemente der Gotik eingebracht wurden. Spenden von über 200 000 »brick-givers« ermöglichten den Bau.

B River Wey – Guildfords Fluss ist ein Nebengewässer der Themse und durchquert die Stadt einmal von Nord nach Süd. Im Bereich der Innenstadt haben sich einige kleine Inseln gebildet.

C High Street – Die zentrale Einkaufsstraße der Stadt führt vom River Wey in Richtung Osten. So ziemlich jede Einzelhandelskette Großbritanniens ist hier mit einer Filiale vertreten.

D Guildford Museum – Das Heimatmuseum von Guildford ist in einem Teil des Schlosses untergebracht. Die Sammlung ist aus dem Fundus einer archäologischen Gesellschaft hervorgegangen und widmet sich der Geschichte der Region.

E Guildford Castle – Vom 11. Jahrhundert an wurde die Burg von Guildford beständig vergrößert. Dann war Schluss. Ab dem 14. Jahrhundert überließ man sie dem Verfall, ein Schicksal, das sie mit anderen Burgen Englands teilte. Heute sind nur noch ein paar Ruinen übrig.

F Undercroft – Diese Krypta in der High Street gegenüber dem Angel Hotel stammt aus dem Mittelalter und wurde von reichen Händlern erbaut. Einst muss es mehrere solcher Räume gegeben haben, dieser ist der einzige, der noch zugänglich ist.

G The Guildhall – Wie in vielen Städten spiegelt die Guildhall den einstigen Reichtum des jeweiligen Orts wieder. Die Halle stammt aus dem 16. Jahrhundert und diente zeitweise als Gericht und Ratssaal.

H Guildford House Gallery – Das hübsche Gebäude aus dem 17. Jahrhundert beinhaltet eine Galerie mit Kunst und Kunsthandwerk, außerdem ein Café. In regelmäßigen Abständen finden Veranstaltungen statt.

I Abbots Hospital – Dieses Gebäude wurde 1619 von George Abbot (1562–1633) in Auftrag gegeben, dem damaligen Erzbischof von Canterbury. Anders als es der Name vermuten lässt, war es nie ein Krankenhaus im eigentlichen Sinn, sondern eine Bleibe für ältere Menschen.

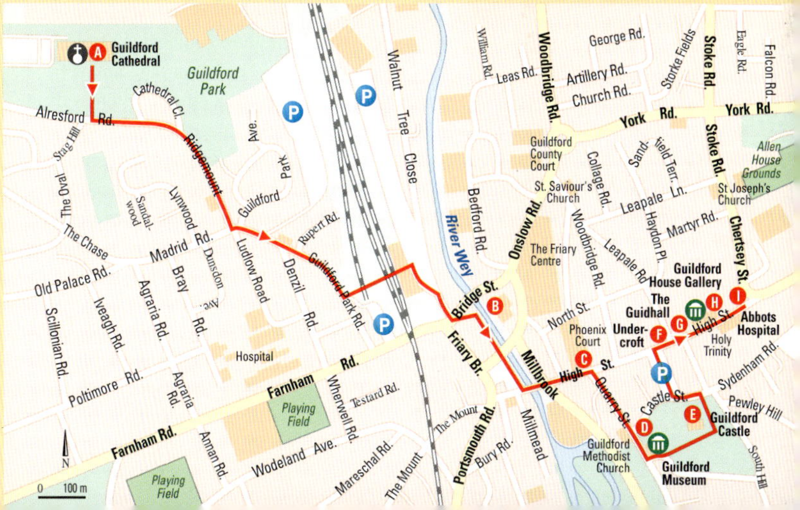

AUTORENTIPP!

WO SICH DIE SCHÖNEN UND REICHEN TRAFEN
Das Anwesen im Regency-Stil gehörte einst Mrs. Ronald Greville (1863–1942) – Margaret –, die es zu repräsentativen Zwecken nutzte. Entsprechend prunkvoll geht es hier zu: Der Gold Room strotzt rund um einen schweren Kristallleuchter nur so von Verzierungen und edlen Möbelstücken. In ihm empfing Greville alles, was Rang und Namen hatte. Viel Geld und Energie investierte sie auch in ihre Porzellan- und Kunstsammlung, darunter sind einige Fabergé-Seltenheiten. Das Herrenhaus steht inmitten eines 5,6 Quadratkilometer großen Anwesens mit Wald, Wiesen und Wegen. Durch den Garten mit seinen herrlichen Rosen gibt es jeden Tag kostenlose Führungen.

Polesden Lacey. März–Okt. Mo–Fr 12.30–17 Uhr, Sa/So 11–17 Uhr, Eintritt 12,50 £, Great Bookham RH5 6BD, Tel. 013 72/45 20 48, www.nationaltrust.org.uk/polesden-lacey

nenbereich sind die aufwendigen Holzschnitzereien und Steinmetzarbeiten an Decken und Wänden. Alle Räume sind mit edlen Möbeln und Bildern ausgestattet. Hübsch sind das Treppenhaus sowie die große Halle mit ihrem seltenen Fensterglas. Außen lohnt der Walled Garden einen Besuch. Sein Rosengarten genießt bei Züchtern einen außergewöhnlichen Ruf, inzwischen wird in einem Bereich auch Biogemüse angebaut.

Clandon Park

Mit Clandon Park findet sich sechs Kilometer östlich von Guildford ein wunderbares Beispiel des Palladianismus. Das Herrenhaus wurde 1720 von einem venezianischen Architekten für Lord Onslow entworfen und gehört nun dem National Trust. Als Baustoff verwendete man zum Teil edelsten Marmor, so für die Marble Hall und die Kamine im ganzen Haus. Die Decken sind mit schönen Ornamenten gestaltet, eingerichtet ist das Haus mit seltenen Möbelstücken aus dem 18. Jahrhundert. Zum Anwesen gehört ein großer Park, der sich aber noch im Besitz der Familie Onslow befindet. Deshalb kann neben dem Herrenhaus nur der Garten rund herum besichtigt werden. Er enthält einen niederländischen Part und eine echte Kuriosität: Aus Neuseeland brachten die Besitzer ein Maori-Häuschen mit, das seitdem ein skurriler Treffpunkt für die Parkbesucher ist.

Infos und Adressen

SEHENSWÜRDIGKEITEN

Clandon Park. Schönes Herrenhaus im Stil des Palladianismus. Jan./Feb. Sa/So 11–15 Uhr, März–Dez. So–Do 11–17 Uhr (Mo unregelmäßig geschlossen), Eintritt 9,20 £, West Clandon, Guildford GU4 7RQ, Tel. 014 83/22 24 82, www.nationaltrust.org.uk/clandon-park

Guildford Castle. Burgruine aus dem 11. Jahrhundert. März/Okt. Sa/So 11–16 Uhr, April–Sept. tgl. 10–17 Uhr, Eintritt 3 £, Castle Arch, 14 South Hill, Guildford GU1 3SY, Tel. 014 83/44 47 51, www.guildford.gov.uk/castle

Guildford Cathedral. Mo–Fr 8.10–18.15 Uhr, Sa 8.40–17 Uhr, So 8–19.30 Uhr, Eintritt frei, Stag Hill, Guildford GU2 7UP, Tel. 014 83/54 78 60, www.guildford-cathedral.org

Gate Street Barn. Mittelalterliche Scheune. Nur an einzelnen Sonntagen im Jahr geöffnet, Infos auf der Webseite. Gate Street, Bramley, Guildford GU5 0LR, Tel. 014 83/89 43 62, www.wanboroughgreatbarn.co.uk

Nobles Herrenhaus: Clandon Park

Detailverliebt: Loseley Park

Loseley Park. Anwesen mit altem Herrenhaus aus dem 16. Jahrhundert. Park: Mai–Sept. So–Do 11–17 Uhr; Haus: Mai–Aug. Mo–Fr 13–17 Uhr, So 14–17 Uhr, Eintritt 9 £ (nur Park 5 £), Guildford GU3 1HS, Tel. 014 83/30 44 40, www.loseleypark.co.uk

ESSEN UND TRINKEN

Rumwong. Thailändisches Restaurant. Tgl. 12–14.30 und 18–22.30 Uhr, 20 London Road, Guildford GU1 2AF, Tel. 014 83/53 60 92, www.rumwong.co.uk

ÜBERNACHTEN

Radisson Blu Edwardian. Schönes, edles Hotel mit Pool und anderem Komfort. 3 Alexandra Terrace, Guildford, Surrey GU1 3DA, Tel. 014 83/79 23 00, www.radissonblu-edwardian.com/guildford

INFORMATION

Tourist Information Centre. Mo–Sa 9.30–17 Uhr, Mai–Sept. auch So 11–16 Uhr, 155 High Street, Guildford GU1 3AJ, Tel. 014 83/44 43 33, www.guildford.gov.uk/visitguildford

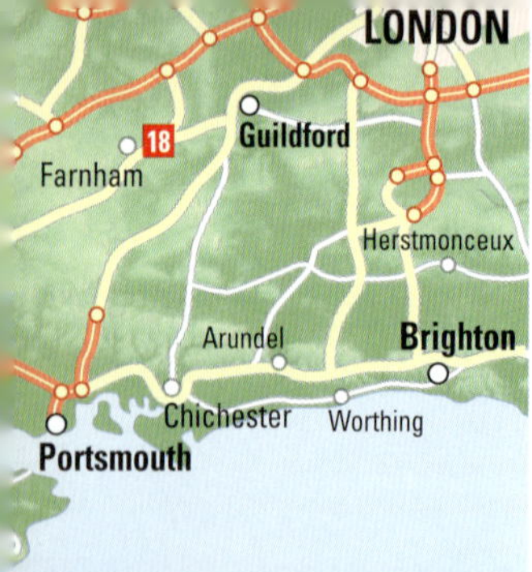

18 Farnham

Die alte Marktstadt

Die Kleinstadt südöstlich von Reading wirkt rundum alt ... Unterhalb von Farnham Castle stehen noch viele Häuser aus der Tudor- und georgianischen Zeit. Zu sehen sind auch die Überreste von Waverly Abbey, einer Zisterzienserabtei aus dem 12. Jahrhundert. Die vielen Geschäfte der Innenstadt spiegeln Farnhams Vergangenheit als Marktstadt wider.

Man weiß auf Anhieb nicht so recht, in welche Zeit man sich zurückversetzt fühlt – doch Farnham (40 000 Einwohner) gibt Besuchern das Gefühl, Geschichte zu atmen. Die überwiegend historische Bausubstanz macht diesen Ort so sympathisch. Wobei Farnham zwei Gegebenheiten zugutegekommen sind: Schon in der Steinzeit muss es einen stärker frequentierten Weg in der Nähe gegeben haben, es kam zu ersten Siedlungen. Danach bauten Römer die Tonerde der Region ab. Und, noch viel wichtiger: Weil im 20. Jahrhundert nichts zerstört wurde, kam auch niemand in die Verlegenheit, die Baulücken so unsensibel wie in anderen Ecken Englands aufzufüllen.

Heute spielt sich das Leben überwiegend rund um die East und West Street sowie die Straße The Borough ab. Mit Elphicks gibt es in der West Street sogar noch ein – wenn auch kleines – Kaufhaus abseits der großen Ketten.

Mitte: Lange Zeit die Residenz von Bischöfen: Farnham Castle
Unten: Prachtvolles Anwesen nahe Farnham: The Vyne

Farnham Castle Keep

Bischof Henry of Blois (1098/99–1171) gründete diese Burg im Jahr 1138, im Anschluss war sie lange Jahre Residenz der Bischöfe von Winchester.

Farnham Castle befindet sich in einem hoch gelegenen großen Park, der einen schönen Blick auf die Stadt freigibt. Im 17. Jahrhundert wurden um das Schloss weitere Gebäude errichtet, unter anderem jener Bischofspalast, der heute als Konferenzzentrum dient. Während der jüngere Bereich wegen zahlreicher Veranstaltungen in der Regel nicht besichtigt werden kann, ist das Keep tagsüber für jedermann zugänglich.

Waverley Abbey

Die beeindruckenden Ruinen mit einer vergleichsweise gut erhaltenen Gewölbedecke gehören zu einem Klosterkomplex, der hier von 1128 an gestanden hat. Während das benachbarte Waverley Abbey House inzwischen ein Veranstaltungszentrum ist, können die Überreste der alten Abtei zu jeder Zeit besichtigt werden. Ursprünglich lebten in dem Kloster zwölf Mönche und ein Abt aus Frankreich, die Zahl erhöhte sich jedoch schnell auf fast 200 Geistliche. Nach einer schweren Flut mussten im 13. Jahrhundert große Teile der Anlage erneuert werden. Mit der königlich verordneten Abschaffung von Klöstern im Jahr 1536 ging auch Waverley in Privatbesitz über.

The Vyne

Nordwestlich von Farnham befindet sich das Tudorherrenhaus The Vyne. Bekannt ist es allerdings nicht wegen des eigentlichen Gebäudes aus dem 16. Jahrhundert, sondern wegen eines palladianischen Eingangsportikus aus dem 17. Jahrhundert. Er war der erste dieser Art an einem privaten Wohnhaus in England. Auch das Treppenhaus gilt als landesweite Besonderheit wegen seiner Säulenkonstruktion. Schön ist auch der Park rund um das Gebäude mit einem Teich, einer Kapelle und einem mit einer Kuppel versehenen Sommerhaus.

Infos und Adressen

SEHENSWÜRDIGKEITEN

Farnham Castle Keep. Überreste einer Burg aus dem Jahr 1138. Mo–Fr 9–17 Uhr, Sa/So 10–16 Uhr, Eintritt frei, Castle Hill, Farnham GU9 0AG, Tel. 012 52/72 11 94

The Vyne. Tudorherrenhaus mit Park. Mo–Fr 12–16.30 Uhr, Sa/So 10–16 Uhr, Eintritt 10,90 £, Vyne Road, Sherborne, Basingstoke RG24 9HL, Tel. 012 56/88 38 58, www.nationaltrust.org.uk/vyne

Waverley Abbey. Eintritt frei, immer zugänglich, Waverley Lane, Farnham GU9 8EP

ESSEN UND TRINKEN

Lion and Lamb Café. Britische Küche. Mo–Fr 9–23.30 Uhr, Sa 8–23.30 Uhr, So 10–16 Uhr, 19 Lion and Lamb Yard, Farnham GU9 7LL, Tel. 012 52/71 51 56, www.lionandlambcafe.co.uk

ÜBERNACHTEN

Bentley Green Farm. B&B in einem schönen Gebäude aus dem 16. Jahrhundert. The Drift, Bentley, Farnham GU10 5JX, Tel. 014 20/232 46, www.bentleygreenfarm.co.uk

INFORMATION

Farnham Town Council. Mo–Do 9–17 Uhr, Fr 9–16.30 Uhr, South Street, Farnham GU9 7RN, Tel. 012 52/71 26 67, www.farnham.gov.uk

DER SÜDEN

Vorangehende Doppelseite: Osborne House auf der Isle of Wight: das Lieblingsanwesen von Königin Victoria
S. 114: Die größte Stadt der Isle of Wight, Newport, ist von alten Gebäuden geprägt.

19 Isle of Wight
Ganz England auf einer Insel

Inseln führen auf gewisse Weise ihr Eigenleben – die Isle of Wight hat diese Eigenart aber auf ihre Weise professionalisiert. Das Eiland vor Southampton und Portsmouth hat sich zu einer Miniaturausgabe des ganzen Landes entwickelt. Es gibt steile Küsten, schöne Strände, malerische Dörfer, eigene Lebensmittelhersteller, jede Menge netter Menschen – und mit Osborne House eines der beeindruckendsten königlichen Anwesen Englands. Ein Fehler, dass so viele Reisende diese Insel links liegen lassen.

Das ganze Selbstbewusstsein der Isle of Wight (140 000 Einwohner) spiegelt sich in einer kleinen, verwaltungsrechtlichen Eigenschaft wider: Seit 1974 gehört sie nicht mehr zu Hampshire, sondern bildet eine eigenständige Grafschaft – was auch an ihrer nicht ganz geringen Größe liegen dürfte: Mit 380 Quadratkilometern bietet die rau-

MAL EHRLICH

RYDE ESPLANADE

Es ist durch den Fährverkehr für viele der erste Ort auf der Isle of Wight – doch nicht jeder ist auf Anhieb von Ryde begeistert. Was an einer eher zweckmäßigen als hübschen Esplanade im Innenstadtbereich liegen dürfte. Wo andere Orte den Blick auf den Hafen freigeben, hat Ryde einen Bahnhof und einen riesigen Parkplatz vor das Wasser gesetzt. Wer es netter haben will, muss ein Stück in Richtung Osten wandern, um zum Strand zu gelangen. Am besten erst mal mit dem Rest der Insel beginnen.

tenförmige Isle of Wight genügend Platz für gleich mehrere Ortschaften sowie für eine ganze Reihe von Sehenswürdigkeiten. Es gehört nicht viel Vorstellungskraft dazu, um zu merken, dass die Insel vor Tausenden von Jahren einmal Teil des britischen Festlands war. Heute ist sie durch den Solent getrennt, einen Arm des Ärmelkanals. Was sie jedoch alles andere als schwer erreichbar macht: Von etlichen Orten an der südenglischen Küste aus verkehren mehrmals pro Stunde Fähren zur Insel. Jeden Tag hat man um die 100 Möglichkeiten, hin- und herzufahren. Erstes Ziel ist für die meisten die Nordküste mit den Hafenstädten Cowes, Ryde und Fishbourne.

Newport

Die mit 24 000 Einwohnern größte Stadt ist Verwaltungssitz der Isle of Wight. Newport liegt in ihrem Zentrum am Medina-Fluss, der den Ort mit dem Solent verbindet. In der High Street mit ihren zahlreichen Geschäften gibt es die größte Auswahl an Einzelhändlern auf der Insel. Architektonisch ist dieser Teil von Newport ein Mischmasch traditioneller Baustile – von georgianisch bis viktorianisch, vereinzelt stehen auch ein paar ältere und neuere Gebäude. Der Architekt John Nash (1752–1835), der in London mit der Bebauung der Regent Street sowie der Neugestaltung des Buckingham-Palasts Zeichen setzte, ist mit der Guildhall vertreten. Er entwarf das von Kolonnaden geprägte Gebäude 1816. Erst 1887 wurde der prägnante Glockenturm angebaut. Heute birgt die Guildhall das Museum of Island History. Es hat die Geschichte der Isle of Wight von frühzeitlichen Funden bis zur Gegenwart aufbereitet. Ein besonders interessanter Fund ist die Roman Villa, die Überreste eines römischen Hauses aus der Zeit um das Jahr 280. Die Villa war mit Bodenheizung, Sauna, Massageraum und Küche ausgestattet.

AUTORENTIPP!

EIN ZWEITES WOODSTOCK

Konzertbesucher sind sich uneins darüber, welches Musikfestival denn nun die europäische Variante des legendären Woodstock ist – fest steht: Das Isle of Wight Festival spielt in dieser Debatte stets eine große Rolle. Seine Ursprünge liegen im Flower-Power-Jahr 1968, als rund 15 000 Musikfans auf einer Wiese bei Godshill Jefferson Airplane und andere Bands feierten. Schon bei der Neuauflage ein Jahr später strömten zehnmal so viele Besucher auf die Isle of Wight. Als dann 1970 schließlich mehr als eine halbe Million Menschen kamen, schritten die Behörden ein und untersagten weitere Veranstaltungen. Erst 2002 gab es ein Revival. Seitdem wird das Festival jährlich Mitte Juni ausgetragen.

Isle of Wight Festival. Seaclose Park, Newport, Tickets müssen Monate vorab gekauft werden: www.isleofwightfestival.com

Sie waren auch auf der Isle of Wight: Mosaik in der Roman Villa.

Oben: Flaniermeile und Eisenbahnendhaltepunkt: die Seebrücke von Ryde
Unten: Abschalten im Pub – das geht zum Beispiel an der Esplanade von Ryde.

Schön ist ein Spaziergang am ruhigen Hafen, an dem heute nur noch einige Jachten vor Anker liegen. Hier befindet sich auch das Bus and Coach Museum für öffentliche Verkehrsmittel vergangener Tage. Es kann eine ganz nette Abwechslung sein, in alten Bussen herumzustöbern, auch wenn das Museum vom Umfang her nicht gegen die großen Transportmuseen des Landes ankommt.

Ryde

Ähnlich groß wie Newport hat sich Ryde zu einem zweiten Zentrum der Insel entwickelt. Vor allem ist die Stadt durch ihre prominente Lage vis-à-vis der englischen Küste für viele das Einfallstor. Während der Seebereich etwas in die Jahre gekommen ist, haben sich in der Union sowie der angrenzenden High Street etliche Geschäfte angesiedelt. Beliebtester Treffpunkt ist indes die Seebrücke aus dem frühen 19. Jahrhundert, die mehrere Besonderheiten aufweist: Sie ist zum einen der älteste Pier Englands, der zweitlängste (nach Southend) und einer der wenigen, auf dem sich heute noch die Endstation einer Eisenbahnlinie befindet. Sie führt über die Esplanade bis nach Sandown im Südosten der Insel. Früher ging sie sogar noch weiter nach Ventor im Osten. An der Station Smallbrook hat man Anschluss an die Isle of Wight Steam Railway, eine Dampfeisenbahn mit alten Waggons, die von Smallbrook nach Wootton fährt. Etwas außerhalb der Stadt in Smallbrook befindet sich mit Rosemary ein Weingut, das auch Touren anbietet. Seit 1986 werden hier Trauben angebaut.

Quarr Abbey

Die Klosteranlage aus dem 12. Jahrhundert wurde wie alle Kircheneinrichtungen unter Heinrich VIII. (1491–1547) entweiht und anderweitig genutzt.

Rundreise

Die Isle of Wight zu Fuß zu umrunden kostet schon ein bisschen Zeit – den folgenden Rundweg kann man getrost mit dem Auto abfahren.

Ⓐ **Ryde** – Das Einfallstor der Isle of Wight ist ein wenig in die Jahre gekommen, durch seine Hotels und Restaurants aber zwangsläufig für viele Besucher Standort oder zumindest Ausflugsziel. Der Pier gehört zu den wesentlichen Attraktionen.

Ⓑ **Quarr Abbey** – Das Kloster hat eine wechselvolle Geschichte hinter sich. Im Kern stammt es aus dem 12. Jahrhundert, wurde jedoch später grundlegend verändert und zwischenzeitlich als Wohnhaus genutzt. Inzwischen ist es wieder von Mönchen besiedelt.

Ⓒ **Osborne House** – Der frühere Landsitz von Queen Victoria ist ein mediterran anmutendes Anwesen mit einem großen Park. Es ist die Hauptattraktion der Insel, und dies nicht zu Unrecht. Man kann sich in der weitläufigen Anlage leicht mehrere Stunden aufhalten.

Ⓓ **Newport** – Die Hauptstadt der Insel ist auch von den Geschäften her der wichtigste Ort. Hierher kommen die Einwohner, um ihre Besorgungen zu machen, hier können Besucher gemütlich durch die Läden bummeln. Und hier findet auch einmal im Jahr das Isle of Wight Festival statt.

Ⓔ **Newport Roman Villa** – Diese Überreste einer römischen Villa sind selbst für das lange von den Römern besiedelte England eine Seltenheit. Sie wurden Anfang des 20. Jahrhunderts durch Zufall entdeckt und sind nun zu besichtigen.

Ⓕ **Carisbrooke Castle** – Die Burganlage aus dem späten 11. Jahrhundert ist erstaunlich gut erhalten und kann besichtigt werden. Sie ist bekannt als Ort, an dem König Karl I. zeitweise inhaftiert war.

Ⓖ **The Needles** – Die Kreideformation vor der Westküste ist ein beliebtes Ziel zum Wandern. Hier kann auch die Old Battery besichtigt werden, eine alte Festungsanlage, sowie jener Ort, an dem die Briten ihr Raketenprogramm vorantrieben.

Ⓗ **Küstenstraße** – Diese Strecke entlang der Küste bietet wunderbare Ausblicke auf den Ärmelkanal.

Ⓘ **Godshill** – Das Dorf ist bekannt für seine hübschen kleinen Häuser und eine alte Kirche.

AUTORENTIPP!

EINMAL RUND UM DIE INSEL
Man sollte schon gut zu Fuß sein, doch dann ist der Coastal Path rund um die Isle of Wight ohne Frage eine der schönsten Möglichkeiten, die Insel zu erkunden. Die abwechslungsreiche Strecke ist etwa 100 Kilometer lang, lässt sich aber gut in einzelne Abschnitte aufteilen. Das Tourismusbüro bietet im Internet vorbereitete Tourenblätter mit Karten für die Unterabschnitte an, die auch Hinweise auf all das geben, was es zu besichtigen gibt. Nicht immer macht der Weg übrigens seinem Namen alle Ehre: Mitunter führt er etwas abseits der Küste ins Inselinnere, was ihn allerdings umso interessanter macht: Dadurch sind Sehenswürdigkeiten und die Möglichkeit für Pausen eingebaut, die die Strecke auf angenehme Weise unterbrechen.

Coastal Path.
www.visitisleofwight.co.uk/things-to-do/walking/walking-routes

Ein Kaufmann erwarb das Anwesen und ließ es größtenteils abreißen – aus den Steinen entstand dann Quarr Abbey House. 1901 siedelten Mönche aus Frankreich auf der Isle of Wight, zunächst an anderer Stelle, doch 1907 erwarben sie Quarr Abbey House. Somit wurde das Grundstück wieder seinem ursprünglichen Zweck zugeführt. Vom alten Komplex sind nur noch wenige Mauern erhalten. Doch auch die heutige Abtei ist durchaus einen Besuch wert, auch wenn Führungen nur einmal monatlich angeboten werden. Dafür gibt es ein Café und einen netten Shop in idyllischer Umgebung.

Osborne House

In der Reihe der zahlreichen üppigen Paläste, die im Besitz des britischen Königshauses sind, wirkt Osborne House sehr ungewöhnlich: Das Gebäude im Norden der Isle of Wight bei East Cowes wurde im Auftrag von Queen Victoria (1819–1901) im italienischen Landhausstil umgebaut. Statt der für ihre Zeit typischen Erker und Türmchen gibt sich Osborne House mediterran mit einem zentralen Turm, hellen Farben und einem weitläufigen Park. Victoria kaufte das Anwesen 1845 als Rückzugsort für sich und ihre Familie. Nach dem Tod ihres Mannes Prinz Albert (1819–1861) verfiel sie in lange Trauer und verbrachte weite Teile der folgenden Jahre auf dem Anwesen. Hier starb sie auch am 22. Januar 1901.

So charmant südlich das Gebäude von außen auch wirkt – innen ist mit Prunk nicht gegeizt worden: Die edlen Vertäfelungen, teuren Böden und fulminanten Möbelstücke können bei einem Besuch bestaunt werden. Nicht verpassen sollte man Swiss Cottage, ein Häuschen im Schweizer Stil etwas abseits im Park, in dem einst die Kinder der Königin spielten.

The Needles

Die drei aus dem Meer emporragenden Kreidefelsen im Westen der Isle of Wight sind Bestandteil einer Kalksteinader, die sich durch die Insel und die angrenzende englische Küstenlinie zieht. Man kann sie im Grunde wunderbar von mehreren Stellen der Küste sehen, doch es gibt auch einige Touristenattraktionen ganz in der Nähe. Der National Trust hat ein Fort aus viktorianischer Zeit übernommen (Old Battery), das 1862 erbaut wurde und in beiden Weltkriegen im Einsatz war. In unmittelbarer Nachbarschaft gibt es die New Battery, einen Militärstützpunkt aus der Zeit des Kalten Krieges. Damals wurde hier unter großer Geheimhaltung ein Raketenprogramm betrieben.

Direkt an den Needles-Steinformationen im Meer befindet sich ein eher schmuckloser Leuchtturm, der aber nicht besucht werden kann. Ein Stück entlang der Küste folgt ein Vergnügungspark, der vielleicht schon bessere Zeiten erlebt haben mag – dessen Sessellift entlang der Steilküste aber durchaus ein Erlebnis ist.

Carisbrooke Castle

Die Burganlage aus dem späten 11. Jahrhundert besteht aus einem Hauptgebäude und einigen Außenmauern. Sie wurde im Laufe der Jahrhunderte mehrfach erweitert. Bekannt ist Carisbrooke Castle vor allem als jener Ort, in dem König Karl I. (1600–1649) 1647 und 1648 inhaftiert war. Ein eigener Bereich des Burgmuseums ist daher ihm gewidmet. Bis heute gibt es in der Anlage Esel, die seit dem 16. Jahrhundert gehalten werden, um Wasser aus einem Brunnen zu ziehen. Wunderschön ist die Kapelle mit ihren reichhaltigen Steinmetzarbeiten sowie ihren aufwendigen Buntglasfenstern.

AUTORENTIPP!

ÖRTLICHE KÄSEPRODUKTION

Es ist einer der eher jüngeren Zugänge in der Reihe der britischen Lebensmittelhersteller, doch gerade dies scheint die Qualität auszumachen: Die Isle of Wight Cheese Company produziert auf der Insel eine kleine, aber feine Auswahl an Käsesorten, die fast überall hier in den Lebensmittelgeschäften erhältlich sind. Darunter sind ein Blauschimmelkäse (Isle of Wight Blue) und ein Weichkäse (Isle of Wight Soft). Julie und Richard Hodgson haben die Firma 2006 gegründet, anfangs ohne auch nur den Hauch einer Ahnung von der Käseherstellung. Doch die beiden knieten sich rein, zogen Experten hinzu – und schafften es schnell, sich auf der Insel einen Namen zu machen.

Isle of Wight Cheese Company. Büro: Alverstone Road, Sandown PO36 ONZ, Tel. 019 83/40 27 36, www.isleofwightcheese.co.uk

Infos und Adressen

SEHENSWÜRDIGKEITEN

Bus and Coach Museum. Ein Museum für öffentliche Verkehrsmittel vergangener Tage. Aug.–Okt. Do/So 10–16 Uhr sowie an ausgewählten Tagen im ganzen Jahr – Infos auf der Webseite. Eintritt 4 £, The Quay, Newport PO30 2EF, Tel. 019 83/53 33 52, www.iwbusmuseum.org.uk

Carisbrooke Castle. 800 Jahre alte Burg, in der einst König Karl I. inhaftiert war. April–Okt. tgl. 10–17 Uhr, Nov.–März. Sa/So 10–16 Uhr, Eintritt 8 £, Carisbrooke, Newport PO30 1XY, Tel. 019 83/52 21 07, www.english-heritage.org.uk/daysout/properties/carisbrooke-castle

Inselerkundung per Bahn: die Isle of Wight Steam Railway

Museum of Island History. Heimatmuseum. Di/Do 10.30–16 Uhr, Eintritt 2 £, Guildhall, High Street, Newport PO30 1TY, Tel. 019 83/82 34 33, www.iwight.com

Newport Roman Villa. Die Überreste einer römischen Villa aus dem der Zeit um 280. April–Okt. Mo–Sa 10.30–16 Uhr, Juli/Aug. auch Sa/So 12–16 Uhr, Eintritt 3 £, Cypress Road, Newport PO30 1HA, Tel. 019 83/52 97 20, www.english-heritage.org.uk/daysout/grant-aided-properties/newport-roman-villa-cypress-road-po30-1he/

Osborne House. Das langjährige Zuhause von Königin Victoria. April–Okt. tgl. 10–17 Uhr, Nov.–März. Sa/So 10–16 Uhr, Eintritt 13,90 £, York Avenue, East Cowes PO32 6JX, Tel. 019 83/20 00 22, www.english-heritage.org.uk/daysout/properties/osborne

Quarr Abbey. Klosteranlage aus dem 12. Jahrhundert. Touren immer am ersten Di des Monats (Juli/Aug. jeden Di), Beginn 11 Uhr am Bookshop; Teegarten: Mo–Sa 10.30–16.30 Uhr, So 11.15–16.30 Uhr, Quarr Road, Ryde PO33 4ES, Tel. 019 83/88 24 20, www.quarrabbey.co.uk

Rosemary Vineyard. Weingut bei Ryde. April–Okt. Mo–Sa 10–17.30 Uhr (Okt. bis 17 Uhr), So 10–16 Uhr, Nov.–März tgl. 10–16 Uhr (Jan./Feb. So geschlossen), Eintritt frei, Smallbrook Lane, Ryde PO33 4BE, Tel. 019 83/81 10 84, www.rosemaryvineyard.co.uk

The Needles Old Battery. Viktorianisches Fort von 1862 mit gutem Blick auf die Needle-Steinformation. März–Okt. tgl. 11–16 Uhr, Eintritt 5,30 £, West High Down, Alum Bay PO39 0JH, Tel. 019 83/75 47 72, www.nationaltrust.org.uk/needles-old-battery-and-new-battery

The Needles Park. Tgl. 10–16 Uhr (im Sommer an einzelnen Tagen länger), Eintritt frei, die Attraktionen kosten jedoch (Sessellift 4 £ hin und zurück). Alum Bay PO39 0JD, Tel. 08 71/720 00 22, www.theneedles.co.uk

ESSEN UND TRINKEN

Phileas Fogg's. Britische Küche mit internationalen Einflüssen – ganz so wie die namensgebende Romanfigur von Jules Verne. Di–Sa 18–22 Uhr, Do–Sa auch 12–14 Uhr, So 18–21 Uhr, 11 High Street, Ventnor PO38 1RZ, Tel. 019 83/85 55 00, www.phileasfoggsrestaurant.co.uk

Yarbridge Inn. Rustikaler Pub mit britischer Küche. Yarbridge, Sandown PO36 0AA, Tel. 019 83/40 55 85

ÜBERNACHTEN

Bourne Hall. Hotel in einem umgebauten Wohnhaus aus dem 19. Jahrhundert mit gemütlichen Zimmern und kleinem Außenpool. 11 Luccombe Road, Shanklin PO37 6RR, Tel. 019 83/86 28 20, www.bournehallhotel.co.uk

Carlton Hotel. Kleines gemütliches Hotel mit Seeblick. Eastcliff Promenade, Shanklin PO37 6AY, Tel. 019 83/86 25 17, www.carltonhoteliw.co.uk

Premier Inn. Modernes, gemütliches Kettenhotel in ruhiger Lage der Hauptstadt direkt am Fluss. Seaclose, Fairlee Road, Newport PO30 2DN, Tel. 08 71/527 85 56, www.premierinn.com/en/hotel/IOWMED/isle-of-wight-newport

EINKAUFEN

Farmers' Market. Bauernmarkt. Fr 9–14 Uhr, St. Thomas' Square, Newport; Sa 8.30–12.30 Uhr, Anglesea Street, Ryde

The Island Shop. Produkte von der Isle of Wight. Mo–Sa 9–17 Uhr, So 10–16 Uhr, Bullen Mead, Bullen Road, Ryde PO33 1QE, Tel. 019 83/56 49 49, www.madeonisleofwight.com

AKTIVITÄTEN

Isle of Wight Steam Railway. Schöne Dampfeisenbahnstrecke im Norden der Insel mit alten, viktorianischen Waggons. April–Okt. zu unterschiedlichen Zeiten, Tageskarte ab 12 £, The Railway Station, Station Road, Havenstreet PO33 4DS, Tel. 019 83/88 22 04, www.iwsteamrailway.co.uk

Isle of Wight Scooter Rallye. Einmal im Jahr wird die Insel von Motorrollern in Beschlag genommen – es ist das international größte Treffen seiner Art. August, Quay Road, Ryde PO33 2HH, Tel. 078 13/06 63 09, www.vfmscoot.co.uk

ANREISE

Hover Travel. Luftkissenboot (keine Autos!) zwischen Portsmouth-Southsea und Ryde. Fahrtzeit 10 Minuten, bis zu 35 Überfahrten pro Tag, Tel. 084 34/87 88 87, www.hovertravel.co.uk

Red Funnel. Autofähre zwischen Cowes und Southampton. Fahrtzeit 1 Stunde, bis zu 20 Überfahrten pro Tag, Tel. 08 45/155 24 42, www.redfunnel.co.uk

Wight Link. Autofähren von Lymington nach Yarmouth sowie von Portsmouth nach Fishbourne und Ryde. Fahrtzeit 20–45 Minuten, insgesamt bis zu 55 Überfahrten pro Tag, Tel. 033/39 99 73 33, www.wightlink.co.uk

INFORMATION

Tourist Information Point. Es gibt über die ganze Insel verteilt rund ein Dutzend solcher Infostellen. Erste Anlaufstelle ist meist: Kollective Gifts, Mo–Sa 9–17.30 Uhr, 10 Esplanade, Ryde PO33 2DY, Tel. 019 83/71 64 91, www.visitisleofwight.co.uk

Schlafen wie im 19. Jahrhundert: Bourne Hall

20 Portsmouth
Die Stadt der Marine

Der wichtigste Hafen der britischen Marine hat sich auch touristisch zu einem sehenswerten Ziel entwickelt. Am Ärmelkanal direkt an der Isle of Wight lohnen vor allem die Altstadt und das Hafenviertel Gunwharf Quays einen Besuch. Letzteres wurde komplett umgebaut in einen Vergnügungskomplex mit Bars, Restaurants, Hotels und einer sehr beliebten großen Outlet Mall. Portsmouth ist die Geburtsstadt von Charles Dickens.

Bei der Anreise nach Portsmouth (206 000 Einwohner) muss man sich möglichst schnell freimachen von den ersten Eindrücken der Schnellstraße und der Häuser zu beiden Seiten. Das Wahre und Sehenswerte dieser Stadt liegt am Wasser. Schon vor Jahrtausenden haben hier Menschen gelebt.

Als Geburtsstunde des heutigen Portsmouth gilt die Stadtgründung Ende des 12. Jahrhunderts. Als Heinrich VII. (1457–1509) die Stadt zum königli-

MAL EHRLICH

DER TOD DER INNENSTADT

Die Gunwharf Quays gelten als eines der erfolgreichsten städtebaulichen Projekte, was die Umgestaltung ungenutzter Hafenbereiche angeht. Leider hat der dadurch entstandene Einkaufs- und Vergnügungskomplex in bester Lage mehr oder weniger das Sterben der früheren Innenstadt Portsmouths besiegelt. Sie war nie besonders attraktiv, doch zieht es nun auch die letzten Passanten eher an den neugestalteten Hafen als in die alteingesessenen Geschäfte.

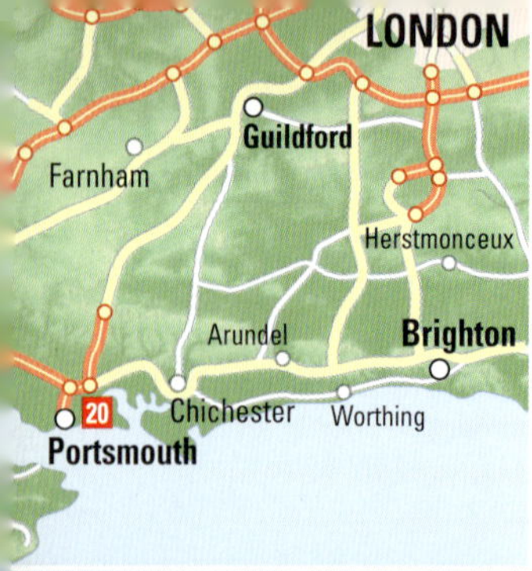

Mitte: Beliebtes Gebiet für Segler: der Solent vor Portsmouth
Unten: Wer ein bisschen sucht, findet schnell die historischen Ecken von Portsmouth wie den Pub The Ship Anson am Hafen.

chen Hafen machte, begann auch ihre Bedeutung für das Militär. Noch immer ist Portsmouth der wichtigste Stützpunkt der Royal Navy inklusive ihres Hauptquartiers. Diese Bedeutung hatte in der Vergangenheit auch ihre Schattenseiten: Deutsche Flugzeuge bombardierten das Areal während des Zweiten Weltkriegs mehrfach – was die Altstadt arg in Mitleidenschaft zog.

Wer sich einen Überblick über Portsmouth verschaffen möchte, kann auf den Portsdown Hill etwas außerhalb steigen. Den schönsten Blick hat man allerdings vom kleinen, alten Kern an der East und West Street nahe des Wassers, wo man sich um Jahrhunderte zurückversetzt fühlt.

Gunwharf Quays

Wie überall im Land stand Portsmouth Ende der 1990er-Jahre vor der Frage, was es mit seinen für heutige Zeiten völlig überdimensionierten Hafenanlagen anstellen sollte. Man entschied sich für einen radikalen Schritt: Aus den Anfang des 18. Jahrhunderts entstandenen Gunwharf Quays wurde ein riesiges Vergnügungsviertel. Alte Hafengebäude baute man zu Restaurants um, daneben setzten Investoren ein großes Einkaufszentrum mit rund 90 Fabrikverkaufsläden. Wohnungen und ein Hotel ergänzten die Maßnahmen, sodass in dem neuen Viertel tatsächlich etwas geschaffen wurde, von dem Städteplaner immer träumen: An den Gunwharf Quays ist rund um die Uhr etwas los. Zentraler Punkt ist der 170 Meter hohe Spinnaker Tower direkt am Wasser, von dem sich ein imposanter Blick über die Küste bietet.

Royal Submarine Museum

Die Vergangenheit Portsmouths als Marinestützpunkt spiegelt das Royal Submarine Museum

AUTORENTIPP!

GEBURTSORT DES SURFSPORTS

Manche sehen diese Insel östlich von Portsmouth als Geburtsort des Surfsports an – auch wenn es freilich noch viele weitere Stellen auf der Welt gibt, von denen dies behauptet wird. Fest steht: Hayling ist eines der wichtigsten Zentren Englands für Surfen und Segeln. Die etwa 30 Quadratkilometer große Insel fügt sich so sehr in die Küstenlandschaft ein, dass man sie für Festland halten könnte. Doch Hayling ist über eine Brücke zugänglich und kann sich tatsächlich als echtes Eiland preisen. Am südlichen Ende eignet sich das Meer besonders gut zum Surfen. Hier verkehrt an der Küstenlinie auch die Hayling Seaside Railway, eine Schmalspurbahn, die knapp zwei Kilometer an der Promenade entlang pendelt. Besucher kommen aber vor allem für eines: für Ruhe und Entspannung.

Hayling Island. A27 bei Havant, www.hayling.co.uk

Die Stadt der Seefahrt – selbst auf den Graffitis der Häuser

Die historischen Hinterlassenschaften sind es, die den Reiz von Portsmouth ausmachen – etwa die alte Befestigungsmauer vor der Broad Street (**oben**), die Chamber Docks im alten Kern (**Mitte**) oder die Ruine der Royal Garrison Church (**unten**).

wohl am besten wider. Insgesamt fünf U-Boote sind hier auf der Westseite des Hafens ausgestellt. Im Sommer verbindet eine Fähre das Museum mit den Gunwharf Quays und dem alten Hafen von Portsmouth. Andenken, Fotos und andere Dokumente berichten vom Alltag der Soldaten weit unterhalb der Wasseroberfläche.

Mary Rose Museum

Das relativ neue Museum widmet sich dem Kriegsschiff Mary Rose. Es wurde zwischen 1509 und 1511 in Portsmouth gebaut, sank jedoch 1545 bei einer Schlacht gegen die Franzosen vor der britischen Küste. Kern des Museums sind große Teile des Wracks, die in den 1980er-Jahren aufwendig geborgen wurden. Wobei größtenteils Rekonstruktionen zu sehen sind, außerdem zahlreiche Funde aus dem Wrack.

Historic Dockyard

Neben dem Museum ist auch der Rest des historischen Hafens sehenswert. Vor Anker liegt unter anderem die HMS Victory, eines der berühmtesten Kriegsschiffe der britischen Marine. Es war an der Schlacht von Trafalgar beteiligt. Besucher können es besichtigen und dort jene Kabine sehen, in der die Vorgehensweise für Trafalgar geplant wurde, außerdem jenen Punkt, an dem Admiral Nelson (1758–1805) starb. Die HMS Warrior war der Stolz von Queen Victorias Flotte. Das dampfgetriebene Schiff liegt ebenfalls als Museumsschiff vor Anker und gibt einen guten Einblick in die Seefahrt des 19. Jahrhunderts.

National Museum Royal Navy

Wer mehr über die Vergangenheit der Stadt als Zentrum der Seefahrt erfahren möchte, kann dies

Durchs historische Portsmouth

A Dicken's Birthplace – Schriftsteller Charles Dickens wurde in diesem Haus seiner Eltern geboren. Es kann heute besichtigt werden und ist in einigen Räumen im Stil der Zeit eingerichtet, in der Dickens aufgewachsen ist.

Blick aus den Befestigungsanlagen am Wasser

B Historic Dockyard – Der historische Hafenbereich war immer eng mit der britischen Marine verbunden. Heute haben hier einige Sehenswürdigkeiten geöffnet.

C Mary Rose Museum – Einer der jüngsten Neuzugänge Portsmouths ist dieses Museum. Es birgt das Wrack des alten Segelkriegsschiffs Mary Rose, das vor der Küste Portsmouth untergegangen war.

D HMS Victory – Eines der berühmtesten Kriegsschiffe Großbritanniens liegt hier vor Anker. Die HMS Victory war an der Schlacht von Trafalgar beteiligt. Admiral Nelson starb hier.

E Gunwharf Quays – Einst ein florierender Hafen, lag dieses Gelände lange Zeit brach. Seit der Jahrtausendwende ist es zu einem Vergnügungsviertel mit großer Outlet Mall und zahlreichen Restaurants geworden.

F Spinnaker Tower – Von diesem weißen, einem Segel nachempfundenen Aussichtsturm hat man einen guten Blick über die Stadt und die Küste. Wer mutig ist, kann auch über den Glasboden gehen, der den Blick 170 Meter nach unten auf den Eingangsbereich ermöglicht.

G Hafenviertel – Halb Portsmouth war einst Hafen, doch dieser Bereich versprüht noch heute die Atmosphäre, die hier einst geherrscht haben muss. Von der Terrasse des Still & West Pubs hat man zudem einen grandiosen Blick aufs Wasser.

H D-Day Museum – Portsmouth spielte 1944 eine entscheidende Rolle bei der Landung der alliierten Truppen in der Normandie. Von seinem Hafen starteten die meisten Schiffe zum D-Day. Dieses Museum blickt zurück auf die Ereignisse von damals.

I Southsea Castle – Ein altes Fort aus dem 16. Jahrhundert, das angesichts der zahlreichen Attraktionen im alten Hafen von Portsmouth oft in Vergessenheit gerät.

AUTORENTIPP!

GÜNSTIG UND RAFFINIERT
Gute Restaurants sind gemeinhin teuer – doch das Chimes bietet gute Küche zu vergleichsweise günstigen Preisen. Grund sind die Köche: Das Chimes ist das Ausbildungsrestaurant des Highbury Colleges in Portsmouth – fast alle Angestellten befinden sich noch in der Ausbildung. Was der Qualität der Küche aber keinen Abbruch tut. Auf der Karte stehen zwar wenige, aber dafür recht ausgefeilte Speisen – etwa Hühnchen mit Thai-Dessing, eine vegetarische Casserole oder Steaks. Mittags gibt es ein Drei-Gänge-Menü schon für rund 10 Pfund. Und dies in absolut entspannter Atmosphäre fern jeglichen Mensa-Flairs. Das Chimes ist ein gemütliches, äußerlich ganz normales modernes Restaurant.

Chimes. Mo–Fr 12–13.15 Uhr, Do/Fr auch 18–19.15 Uhr. 36 Copnor Road, Portsmouth PO3 5AH, Tel. 023 92/67 17 52, www.highbury.ac.uk/chimes

Geburtsort eines Schriftstellers: das Haus von Dickens' Eltern

im National Museum Royal Navy. In drei Ausstellungen dreht sich alles um die Geschichte vor allem der britischen Marine, mit Schwerpunkten auf der Schlacht von Trafalgar und dem ewigen Helden der Navy, Admiral Nelson. In Southsea, dem östlichen Bereich der Küste von Portsmouth, gibt es mit dem Royal Marines Museum ein weiteres Museum zu dem Thema.

D-Day Museum

In gewisser Weise begann in Portsmouth 1944 die Befreiung Europas. Aus der Hafenstadt starteten am D-Day die meisten Schiffe zur Landung in der Normandie. Das D-Day Museum an der Clarence Esplanade blickt auf dieses Ereignis zurück, zum einen mit Ausstellungsstücken aus dem Zweiten Weltkrieg, aber auch mit Bildern und einem informativen Film. Bis 2019 soll es komplett modernisiert werden und ist deswegen 2016 für voraussichtlich einige Monate nicht geöffnet. Die Wiedereröffnung ist für Anfang 2017 geplant. Ganz in der Nähe am Wasser befindet sich mit Southsea Castle ein altes Fort aus dem 16. Jahrhundert.

Charles Dickens' Birthplace

Er zählt zu den Großen der britischen Literatur – und er wurde in Portsmouth geboren: Charles Dickens (1812–1870) wird in Großbritannien verehrt wie nur wenige. Sein Geburtshaus in der Old Commercial Road kann besichtigt werden. Das alte Gebäude im Regency-Stil ist wieder in etwa so hergerichtet worden, wie es zu Dickens Lebzeiten ausgesehen haben muss, inklusive entsprechender Einrichtungsgegenstände. Zu sehen ist auch das Sofa, auf dem Dickens in seinem Haus in Kent starb. Regelmäßige Lesungen erinnern an das große Erbe des Dichters.

Infos und Adressen

SEHENSWÜRDIGKEITEN

Mary Rose. Museum rund um das gleichnamige Segelschiff. April–Okt. tgl. 10–17.30 Uhr, Nov.–März tgl. 10–17 Uhr, Eintritt 28 £ (online günstiger!), Portsmouth Historic Dockyard, Victory Gate, HM Naval Base, Portsmouth PO1 3LJ, Tel. 023 92/98 48 63, www.maryrose.org

Royal Navy Submarine Museum. U-Boot-Museum. Apr.–Okt. tgl. 10–17.30 Uhr, Nov.–März Mi–So 10–16.30 Uhr, Eintritt 14 £, Haslar Jetty Road, Gosport PO12 2AS, Tel. 023 92/51 03 54, www.submarine-museum.co.uk

Spinnaker Tower. Aussichtsturm am Hafen. Tgl. 10–17.30 Uhr, im Sommer 9–18 Uhr, Eintritt 8,95 £ (online günstiger!), Gunwharf Quays, Portsmouth PO1 3TT, Tel. 023 92/85 75 20, www.spinnakertower.co.uk

Vom Spinnaker Tower hat man eine schöne Aussicht über den Hafen.

Am Hafenviertel Gunwharf Quays

ESSEN UND TRINKEN

Abarbistro. Frische anglo-italienische Küche mit Pasta, Fisch und Wein. Tgl. 11–23 Uhr (So ab 12 Uhr), 58 White Hart Road, Portsmouth PO1 2JA, Tel. 023 92/81 15 85, www.abarbistro.co.uk

Montparnasse. Britische Küche, mehrere Zwei- und Drei-Gänge-Menüs. Di–Sa 12–13.30 und 19–21.30 Uhr, 103 Palmerston Road, Southsea, Portsmouth PO5 3PS, Tel. 023 92/81 67 54, www.bistromontparnasse.com

ÜBERNACHTEN

Holiday Inn Express. Kettenhotel, aber direkt an den Gunwharf Quays gelegen. Plaza Gunwharf Quays, Portsmouth PO1 3FD, Tel. 023 92/89 42 40, www.holidayinn-express-portsmouth.co.uk

The Clarance Hotel. Altes Hotel, das im Boutiquestil umgebaut wurde. Clarence Road, Portsmouth PO5 2LQ, Tel. 023 92/87 63 48, www.theclarencehotel.co.uk

INFORMATION

Tourist Information Centre. Tgl. 10–17 Uhr, Clarence Esplanade, D-Day Museum, Southsea, Portsmouth PO5 3NT, Tel. 023 92/82 67 22, www.visitportsmouth.co.uk

Mitte: Einstiges Stadttor von Southampton: das Bargate aus dem 12. Jahrhundert
Unten: Schön für Spaziergänge – die Küstenlinie mit Blick auf den Hafen

21 Southampton
Startpunkt der Titanic

Die Hafenstadt am Ärmelkanal ist seit jeher ein beliebter Ausgangspunkt der Passagierschifffahrt gewesen. Kein Wunder also, dass auch das wohl berühmteste Passagierschiff der Welt 1912 auf ihrer ersten und letzten Reise hier ablegte: die Titanic. Seitdem hat sich viel getan – nicht alles war zum Guten für die Stadt. Lange hat man sich städtebaulich und wirtschaftlich auf den Hafen konzentriert und dabei die Innenstadt vernachlässigt. Inzwischen versuchen die Verantwortlichen nachzubessern.

Rund vier Millionen Besucher begrüßt Southampton (240 000 Einwohner) Jahr für Jahr allein wegen der Kreuzfahrtschiffe in seinem Hafen. Die Stadt gilt als einer der wichtigsten Ankerpunkte Europas für Vergnügungsreisen – was angesichts der Titanic ein bisschen skurril wirkt, möchten viele ihre Reise über den Atlantik doch eigentlich gerade nicht in demselben Hafen beginnen, in dem auch das Unglücksschiff abgelegt hatte. Doch Southampton lebt inzwischen ganz gut vom

MAL EHRLICH

HAFEN, NICHT INNENSTADT

Southampton teilt das Leid vieler britischer Hafenstädte: Weil nach dem Krieg eher pragmatische Ansichten über den Wiederaufbau zerstörter Städte bestanden, hat sich die Innenstadt nicht gerade zu ihrem Vorteil entwickelt. Die Stadt hat interessantere Gegenden, etwa den Hafenbereich. Aber am besten plant man einen ausgedehnten Einkaufsbummel gleich für schönere Orte Südenglands ein.

Mythos Titanic. Entdeckt hatte man ihn, lange bevor das nordirische Belfast auf den Zug aufsprang – denn dort war das Kreuzfahrtschiff ursprünglich gebaut worden. So erinnern längst zahlreiche Denkmäler und Ausstellungen in Southampton an die Titanic. Mehrere Führungen hangeln sich an diesem Thema entlang. Das könnte auch daran liegen, dass die Stadt im Zweiten Weltkrieg arg in Mitleidenschaft gezogen wurde und somit nur noch vereinzelt über historische Bausubstanz verfügt.

Bargate

Ein sehenswertes Relikt vergangener Tage ist das Bargate am Rande der High Street. Das mittelalterliche Stadttor wurde um 1180 erbaut und entwickelte sich schnell zum Haupteingangspunkt von Southampton – aus einem ganz einfachen Grund: Die meisten Besucher reisten von Norden her an, da im Süden das Wasser lag. Eine Statue König Georgs III. (1738–1820, in römischer Kleidung) ziert das Tor. Ursprünglich grenzte es an Geschäftshäuser, inzwischen aber steht das Bargate frei.

Tudor House and Garden

Das hübsche Fachwerkhaus aus dem 13. Jahrhundert befindet sich im alten Teil der Stadt, in dem es noch mehrere ähnliche Gebäude gibt. Dieses kann besichtigt werden, es ist bereits seit 1912 ein Museum. Ausgestellt sind unter anderem ein Hochrad aus dem späten 19. Jahrhundert und einige Seiten des *Book of Hours*, einem Gebetbuch aus dem 15. Jahrhundert. Am Ende ist es das Haus selbst, das einen Besuch lohnt. Man sollte aber nicht versäumen, auch den Rest des Viertels anzusehen. Zwischen georgianischer Architektur und Häusern, die nach dem Krieg gebaut wurden, gibt

AUTORENTIPP!

NÄCHTIGEN IM HERRENHAUS

Schlafen wie ein Gutsherr: New Place ist ein Hotel in einem alten Herrenhaus inmitten eines großen Parks nordöstlich von Southampton. Seine Einrichtung ist eine Mischung aus Boutique- und Businessstyle, auch bietet es alle möglichen Annehmlichkeiten wie einen Pool, einen Fitnessraum und Konferenzmöglichkeiten. Vor allem aber ist die ländliche Umgebung erholsam für alle, die keinen allzu großen Wert auf eine Übernachtung im turbulenten Stadtzentrum legen. Denn bis nach Southampton sind es einige Kilometer, und ein Auto ist wegen schlechter Anbindung zwingend notwendig.

De Vere Venues New Place. Shirrell Heath, Southampton SO32 2JH, Tel. 08 44/980 23 15, www.devere venues.co.uk/en/venues/new-place

Jahrhundertealt und eindrucksvoll: das Tudor House Museum

Oben: Titanic Engineers' Officers Memorial: An vielen Stellen wird an die Titanic erinnert.
Mitte: Häufiger Gast in Southampton: der Luxusliner Queen Mary II
Unten: Jachten statt Dampfer: die Ocean Village von Southampton

es noch eine ganze Reihe schöner Gebäude. Ganz in der Nähe beispielsweise, ein Stück Richtung Hafen und dann rechts in die Westgate Street, befindet sich mit dem Westgate ein weiteres Stadttor. Unmittelbar daneben steht ein weiterer Fachwerkbau, die Westgate Hall. Sie ist jedoch nur im Rahmen von Feiern zugänglich.

Titanic

Unter den zahlreichen Denkmälern und Gedenktafeln, die an den Untergang der Titanic erinnern, ist das Titanic Engineers' Officers Memorial eines der sehenswertesten. Es steht im East Park im Norden der Innenstadt und ist den Maschinisten und Ingenieuren des Schiffs gewidmet. Das überwiegend in Granit gehaltene Denkmal ist gekrönt von einer Bronzestatue der griechischen Siegesgöttin Nike. Fast gegenüber gibt es ein deutlich kleineres Denkmal für die Musiker, die mit der Titanic untergegangen sind.

SeaCity Museum

Dieses neue Museum wurde zum 100. Jahrestag der Abreise der Titanic eröffnet. Doch es zeigt weit mehr als eine kleine Ausstellung zu einem Schiffsunglück, vielmehr ist die ganze, mehr als 1000 Jahre alte Seefahrtsgeschichte der Stadt aufgearbeitet. Im Zentrum steht gleichwohl ein interaktives Modell des vermeintlich unsinkbaren Schiffes im Maßstab 1:25, das Einblick in den Alltag an Bord gibt. Besonders ist das Museum auch architektonisch: Es vereint ein altes Gerichtsgebäude samt Uhrturm mit einem modernen Anbau.

Hafen

Mehr als 450 Kreuzfahrtschiffe laufen in jedem Jahr Southampton an. Das macht die Stadt zu ei-

Titanic-Spaziergang

Auch wenn die Titanic in Belfast gebaut wurde – Southampton als Startpunkt der ersten und einzigen Reise bleibt eng verwoben mit dem Kreuzfahrtschiff. Ein Spaziergang auf den Spuren der Titanic:

Ⓐ **Titanic Musician's Memorial** – Eines von mehreren Denkmälern für die Titanic, in diesem Fall für die Musiker, die bei dem Unglück starben. Es befindet sich am Cumberland Place, nahe der London Road.

Ⓑ **Titanic Engineer's Memorial** – Im East Park steht ein Denkmal, das an die verunglückten Ingenieure und Maschinisten erinnern soll, allen voran Thomas Andrews, Chefdesigner der Reederei Harland & Wolff und damit Schöpfer der Titanic.

Ⓒ **SeaCity Museum** – Ein Museum, das sich ganz der Seefahrt und dem Hafen von Southampton widmet. In einem Teil der Ausstellung geht es auch um die Titanic.

Ⓓ **Titanic Postal Workers' Memorial** – In der ersten Etage des Civic Centre erinnert eine Gedenktafel an Postangestellte, die beim Untergang der Titanic verunglückten. Sie besteht aus dem Material einer Schiffsschraube.

Ⓔ **Titanic Cres Memorial** – Am Eingang der Holy Rood Church ist ein Denkmal für die Besatzung der Titanic errichtet worden.

Ⓕ **Seemannsunterkunft** – Das Zentrum der Heilsarmee war ursprünglich eine Übergangsunterkunft für Seeleute, die in Southampton auf eine Reise warteten. Auch Teile der Besatzung der Titanic übernachteten hier vor der Abfahrt.

Ⓖ **The Grapes Public House** – Der Pub war früher vor allem bei Seeleuten beliebt. Als die Titanic ablegte, hatten hier einige Crewmitglieder zu tief in die Gläser geschaut – sie kamen zu spät und konnten nicht mehr mitfahren. Das machte sie zu Berühmtheiten, schließlich überlebten sie durch diesen Zufall.

Ⓗ **South Western House** – Das Gebäude war 1912 ein erstklassiges Hotel. Im South Western House verbrachten gut betuchte Passagiere wie Konstrukteur Thomas Andrews ihre letzte Nacht vor der Abreise.

Ⓘ **Canute Chambers** – Dieses Gebäude in der Canute Road war 1912 das Hauptquartier der White Star Line, der Schiffslinie der Titanic. Hier wurden die Namen der Überlebenden bekanntgegeben.

Ⓙ **Ocean Dock** – An dem Dock legte die Titanic am 10. April 1912 ab. Eine Gedenktafel am Tor zu Dock 4 erinnert an das Unglück, bei dem fast 1500 Menschen ums Leben kamen.

AUTORENTIPP!

WO ADMIRAL NELSON SEINE SCHIFFE BAUTE

Die kleine Siedlung Buckler's Hard am Rande des Beaulieu River war während des 18. Jahrhunderts ein Zentrum des Schiffbaus. Teile der Flotte Admiral Nelsons (1758–1805) wurden hier gefertigt. Heute ist Buckler's Hard ein Museumsdorf, bestehend aus ein paar Dutzend Häusern im georgianischen Stil. Das Maritime Museum gibt Auskunft über die Vergangenheit des Orts mit Verbindungen in die britische Seefahrtsgeschichte. Es gibt eine kleine Kapelle, ein Café sowie ein Cottage, das wie vor 250 Jahren hergerichtet ist. Wer länger bleiben möchte, kann im Master Builder's Hotel einchecken, das am Rande des Dorfs in einem alten Gebäudekomplex untergebracht ist – geschmackvoll eingerichtet und mit einem guten Restaurant ergänzt.

Buckler's Hard. Okt.–März tgl. 10–16.30, April–Sept. tgl. 10–17.30 Uhr, Eintritt 6,20 £, Beaulieu S042 7XB, Tel. 015 90/61 62 03, www.bucklershard.co.uk

Beliebtes Ausflugsziel: Hamble-le-Rice

nem der beliebtesten Ziele Europas für Kreuzfahrer. Dazu hat die internationale Reederei Cunard Line hier einen ihrer beiden Sitze (der zweite ist in den USA). Cunard ist durch ihre Schiffe Queen Mary 2 und Queen Elizabeth international bekannt. Der Kreuzfahrtboom begann 1840, als das erste Passagierschiff von P&O in den Hafen einlief. Inzwischen gibt es vier Terminals nur für Kreuzfahrer. Auch was den Güterverkehr – vor allem mit Öl – angeht, ist Southampton in Großbritannien einer der wichtigsten Häfen.

Solent Sky Museum

Southampton ist die Heimat des Spitfire-Flugzeugs, das hier während des Zweiten Weltkriegs in großer Zahl gebaut wurde. Auf dem Flugfeld von Eastleigh, das zum Flughafen von Southampton gehört, hob die Maschine zum ersten Mal ab. Diesem und anderen Flugzeugen widmet sich das Solent Sky Museum. Zur Sammlung gehören 18 echte Maschinen, auch wird an Reginald Joseph Mitchell (1895–1937) erinnert, den Konstrukteur der Spitfire und der Schneider Trophy S6B.

Hamble-le-Rice

Der kleine Ort an der Mündung des Hamble River bei Southampton ist bekannt als idyllischer Jachthafen. Kleine Häuser aus unterschiedlichen Epochen reihen sich hier aneinander, vom Hafen aus hat man einen entspannten Blick auf Fluss und Meer. Jedes Jahr in der ersten Juliwoche findet eine Regattawoche statt, zu der etliche Besucher strömen. Das ganze Jahr über gibt es einen Fährservice auf die andere Seite des Hamble nach Warsash, außerdem werden Bootstrips angeboten. Hamble-le-Rice war während des Zweiten Weltkriegs ein großes Trainingszentrum der britischen Luftwaffe.

Infos und Adressen

SEHENSWÜRDIGKEITEN

SeaCity Museum. Modernes Seefahrtsmuseum mit Titanic-Schwerpunkt. Tgl. 10–17 Uhr, Eintritt 8,50 £, Havelock Road, Southampton SO14 7FY, Tel. 023 80/83 30 07, www.seacitymuseum.co.uk

Solent Sky Museum. Flugzeugmuseum außerhalb der Innenstadt. Di–Sa 10–17 Uhr, So 12–17 Uhr, Eintritt 6,50 £, Albert Road South, Southampton SO14 3FR, Tel. 023 80/63 58 30, www.solentskymuseum.org

Tudor House and Garden. 800 Jahre altes Fachwerkhaus. Di–Fr 10–15 Uhr, Sa/So 10–17 Uhr, Eintritt 4,75 £, Bugle Street, Southampton SO14 2AD, Tel. 023 80/83 42 42, www.tudorhouseandgarden.com

ESSEN UND TRINKEN

La Baronia. Mexikanisches Restaurant. Tgl. 11–23 Uhr, 29–31 Portswood Road, Southampton SO17 2ET, Tel. 023 80/67 74 44, labaroniarestaurant.co.uk

The Red Lion. Urige Kneipe in der Innenstadt. Tgl. 11–23 Uhr, 55 High Street, Southampton SO14 2NS, Tel. 023 80/33 35 95

ÜBERNACHTEN

Hilton Southampton. Komfortables Hotel etwas außerhalb. Bracken Place, Chilworth, Southampton SO16 3NG, Tel. 023 80/70 27 00, www.hilton.com

Holiday Inn. Modernes Hotel am Hafen. Herbert Walker Avenue, Southampton SO15 1HJ, Tel. 08 71/942 90 94, www.hisouthamptonhotel.co.uk

EINKAUFEN

West Quay. Großes Einkaufszentrum in der Innenstadt. Mo–Fr 9–20 Uhr, Sa 9–19 Uhr, So 11–17 Uhr, Castle Way, Southampton SO15 1QF, Tel. 023 80/33 68 28, www.west-quay.co.uk

INFORMATION

Tourist Information Point. Tgl. 10–17 Uhr, SeaCity Museum, Havelock Road, Southampton SO14 7LT, www.discoversouthampton.co.uk

Seefahrt modern aufbereitet: das SeaCity Museum

Mitte: Beeindruckend: die Kathedrale von Winchester
Unten: Entlang des River Itchen kann man wunderbar spazieren gehen.

22 Winchester
Die einstige Hauptstadt

Die Stadt am südlichen Ende der South Downs hatte in der britischen Geschichte weit größere Bedeutung als ihr heute anzusehen wäre: Nachdem sie bereits Hauptstadt des Königreichs Wessex war, wurde Winchester während des 10. und frühen 11. Jahrhunderts sogar Hauptstadt des neu geschaffenen Königreichs England. Erst die Normannen machten 1066 London zum Zentrum. Winchester tat dies im Nachhinein gut: Geblieben ist eine sympathische Kleinstadt mit einer beeindruckenden Kathedrale.

Diese Stadt atmet Geschichte: Winchester (40 000 Einwohner) verfügt über eine reichhaltige Bausubstanz vergangener Zeiten. Rund um die Kathedrale sind zahlreiche alte Gebäude erhalten geblieben, andere zumindest noch als Ruinen erkennbar. Wenngleich auch Winchester nicht von der einen oder anderen Bausünde des 20. Jahrhunderts verschont geblieben ist, hat man sich doch meist bemüht, auch neue Häuser weitgehend an die bestehende Substanz anzugleichen.

Vor allem der Bereich nördlich der Kathedrale ist von Geschäften geprägt und bietet alles, was das Einkaufen angenehm gestalten kann – inklusive zahlreicher Cafés und Restaurants. Früher oder später begegnen Besucher König Alfred dem Großen (848/849–899). Er regierte Wessex von Winchester aus von 871 an bis zu seinem Tod und baute hier sowie in mehreren anderen Orten umfangreiche Verteidigungsanlagen. Alfred schlug die Wikinger zumindest teilweise zurück und legte den Grundstein für ein englisches Königreich.

Grund genug für Winchester, an ihn gebührend zu erinnern. Neben einer Statue am Broadway gibt es auch spezielle King-Alfred-Touren durch die Stadt.

Kathedrale

Die zweitlängste Kathedrale Europas rückt durch die Attraktivität ihrer Schwestern in Städten wie Canterbury oder Salisbury mitunter etwas in den Hintergrund – doch sie ist kaum minder reizvoll. Der Bau wurde von 1079 an errichtet und wie bei so vielen Kirchbauten mehrfach verändert. Das führt zu einem Mischmasch an Architekturstilen überwiegend aus dem 11. und 16. Jahrhundert.

Das Gewölbe des Kirchenschiffs ist nicht nur durch seien gotischen Stil beeindruckend, sondern vor allem durch seine Länge. Der Altar mit seinen aufwendigen Verzierungen stellt ein Meisterwerk der Kunst des 15. Jahrhunderts dar. Gleiches gilt für den Chorbereich mit den detaillierten Holzschnitzarbeiten. Eine Besonderheit sind auch die Kirchglocken – insgesamt 16 hängen hier am Sitz des Bischofs von Winchester, die schwerste von ihnen wiegt gut 1,8 Tonnen, die älteste stammt aus dem Jahr 1621.

Die Kathedrale von Winchester hatte einen Vorgängerbau. Bereits Mitte des 7. Jahrhunderts wurde die Kirche Old Minster an dieser Stelle errichtet. Ihre Umrisse sind mit rotem Stein nördlich der heutigen Kathedrale markiert. Old Minster wurde zur Kathedrale umfunktioniert, als die Stadt zum Bischofssitz wurde. Mehrere Könige von Wessex liegen deswegen in der Kathedrale begraben, unter anderem König Knut (995–1035), der im frühen 11. Jahrhundert nicht nur über England, sondern auch über Dänemark herrschte. Im 10. Jahrhundert erweiterte man die alte Kathedra-

AUTORENTIPP!

WO KÖNIGE NÄCHTIGTEN
Das pittoreske Anwesen außerhalb von Winchester wurde erstmals im 10. Jahrhundert erwähnt und gehörte ursprünglich zur Kathedrale von Winchester. Im Zuge der Enteignung kirchlichen Eigentums schenkte Heinrich VIII. den Grund Edmund Clerke, der eine Orangerie erbaute. Im 17. Jahrhundert wurde der ganze Komplex umgebaut. Oft und gern war Avington Ziel von Königen und anderer Prominenz. So soll Karl II. hier mehrfach übernachtet haben, ebenso Georg IV. Das inzwischen im georgianischen Stil umgebaute Gebäude ist in Privatbesitz, kann jedoch während der Sommermonate besichtigt werden. Es ist nicht nur ein beliebtes Ziel für Hochzeitsfeiern geworden, sondern immer wieder auch Kulisse für Film- und Fernsehaufnahmen.

Avington Park. Mai–Sept. So 14.30–17 Uhr, Eintritt 6 £, Avington, Winchester SO21 1DB, Tel. 019 62/77 92 02, www.avingtonpark.co.uk

Vor allem von innen sehenswert: die Kathedrale von Winchester

AUTORENTIPP!

DIE AUTOS VON JAMES BOND
Inmitten des Parks von Beaulieu zeigt das National Motor Museum eine Sammlung von rund 250 seltenen Autos und Motorrädern. Der Schwerpunkt liegt auf britischen Modellen sowie auf der Automobilgeschichte des Landes ganz allgemein. Zu sehen ist auch eine kleine Sammlung von Fahrzeugen aus den James-Bond-Filmen. Dazu gibt es im Park eine Monorail-Bahn, eine Hochbahn. Edward Douglas Scott Montagu gründete das Museum im Jahr 1952 in Erinnerung an seinen Vater John, einem der Motorsportpioniere Englands. Er soll der erste Abgeordnete gewesen sein, der mit einem Auto zum Parlament von Westminster fuhr.

Beaulieu – National Motor Museum. Tgl. 10–17 Uhr (im Sommer bis 18 Uhr), Eintritt 21 £, John Montagu Building, Beaulieu, Brockenhurst SO42 7ZN, Tel. 015 90/61 23 45, www.beaulieu.co.uk/attractions/national-motor-museum

le noch einmal, bevor sie im 11. dem heutigen Nachfolgebau weichen musste. Ihre Steine nutzte man zum Teil für die neue Kathedrale.

Wolvesey Castle

Neben der Kathedrale befinden sich mit Wolvesey Castle die Ruinen des früheren Bischofssitzes. Sie stammen überwiegend aus dem 12. Jahrhundert. Immer wieder kamen Könige in das Schloss, zuletzt nahmen Queen Mary (1516–1558) und Philip von Spanien (1527–1598) hier im Jahr 1554 ihr Hochzeitsfrühstück ein. Auch die Ruinen lassen noch das Ausmaß des Gebäudes erahnen, das streng genommen kein Schloss, sondern ein Palast war. Teilweise stehen die Mauern noch mehrere Stockwerke hoch. Das unmittelbar angrenzende Barockhaus aus dem Ende des 17. Jahrhunderts ist seitdem als Ersatz für Wolvesey Castle das noble Wohnhaus des Bischofs.

Winchester College

Mit dem Winchester College befindet sich eine der renommiertesten Schulen der Welt in der Stadt. Gegründet im Jahr 1382 durch den damaligen Bischof sollte das College eigentlich dazu dienen, Kindern armer Menschen eine Ausbildung zu ermöglichen. Heute zählt die Schule mit Gebühren von rund 30 000 Pfund jährlich zu den teuersten des Landes. Mehr als 80 Lehrer unterrichten knapp 700 Schüler (traditionell nur Jungen).

Winchester College stand gemeinsam mit dem New College in Oxford Pate für andere bekannte Schulen in Eton und Cambridge. Es verfügt über mehrere Dutzend Gebäude, neun davon genießen die höchste Stufe des Denkmalschutzes. Und obwohl fast das ganze College vom Kern her mittelalterlich wirkt, stammen diese Gebäude aus insge-

samt sechs Jahrhunderten. Zu besuchen sind unter anderem die gotische Kapelle aus dem 14. Jahrhundert, ein alter Speisesaal sowie ein Klassenzimmer aus dem 17. Jahrhundert.

The Great Hall

Der mittelalterliche Steinbau war ursprünglich Teil des Schlosses von Winchester und beinhaltet ein Geschichtsmuseum – im Grunde aber ist er selbst Geschichte pur, auch wenn vom ursprünglichen Ensemble nur noch die große Halle steht. Heinrich III. (1207–1272), der in dem Schloss auch geboren wurde, ließ sie Mitte des 13. Jahrhunderts anfügen.

Die mit aufwendigen Säulen stabilisierte Halle ist geprägt vom Holzgebälk unter dem Dach sowie dem Round Table, der an einem Ende des Raums an der Wand hängt. Die runde Holzplatte ist reich verziert – zu sehen sind König Artus und die Namen seiner Ritter sowie im Zentrum eine Tudor-Rose. Der Round Table stammt aller Wahrscheinlichkeit nach vom Ende des 13. Jahrhunderts, seine Bemalung allerdings soll erst auf Geheiß Heinrichs VIII. (1491–1547) erfolgt sein. Ursprüng-

Oben: Eine der renommiertesten Schulen der Welt – das Winchester College
Unten: Wolvesey Castle neben der Kathedrale von Winchester war früher Bischofssitz.

lich handelte es sich um einen ganz normalen Eichenholztisch mit zwölf Beinen und einem Durchmesser von 5,50 Metern. Hinter dem Souvenirshop ist in einer Ausstellung die Geschichte von Winchester Castle und der Great Hall aufbereitet.

City Mill

Die alte Wassermühle von Winchester wird auch heute noch von der natürlichen Kraft des Itchen-Flusses angetrieben. Erbaut im Jahr 1743 auf dem Gelände einer früheren mittelalterlichen Mühle blieb die Anlage bis ins frühe 20. Jahrhundert in Betrieb. Nach umfangreichen Restaurierungsarbeiten ist sie seit 2004 wieder in der Lage, Korn zu mahlen. Besucher können die Technik studieren, eine Menge über die Geschichte der Mühle und des Mahlens erfahren sowie in besonderen Aktionen Brot backen.

Jane Austen's House Museum

Oben: Der Fluss Itchen ist ein wichtiger Bestandteil von Winchester und am alten Wehr noch naturbelassen.
Mitte/Unten: Jane Austen lebte in den letzten Jahren ihres Lebens in Winchester. Ihr Haus ist heute ein Museum.

In diesem Landhaus 25 Kilometer südöstlich von Winchester hat die britische Schriftstellerin Jane Austen (1775–1817) die letzten acht Jahre ihres Lebens verbracht und gearbeitet. Sie beendete in dem Haus drei Manuskripte, schrieb drei weitere Romane und begann noch einen, der unvollendet blieb. Austen liegt in der Kathedrale von Winchester begraben. Ihr im georgianischen Stil mit weißen Fenstern und roten Klinkern gehaltenes Wohnhaus ist heute ein Museum. Es ist innen wie außen von überraschend schlichtem Charme, statt teurer Teppiche und aufwendigen Gemälden dominieren Holzfußböden und weiße Wände. Die Zimmer sind so eingerichtet, wie auch Jane Austen gewohnt haben muss. Beinahe wäre das Haus nach dem Zweiten Weltkrieg verkauft worden. Die London Times startete damals einen Aufruf, um das Erbe Austens zu retten.

Infos und Adressen

SEHENSWÜRDIGKEITEN

Jane Austen's House Museum. Tgl. 10.30–16.40 Uhr, Eintritt 7.50 £, Chawton, Alton GU34 1SD, Tel. 014 20/832 62, www.jane-austens-house-museum.org.uk

The Great Hall. Mittelalterlicher Bau mit dem Round Table. Tgl. 10–17 Uhr, Eintritt frei, Castle Avenue, Winchester SO23 8PJ, Tel. 019 62/84 64 76, www3.hants.gov.uk/greathall

Winchester Cathedral. Mo–Sa 9.30–17 Uhr, So 12.30–15 Uhr, Eintritt 7,50 £, 9 The Close, Winchester SO23 9LS, Tel. 019 62/85 72 00, www.winchester-cathedral.org.uk

Winchester College. Touren Mo, Mi, Fr, Sa 10.15, 11.30, 14.15 Uhr (April–Aug. auch 15.30 Uhr), Di, Do 10.15 und 11.30 Uhr, So 14.15 und 15.30 Uhr, Eintritt 7 £, 73 Kingsgate Street, Winchester SO23 9PE, Tel. 019 62/62 12 09, www.winchestercollege.org

Hübsches Haus, gute Küche: The Old Vine

Im Zentrum der Great Hall: der Round Table

ESSEN UND TRINKEN

Kyoto Kitchen. Japanisches Restaurant in der Innenstadt. Mo–Sa 12–14 und 18–22.30 Uhr, 70 Parchment Street, Winchester SO23 8AT, Tel. 019 62/89 08 95, www.kyotokitchen.co.uk

Old Vine. Edle britische Küche in einem Hotel aus dem 18. Jahrhundert. Tgl. 12–14.30 und 18.30–21.30 Uhr, 8 Great Minster Street, Winchester SO23 9HA, Tel. 019 62/85 46 16, www.oldvinewinchester.com

ÜBERNACHTEN

Hotel du Vin and Bistro. Wunderschönes Hotel in einem umgebauten Stadthaus mit allem erdenklichen Komfort. Southgate Street, Winchester SO23 9EF, Tel. 08 44/748 92 67, www.hotelduvin.com/locations/winchester

INFORMATION

Winchester Tourist Information Centre. Mo–Sa 10–17 Uhr, Mai–Sept. auch So 11–16 Uhr, The Winchester Guildhall, High Street, Winchester SO23 9GH, Tel. 019 62/84 05 00, www.visitwinchester.co.uk

Mitte: Zentrum für Einkaufshungrige: die High Street von Lymington
Unten: Der Charme der alten Hafengegend ist besonders am Wasser spürbar.

23 Lymington
Hafenstadt am New Forest

Die alte Hafenstadt am Ärmelkanal hat als Ausgangspunkt wichtiger Fährverbindungen zwischen dem englischen Festland und Yarmouth auf der Isle of Wight eine große Bedeutung. Durch seine Lage zwischen dem New Forest Nationalpark und dem Wasser ist die Kleinstadt aber auch bei Reisenden immer beliebter geworden, die hier ein paar Tage zur Erholung einplanen. Bootsbesitzer haben Lymington längst als guten Standort für ihre Jachten entdeckt.

Lymington (15 000 Einwohner) wirkt mit seinen zahlreichen georgianischen Bauten überaus sympathisch. Dabei ist der Ort eigentlich sehr viel älter. Die Buckland Rings an der Sway Road, Überreste eines Hügelforts aus dem 4. Jahrhundert v. Chr., zeugen von der langen Siedlungsgeschichte der Stadt. Viel davon ist indes heute nicht mehr zu sehen – über den Hügel ist buchstäblich Gras gewachsen.

Die meisten Geschäfte haben sich in der High Street und der unmittelbar angrenzenden St. Thomas Street angesiedelt, darunter zwar auch ein paar große Namen des britischen Einzelhandels, überwiegend aber eher lokale inhabergeführte Läden. Samstags bauen Markthändler ihre Stände in der High Street auf – eine Tradition, die bis ins 13. Jahrhundert zurückreicht. Eine Kuriosität ist der goldene Briefkasten am östlichen Ende der Straße. Ein Einwohner malte ihn 2012 in einer Nacht-und-Nebel-Aktion in dieser Farbe an, um die fünfte Goldmedaille von Ben Ainslie bei den Olympischen Spielen in London zu feiern. Er wurde verhaftet, die britische Post änderte die Farbe wieder in Rot – und erlebte einen Proteststurm ihrer Kundschaft. Am Ende war es die Post selbst, die erneut goldene Farbe besorgte und ihre Anzeige gegen den Einwohner zurückzog.

Hübsch ist der kleine, steile Quay Hill, der von der High Street hinunter zum alten Town Quay führt. An dem Kai wurde einst das Salz der örtlichen Salzindustrie verschifft, um über den Atlantik in ferne Länder transportiert zu werden. Heute liegen hier Ausflugsboote, Jachten und einige Fischerboote vor Anker. Der Wightlink, die Fähre zur Isle of Wight, legt auf der anderen Seite des Lymington River an, ein Stück flussabwärts. Die St. Thomas Church am Übergang der High Street in die St. Thomas Street ist die bedeutendste Kirche Lymingtons. Sie stammt in ihren Ursprüngen aus dem 13. Jahrhundert, wurde jedoch im 17. und 18. Jahrhundert in großen Teilen verändert.

Lymington Sea Water Baths

Das manchmal Roman Seawater Baths genannte Becken stammt nicht aus der Zeit der römischen Besatzung, sondern wurde 1833 direkt am Hafen erbaut. Damit stellt es den ältesten Lido im Vereinigten Königreich dar. Gefüllt ist das 50 mal 110 Meter große Becken direkt am Jachthafen mit gefiltertem Meerwasser. Es ist während der Sommermonate geöffnet und wird inzwischen von der Stadtverwaltung betrieben.

Hurst Castle

Hurst Castle wurde zwischen 1541 und 1544 ursprünglich als eines der Verteidigungsforts Heinrichs VIII. (1491–1547) erbaut. Der König ließ damals aus Sorge um eine Invasion entlang der gesamten Südküste solche Anlagen anlegen. Karl I.

AUTORENTIPP!

DER KÖNIGLICHE WALD

Wilhelm I. (1027–1087) erklärte den New Forest nördlich von Lymington 1079 zum königlichen Wald für die Hirschjagd – seitdem ist das knapp 300 Quadratkilometer große Gelände zu einem der schönsten Wald-, See- und Sumpfgebiete Englands geworden. Seit 2005 ist er offiziell Nationalpark und ein schönes Ziel für Wanderer. Durch die Wälder und entlang der Heidelandschaften führen Wege mit überraschenden Ausblicken. Der Beaulieu River etwa, der durch den New Forest fließt, bietet immer wieder malerische Szenen. Wichtigster Ort ist das kleine Lyndhurst mit seinen zahlreichen Fachwerkbauten. Wichtigste Bewohner sind neben den königlichen Hirschen auch etliche Ponys. Im Süden stößt der New Forest an den Solent, einen Teil des Ärmelkanals zwischen England und der Isle of Wight.

New Forest. Unmittelbar nördlich von Lymington.
www.thenewforest.co.uk

Schöne Ziele für Spaziergänge: Hurst Point Lighthouse (**oben**) ist ein beliebtes Fotomotiv, am Wasser lässt sich immer eine gute Route finden (**Mitte**) – und mit ein bisschen Glück kann man auch zu den Austernbänken vorstoßen (**unten**).

(1600–1649) war hier nach dem Englischen Bürgerkrieg kurzzeitig inhaftiert, bevor man ihn schließlich in London hinrichten ließ.

Hurst Castle besteht aus einem runden Steinturm, der im Laufe der Jahrhunderte durch Mauern erweitert wurde. Zu Beginn des 19. Jahrhunderts erneuerte man den Turm, Mitte des 19. Jahrhunderts schließlich folgten mehrere Kanonenstandorte. Zuletzt wurde die Anlage während des Zweiten Weltkriegs aufgerüstet. Erst 1956 gab sie die britische Regierung auf. Heute ist Hurst Castle im Besitz des English Heritage und für Besucher geöffnet. Besonders schön ist an klaren Tagen der Blick von der Festung auf die Isle of Wight und zu den »Needles« genannten Felsformationen.

Hurst Point Lighthouse

Der 26 Meter hohe Leuchtturm an der Spitze von Hurst Point stammt aus dem Jahr 1786, wobei er mehrfach verändert wurde, zuletzt 1867. Der weiße Turm mit einem kleinen angrenzenden Gebäude ist ein beliebtes Fotomotiv und auch ein schönes Ziel für einen Spaziergang. Besichtigt werden kann er jedoch nicht. Direkt in der Anlage von Hurst Castle befindet sich noch ein weiterer, kleinerer Leuchtturm aus früheren Zeiten.

Infos und Adressen

SEHENSWÜRDIGKEITEN

Hurst Castle. Alte Burg am Ärmelkanal. Apr.–Sept. tgl. 10.30–17.30 Uhr, Okt. tgl. 10.30–16 Uhr, Eintritt 4,50 £, Saltgrass Lane, Milnford-on-Sea SO41 0TP, Tel. 08 70/333 11 81, www.english-heritage.org.uk/daysout/properties/hurst-castle/

Lymington Seawater Baths. Meerwasserschwimmbad am Hafen. Apr.–Aug. tgl. 10–18 Uhr, Eintritt 2,50 £, Bath Road, Lymington SO41 3SE, www.lymingtonseawaterbaths.org.uk

ESSEN UND TRINKEN

King's Arms. Traditionelles Pub-Restaurant in der Innenstadt. Mo–Sa 11–23 Uhr, So 12–21 Uhr, St. Thomas Street, Lymington SO41 9NB, Tel. 015 90/38 02 17

Lanes. Ungewöhnliches Restaurant in einer alten Schule mit aufwendigen Gerichten von Fisch bis Lamm. Ashley Lane, Lymington SO41 3RH, Tel. 015 90/67 27 77, www.lanesoflymington.com

In den Pubs ist immer etwas los.

Edel: Stanwell House

ÜBERNACHTEN

MacDonald Elmers Court Hotel. Schickes Landhotel in einem großen Park am Rande des New Forest. South Baddesley Road, Hampshire SO41 5ZB, Tel. 08 44/879 90 60, www.macdonald hotels.co.uk/our-hotels/macdonald-elmers-court-hotel-resort/

Stanwell House Hotel. Edles Boutiquehotel im Zentrum von Lymington. 14–15 Hight Street, Lymington SO41 9AA, Tel. 08 44/704 68 20, www.stanwellhousehotel.co.uk

EINKAUFEN

Coastal Gallery. Galerie mit örtlicher Kunst. Mi–Sa 10–16.30 Uhr, 4 Southampton Road, Lymington SO41 9GG, Tel. 015 90/68 00 00, www.coastal-gallery.co.uk

INFORMATION

Lymington Tourist Information Point. Mo–Sa 10–16 Uhr, St. Barbe Museum, New Street, Lymington SO41 9BH, Tel. 015 90/67 69 69, www.visit-hampshire.co.uk

24 Bournemouth

Eldorado für Wassersportler

Das traditionsreiche Seebad ist eines der beliebtesten Badeziele der Briten. Bekannt ist Bournemouth wegen seiner zahlreichen Parks und seit einigen Jahren für sein künstliches Riff – es war das erste dieser Art auf der Nordhalbkugel. Allerdings musste es bereits drei Jahre nach der Eröffnung für längere Zeit wegen Reparaturarbeiten geschlossen werden. Wassersportler zog es dennoch weiterhin in die Stadt, was ihr mitunter das hippe Flair südlicher Badeorte verleiht.

Eine Stadt zwischen Rummel und Tradition: Während die alte Hafengegend im angrenzenden Christchurch eher beschaulich ist (**Mitte**), tobt am Pier von Bournemouth das pralle Leben (**unten**).

Der schmale, langgezogene Strand ist Bournemouths (186 000 Einwohner) größter Anziehungspunkt. Schon wenn im Frühjahr die Temperaturen ansteigen, kommen die ersten Badegäste herbeigeeilt – auch wenn das Wasser des Ärmelkanals dann noch nicht gerade jedermanns Sache ist. Surfer tummeln sich dann in der Poole Bay (so benannt nach Bournemouths westlichem Nachbarort), aus den kleinen bunten Abstellholzhütten an der Promenade werden Liegestühle herausgeholt. Hier unten zwischen den beiden Seebrücken – dem Boscombe Pier und dem Bournemouth Pier – spielt sich zumindest an warmen Tagen das Leben ab. Einen besonderen Reiz hat dieser Teil der Stadt, weil er zu Füßen des höher gelegenen Zentrums von Bournemouth angesiedelt ist. Badegäste bekommen vom Autoverkehr kaum etwas mit.

An den Piers selbst finden sich die üblichen Spiel- und Vergnügungshallen, außerdem Souvenirstände und Cafés. Zwischen Avenue Road und Tarrace Road gibt es nördlich des Bournemouth Piers die meisten Geschäfte und in der Fußgängerzone so ziemlich jede Einzelhandelskette Großbritanniens.

St. Peter's Church

Eine Reihe alter Kirchen lohnen einen Besuch, allen voran St. Peter's Church in der Hinton Road. Das neugotische Gebäude wurde erst zwischen 1844 und 1879 errichtet – und ist für ein Gotteshaus in England überaus jung. Es ersetzte eine Vorgängerkirche, die nach Ansicht der Stadt nicht mehr zum aufstrebenden Touristenziel passte. Auf dem angrenzenden Friedhof ist Mary Wollenstonecraft Shelley (1797–1851) begraben, die Autorin von *Frankenstein*.

Boscombe Chine Gardens

Der Park oberhalb des Boscombe Pier trägt seinen Namen zum einen durch den Stadtteil Boscombe, zum anderen durch die kleine Schlucht (Chine), in der er liegt. Entstanden sind die Gärten im 19. Jahrhundert. Am oberen Ende existierte bis in die 1920er-Jahre hinein eine Quelle, was der ganzen Gegend die Bezeichnung Boscombe Spa einbrachte. Zwischenzeitlich geriet das Gelände in Verruf, da Banden ihr Unwesen trieben. Heute aber ist es durch eine Einwohnerinitiative wieder zu einem viktorianisch angehauchten Park geworden, durch welchen den ganzen Tag über Passanten spazieren. Es gibt ein Café, einen Minigolfplatz und auch zwei Wasserbecken.

Einige weitere Parks prägen die Stadt: Die Central Gardens entstanden in den Siebzigerjahren des 19. Jahrhunderts zwischen der Innenstadt und Coy Pond. Neben einem Kriegerdenkmal ist hier auch ein Rhododendron Walk sehenswert. Der Park geht über in die Upper Gardens an der Branksome Wood Road. Sie waren ursprünglich privat ange-

AUTORENTIPP!

CHRISTCHURCH

Am Zusammenfluss des Avon und Stour versteckt sich östlich von Bournemouth ein echtes Juwel: Christchurch (45 000 Einwohner), Namensvetter und Partnerort der gleichnamigen neuseeländischen Stadt, liegt an einem natürlichen Hafen, der fast vollständig von einer Sandbank umschlossen ist. Der Ort bietet sich wegen seiner vielen kleinen Geschäfte zu einem Bummel an, er birgt aber auch einige Sehenswürdigkeiten – unter anderem die Ruinen einer früheren Burg und das neugotische Highcliffe Castle. Die Klosterkirche Christchurch Priory stammt in Teilen aus dem 11. Jahrhundert. Nett ist das Avon Causeway Restaurant etwas außerhalb, das in einem alten Eisenbahnwaggon untergebracht ist. Die Gerichte sind hervorragend, die Zimmer des dazugehörigen Hotels indes größtenteils nicht wirklich geräumig.

Christchurch.
www.visitchristchurch.info

Oben: Moderne Geschäfte in historischer Umgebung: die Christchurch Road von Bournemouth
Unten: Viele kommen nur seinetwegen – der Strand von Bournemouth bietet zahlreiche Möglichkeiten für Wassersport.

legt worden, sind aber längst für die Öffentlichkeit zugänglich gemacht. Das Areal ist eingeteilt in drei Bereiche unterschiedlicher Regionen: Europa, Nordamerika und Asien. Integriert sind ein viktorianischer Wasserturm, ein amerikanischer Mammutbaum und einige persische Buchen. Die weitläufigste Grünfläche der Stadt ist der Meyrick Park im Norden, der gern von Joggern genutzt wird.

Russell-Cotes Art Gallery

Am oberen Ende des East Cliff befindet sich dieses Museum mit einer beachtlichen Sammlung britischer Kunst, darunter zahlreiche Gemälde von Künstlern wie Dante Gabriel Rossetti (1828–1882). Beeindruckend ist auch das Gebäude selbst, die East Cliff Hall: Merton Russell-Cotes (1835–1921), einst Bürgermeister von Bournemouth und Inhaber des benachbarten Bath Hotel, schenkte den Art-nouveau-Bau mit Seeblick 1901 seiner Frau zum Geburtstag. Sehenswert ist unter anderem die große Halle mit ihren Buntfenstern. Russell-Cotes und seine Frau brachten viele der ausgestellten Kunstwerke von ihren gemeinsamen Reisen hierher mit.

Infos und Adressen

SEHENSWÜRDIGKEITEN

Russel-Cotes Art Gallery and Museum. Kunstmuseum in einem schönen alten Gebäude. Di–So 10–17 Uhr, Eintritt 5 £, Russell Cotes Road, Bournemouth BH1 3AA, Tel. 012 02/45 18 00, www.russell-cotes.bournemouth.gov.uk

St. Peter's Church. Kirche im Zentrum. Hinton Road, Bournemouth BH1 2EE, Tel. 012 02/29 09 86, www.btcp.org.uk/who-we-are/st-peters/

ESSEN UND TRINKEN

Bates Restaurant. Von außen unscheinbares Restaurant mit guten Fisch- und Fleischgerichten. Tgl. 12–15 und 18–23 Uhr, 350 Charminster Road, Bournemouth BH8 9RX, Tel. 012 02/24 03 10, www.batesrestaurant.co.uk

The Clock Café. Nettes Café in den Coscombe Chine Gardens. Mo–Fr 9.30–16 Uhr, Sa/So 10–17 Uhr, Boscombe Chine Gardens, Christchurch Road, Bournemouth BH1 4AA, Tel. 012 02/39 50 94, www.clock-cafe.co.uk

ÜBERNACHTEN

Highcliff Marriott. Luxuriöses Hotel mit Pool direkt an der Küste. St. Michael's Road, West Cliff, Bournemouth BH2 5DU, Tel. 012 02/55 77 02, www.marriott.co.uk/hotels/travel/bohbm-bournemouth-highcliff-marriott-hotel/

The Connaught Hotel. Modernisiertes Traditionshotel im britischen Stil. 30 West Hill Road, Bournemouth BH2 5PH, Tel. 012 02/29 80 20, www.theconnaught.co.uk

The Cumberland Hotel. Einfacheres, aber modernisiertes Hotel in Küstennähe. 27 East Overcliff Drive, Bournemouth BH1 3AF, Tel. 012 02/29 83 50, www.cumberlandbournemouth.co.uk

INFORMATION

Bournemouth Tourist Information Centre. Mo–Sa 10–17 Uhr, Juli/Aug. Mo-Sa 9–18 Uhr, April–Okt. auch So 10–16 Uhr, Westover Road, Bournemouth BH1 2BU, www.visitbournemouth.com

Vielleicht nicht der schönste Pier in England, aber dennoch beeindruckend: Bournemouth Pier

Mitte: Einzigartig vor allem wegen ihres Fundus: In der Kathedrale von Salisbury lagert eine der letzten vier noch erhaltenen Exemplare der Magna Charta.
Unten: Sehenswert ist aber auch das Gebäude selbst.

25 Salisbury
Die Stadt der Magna Charta

Die Stadt am Zusammenfluss von Avon und Wylye ist durch ihre prachtvolle Kathedrale eine der Hauptattraktionen Südenglands. Für Briten ist aber weniger der Bau als dessen Inhalt von Bedeutung: In Salisbury Cathedral ist eines der letzten vier noch erhaltenen Exemplare der Magna Charta ausgestellt, jener Vereinbarung von 1215, welche die Grundlage des britischen Rechtssystems darstellt.

Besucher von Salisbury (40 000 Einwohner) dürften sich um Jahrhunderte zurückversetzt fühlen. Die Stadt verfügt über eine intakte, alte Bausubstanz, was sie bei Reisenden sehr beliebt macht – auch wegen ihrer Nähe zu Stonehenge. Doch auch Salisbury selbst bietet viel, vor allem viel Atmosphäre. In den Straßen rund um den Market Place an der Guildhall haben sich allerlei Geschäfte angesiedelt. Viele kommen eigens zum Einkaufsbummel und lassen die wichtigste Sehenswürdigkeit, die Kathedrale, gar links liegen.

MAL EHRLICH

BUSRUMMEL IN STONEHENGE

Sie werden durch die Nähe allerorten angeboten, doch sind sie teuer und verleiden einem auch das Erlebnis: Geführte Bustouren nach Stonehenge sind ein Garant dafür, im Schnelldurchlauf eine der Hauptsehenswürdigkeiten des Landes ansehen zu müssen. Wenn es irgend geht, sollt man selbst mit dem Auto dorthin fahren – und eine Randzeit wie die frühen Morgen- oder Abendstunden wählen. Stonehenge ist nur dann ein Erlebnis, wenn man es nicht mit zu vielen anderen teilen muss.

Einen interessanten Einblick in die Geschichte und in die Kunst der Umgebung gibt es im Salisbury Museum im King's House nahe der Kathedrale. Jüngster Bestandteil ist die aufwendig konzipierte Wessex Gallery, die sich archäologischen Funden widmet. Anhand von Ausstellungsstücken blickt man zurück bis in die Zeit der Römer und in die Bronzezeit.

Kathedrale

Hoheitsvoll erhebt sich die Kathedrale von Salisbury auf einer weiten Rasenfläche in der Innenstadt – nicht nur wegen ihres mit 123 Metern höchsten Kirchturms Großbritanniens. Das ganze aus hellem Chilmark-Stein und dunklem Purbeck-Marmor im Stil der frühen Gotik erbaute Gebäude ist ein Meisterwerk der Architektur. Erbaut wurde es zwischen 1220 und 1320 und ist seitdem das Zentrum der Stadt. Beeindruckend ist das aufwendige Kirchenschiff mit seinen insgesamt vier Seitenschiffen, außerdem der Kreuzgang, der zu den größten des Landes gehört. Die Westfassade ist ein schönes Beispiel für die Steinmetzkunst des Mittelalters. Könige, Bischöfe, Heilige und biblische Figuren sind auf fünf Ebenen in die Außenfront eingemeißelt.

Sehenswert ist auch die mittelalterliche Uhr. Sie stammt aus dem Jahr 1386 und ist damit die älteste des Landes. Ursprünglich befand sie sich im Glockenturm nördlich der Kathedrale, der jedoch während des Englischen Bürgerkriegs (1642–1651) in Brand gesetzt wurde. Die alte Uhr wurde in den Hauptturm versetzt, im 19. Jahrhundert gegen ein moderneres Konstrukt ausgetauscht – und geriet in Vergessenheit. Erst 1956 erinnerte man sich an sie und restaurierte das eingelagerte Uhrwerk. Heute kann sie wieder in der Kathedrale besichtigt werden.

AUTORENTIPP!

KUNST- UND KULTURFESTIVAL
Einmal im Jahr steht Salisbury nicht nur im Zeichen der Kathedrale, sondern unter dem Einfluss von Kunst und Kultur. Zwei Wochen lang Ende Mai/Anfang Juni ist die Stadt Austragungsort des International Arts Festivals. Klassische Musik und Weltmusik sind dann zu hören, außerdem gibt es zahlreiche Aufführungen von international bekannten Theater- und Tanzgruppen sowie ein umfangreiches Literaturprogramm. Das Festival wurde bereits 1973 ins Leben gerufen. Auf dem Programm stehen über 150 kostenpflichtige Veranstaltungen, darunter findet sich auch immer eine Reihe von Welturaufführungen. Und auch dies wird Besuchern geboten: Etliche Aufführungen sind gratis!

Salisbury International Arts Festival. 87 Crane Street, Salisbury SP1 2PU, Tel. 017 22/33 22 41, www.salisburyfestival.co.uk

Einer der größten des Landes: der Kreuzgang der Kathedrale

Oben: In der Kathedrale von Salisbury lohnt der Blick nach oben.
Mitte: Beliebt für einen Einkaufsbummel: die High Street der Stadt
Unten: Hier hat alles begonnen: In Old Sarum sind noch einige Überreste des Vorgängerortes von Salisbury zu sehen.

Magna Charta

Die Vereinbarung, die König Johann (1167–1216) im Jahr 1215 infolge einer politischen Krise mit den Adelsherren schloss, gilt als eines der einflussreichsten Papiere, das es je gegeben hat. Die UNESCO setzte sie 2009 auf die Liste der wichtigsten Dokumente der Welt. Bis heute basiert das britische Rechtssystem auf den in dieser Charta festgelegten 60 Paragraphen. Elementare Grundsätze der Freiheit eines jeden Einzelnen sind darin niedergeschrieben – beispielsweise das Recht auf einen fairen Prozess. Insgesamt fertigte man damals mindestens 13 Exemplare, um das Dokument im ganzen Land bekannt zu machen. Alle wurden handschriftlich in lateinischer Sprache verfasst, jedes Exemplar unterschied sich ein bisschen von den anderen.

Heute sind lediglich vier davon erhalten geblieben. Zwei befinden sich in der British Library in London, eines in der Kathedrale von Lincoln – und eines, das offenbar am besten erhaltene, in der Salisbury Cathedral. Die Magna Charta wurde grundlegend restauriert und ist sorgsam im Chapter House ausgestellt. In der Kathedrale erzählt man sich jedoch, dass dies nicht immer so war: Früher soll sie ein Angestellter jeden Abend mit nach Hause genommen haben, um sie unter seinem Bett zu verwahren – aus Sicherheitsgründen.

Arundells House

Sir Edward Heath (1916–2005) wird eng in Verbindung mit Salisbury gebracht. Der konservative Politiker war zwischen 1970 und 1974 Premierminister Großbritanniens, bevor er nach parteiinternen Querelen durch Margaret Thatcher (1925–2013) ersetzt wurde. Von 1985 an bis zu seinem Tod lebte er in Arundells House in unmittelbarer Nähe zur Kathedrale.

Spaziergang durch Salisbury

A Salisbury Playhouse – Das moderne Theater von Salisbury ist Ausgangspunkt des Rundgangs. Neben einem Café und einem Restaurant bietet dieser Ort einen wesentlichen Vorteil: Es gibt gute Parkmöglichkeiten.

B Market Place – So etwas wie das Herz der Innenstadt. Am Market Place haben sich viele Geschäfte angesiedelt, und alle zwei Wochen findet ein Bauernmarkt statt.

C Guildhall – Die alte Halle direkt am Market Place wird primär für Veranstaltungen und Hochzeiten genutzt. Aber auch von außen ist sie hübsch anzusehen.

D Innenstadt – Dicht an dicht drängen sich die Geschäfte in den alten Gebäuden. Es gibt so ziemlich alles in Salisbury, was der Stadt ihren Ruf als Einkaufsparadies eingebracht hat.

E Salisbury Cathedral – Die Hauptattraktion der Stadt ist ihre Kathedrale aus dem 13. Jahrhundert mit ihrer wundervoll verzierten Außenfassade. Zudem befindet sich in der Kathedrale eines der letzten vier Exemplare der Magna Charta. Sehenswert sind auch der Kreuzgang und der gesamte Außenbereich.

F Salisbury Museum – Untergebracht in einem alten Gebäudekomplex präsentiert das Museum unter anderem archäologische Funde aus der Bronze- und Römerzeit.

G Arundells – Das frühere Wohnhaus des konservativen britischen Premierministers Edward Heath ist ein sehenswerter Zwischenstopp. Eine Stiftung hat sich des Gebäudes des verstorbenen Politikers angenommen, das innen wie außen bis heute unverändert geblieben ist.

H Mompesson House – Ein prachtvolles Wohnhaus aus dem Jahr 1701, das besichtigt werden kann. Bekannt ist es unter anderem für eine wertvolle Gläsersammlung.

I Avon – Einer der großen Flüsse Englands ist der Avon.

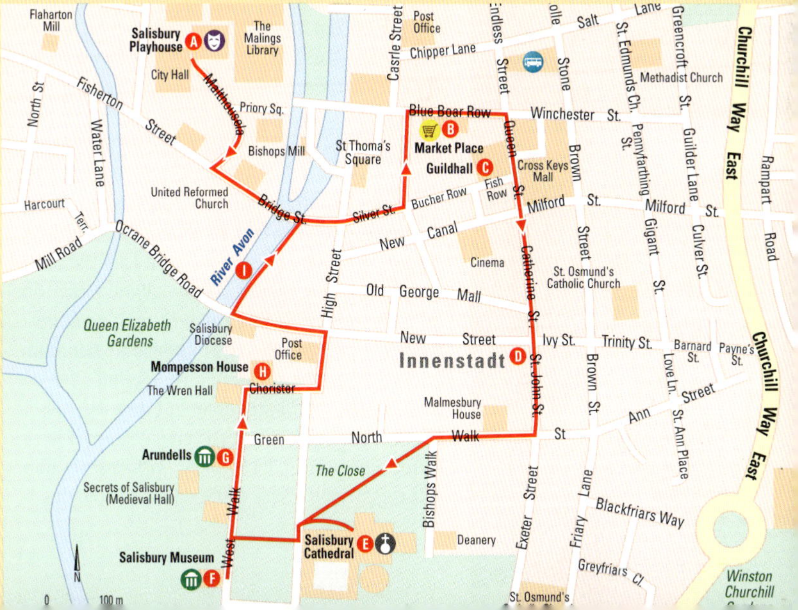

AUTORENTIPP!

BLICK AUF DIE KATHEDRALENSPITZE

Angesichts der Schönheit von Salisbury vergessen viele das Umland: 15 Kilometer westlich der Stadt gibt es mit Dinton Park ein echtes Juwel der Gegend zu sehen. Im Zentrum des rund ein Quadratkilometer großen Anwesens liegt Philipps House, ein neoklassizistisches Herrenhaus aus dem frühen 19. Jahrhundert. Zunächst lebte die Familie Wyndham hier, bevor es die YWCA zum Erholungsheim umwandelte und es schließlich während des Zweiten Weltkrieges als Basis der US Air Force diente. Vom höchsten Punkt des Parks kann man die Spitze der Kathedrale von Salisbury sehen.

Dinton Park. Park immer geöffnet, Eintritt frei; Philipps House ist derzeit nur an bestimmten Feiertagen geöffnet, Eintritt 4 £, Church View St., Mary's Road, Dinton, Salisbury SP3 5HH, Tel. 017 22/71 66 63, www.nationaltrust.org.uk/dinton-park-and-philipps-house/

Das idyllische Gebäude war während des Mittelalters ein Kanonikat, wurde jedoch im 17. und 18. Jahrhundert in seinen jetzigen Zustand als Wohnhaus umgebaut. Heath vererbte es seiner Stiftung, die Haus und Garten während der Sommermonate der Öffentlichkeit zugänglich macht. Heath selbst ist in der Kathedrale beigesetzt worden. Das Haus ist noch so eingerichtet wie zu Lebzeiten des Politikers. Besucher können in geführten Touren durch sein Büro oder den Salon wandern, Klavier, Büsten und zahlreiche Gemälde ansehen. Der weitläufige Garten besticht durch Zurückhaltung: Statt englischer Landschaftskunst ist überwiegend Rasen zu sehen.

Mompesson House

Das im Queen-Anne-Stil gehaltene Wohnhaus wurde 1701 für den Politiker Charles Mompesson (1670–1714) erbaut und ist ein wunderbares Beispiel für die Eleganz und Weitläufigkeit jener Zeit. Sehenswert sind unter anderem die Turnbull-Kollektion von Gläsern aus dem 18. Jahrhundert sowie der Garten. Im Spielfilm *Sinn und Sinnlichkeit* diente das Haus als Kulisse von Mrs. Jennings Londoner Zuhause.

Old Sarum

Rund drei Kilometer nördlich von Salisbury sind die Ursprünge der Stadt zu sehen: Die Überreste des aus der Eisenzeit stammenden Fort Old Sarum zeugen von einer langen Vergangenheit. Hier hinterließen Römer, Sachsen und Normannen ihre Spuren, hier stand die erste Kathedrale der Stadt. Auf einem grasbewachsenen Hügel sind noch die Umrisse der alten Kathedrale aus dem 11. Jahrhundert zu sehen, die durch einen Sturm zerstört wurde. Ein zweiter, nicht mehr vorhandener Bau, war sogar noch etwas größer. Im Zentrum des

Berges ist ein Becken zu erkennen, das einst der Wasserversorgung diente.

Eine Burg gehörte ebenfalls zum Gelände. Sie wurde 1100 als steinerner Bergfried gebaut. Im Jahr 1226 wurde die Kathedrale an den Avon ins heutige Salisbury verlagert, die Burg war noch bis ins 14. Jahrhundert bewohnt. Weil der Platz begrenzt war, entschieden sich immer mehr Einwohner, in die Nähe der neuen Kathedrale zu ziehen – bis Old Sarum schließlich ganz verlassen wurde. Viel ist heute nicht mehr zu sehen, lediglich Teile der Grundmauern und vor allem der Wall, der sich um das Gelände zieht. Old Sarum galt lange Zeit als Skurrilität in der Politik: Obwohl in dem Bezirk so gut wie kein Mensch mehr lebte, wurde aus ihm bis zur Mitte des 19. Jahrhunderts ein Abgeordneter ins Parlament entsandt.

Longford Castle

Das Schloss aus dem 16. Jahrhundert liegt direkt am Avon südlich von Salisbury. Es ist noch immer Sitz des Earl of Radnor und kann deswegen nur an wenigen Tagen im Jahr besichtigt werden. Dennoch lohnt sich ein Besuch, denn Longford Castle ist eines der beeindruckendsten Schlösser Englands und berühmt für seine einzigartige Kunstsammlung: Seit Generationen hat die Familie des Earl of Radnor wertvolle Gemälde gesammelt, unter anderem von Claude, van Dyck, Reynolds und Gainsborough. Dazu kommen seltene Möbel und Porzellan. Der Rechtsgelehrte Sir Thomas Gorges (1536–1610) erwarb das Grundstück 1574, und er war es auch, der 1578 den Grundstein für das heutige Schloss mit seinen typischen Rundtürmen legen ließ. Ende des 19. Jahrhunderts wurde das Gebäude noch einmal erweitert. Rundherum entstanden im Laufe der Jahrhunderte mehrere Gärten.

AUTORENTIPP!

EIN GARTEN FÜRS VOLK

Der Archäologe Augustus Pitt Rivers (1827–1900) entwarf die prachtvollen Gärten 30 Kilometer südwestlich von Salisbury im Jahr 1880 auch zu dem Zweck: Sie sollten der Bevölkerung Freude bringen. Entlang der Wege wachsen Blumen wie Hortensien oder Rhododendronbüsche, dazwischen stehen hübsche Bauwerke – etwa ein kleiner römisch anmutender Tempel oder eine Hütte im Stil indischer Architektur. Ein Café bietet selbst gebackene Kuchen, außerdem finden immer wieder im Jahr Veranstaltungen statt, etwa ein Weihnachtsmarkt oder ein Halbmarathon. Die Larmer Tree Gardens gelten als einer der schönsten Gärten Englands. Und sie waren einer der ersten Privatgärten, die der Öffentlichkeit zugänglich gemacht wurden.

Larmer Tree Gardens. So–Do 11–16.30 Uhr, Eintritt 4 £, Tollard Royal, Salisbury SP5 5PY, Tel. 017 25/51 68 71, www.larmertree.co.uk

Infos und Adressen

SEHENSWÜRDIGKEITEN

Salisbury Cathedral. Die Kathedrale der Stadt, im Chapter House ist die Magna Charta zu sehen. Mo–Sa 9–17 Uhr, So 12–16 Uhr, Eintritt 6,50 £, 6 The Close, Salisbury SP1 2EF, Tel. 017 22/55 51 20, www.salisburycathedral.org.uk

Salisbury Museum. Museum in alten Gemäuern mit Kunst, Geschichte und immer wieder Aktionen. Mo–Sa 10–17 Uhr, Juni–Sept. auch So 12–17 Uhr, Eintritt 6 £, The King's House, 65 The Close, Salisbury SP1 2EN, Tel. 017 22/33 21 51, www.salisburymuseum.org.uk

Auch für ein Bier geeignet: das White Hart Hotel

Arundells House. Das Wohnhaus des früheren Premierministers Edward Heath. April–Okt. Sa–Mi 11.30–15.30 Uhr (nur nach Voranmeldung), Eintritt 9 £, 59 Cathedral Close, Salisbury SP1 2EN, Tel. 017 22/32 65 46, www.arundells.org

Longford Castle. Schloss aus dem 16. Jahrhundert mit vielen Kunstwerken. Mitte Juli–Mitte Sept. 13.30–17.30 Uhr (nur nach Voranmeldung), Zugang über Minibus am Salisbury-Bahnhof, Eintritt 12 £, Bodenham, Salisbury SP5 4EF, www.nationalgallery.org.uk/about-longford-castle

Mompesson House. Elegantes Wohnhaus aus dem 18. Jahrhundert. Mitte März–Okt. Sa–Mi 11–17 Uhr, Eintritt 5,70 £, The Cathedral Close, Salisbury SP1 2EL, Tel. 017 22/33 56 59, www.nationaltrust.org.uk/mompesson-house

Old Sarum. Die Überreste der Vorgängerstadt Salisburys. Tgl. 10–17 Uhr, Eintritt 4 £, Castle Road, Salisbury SP1 3SD, Tel. 017 22/33 53 98, www.english-heritage.org.uk/daysout/properties/old-sarum

ESSEN UND TRINKEN

Boston Tea Party. Studentisches Kaffeehaus in einem schönen alten Fachwerkhaus aus dem frühen 13. Jahrhundert. Mo–Sa 7–19 Uhr, So 9–18 Uhr, 13 High Street, Salisbury SP1 2NJ, Tel. 017 22/23 81 16, www.bostonteaparty.co.uk/our_cafes/salisbury.php

Cranes Wine Café. Moderne europäische Küche mit guten Weinen. Mo–Sa 12–14.30 und 18–21.30 Uhr, 92 Crane Street, Salisbury SP1 2QD, Tel. 017 22/34 00 00, www.craneswinecafe.com

Salisbury Playhouse Café. Stylisches Restaurant im Theater mit lokalen Produkten. Mo–Sa 9.30–20 Uhr, Malthouse Lane, Salisbury SP2 7RA, Tel. 017 22/32 03 33, www.salisburyplayhouse.com

The Borough Café. Nettes kleines Café mit tollen Kuchen und Snacks. Mo–Fr 8.30–16 Uhr, Sa 9.30–16 Uhr, So 10–16 Uhr, 70 The Borough, Downton, Salisbury SP5 3LY, Tel. 017 25/23 80 83, www.theboroughcafe.co.uk

The Cloisters. Uriger Pub mit britischer Küche. Mo–Do 11–22 Uhr, Fr/Sa 11–0 Uhr, So 12–22 Uhr, 83 Catherine Street, Salisbury SP1 2DH, Tel. 017 22/33 81 02, www.cloisterspubsalisbury.co.uk

ÜBERNACHTEN

Cathedral Hotel. Modernisiertes, altes Hotel nahe der Kathedrale. 7–9 Milford Street, Salisbury SP1 2AJ, Tel. 017 22/34 37 00, www.cathedralhotel-salisbury.co.uk

Milford Hall. Einfaches Hotel im britischen Landhausstil. 206 Castle Street, Salisbury SP1 3TE, Tel. 017 22/41 74 11, www.milfordhallhotel.com

Sarum College. Einfache Unterkunft in einem historischen Gebäude – und die einzige direkt an der Kathedrale. 19 The Close, Salisbury SP1 2EE, Tel. 017 22/42 48 00, www.sarum.ac.uk/bed-and-breakfast

White Hart Hotel. Wunderschönes altes, aber modernisiertes Hotel im Zentrum. 1 St. John Street, Salisbury SP1 2SD, Tel. 019 62/31 28 01, www.whitehartsalisbury.com

EINKAUFEN

Chas H. Baker. Traditionsreiches Geschäft für Herrenbekleidung in einem schönen alten Fachwerkhaus. Mo–Sa 9–17.30 Uhr, 17–19 Milford Street, Salisbury SP1 2AL, Tel. 017 22/32 42 34, www.chashbaker.com

Ingrams of Salisbury. Altes Geschäft für Handtaschen, Koffer und andere Lederwaren. Mo–Sa 9–17 Uhr, 44 Catherine Street, Salisbury SP1 2DD, Tel. 017 22/33 38 02, www.salisbury-handbags-luggage.co.uk

Mr. Simms Olde Sweet Shoppe. Süßigkeiten in jeder Form. Mo–Sa 9.30–17.30 Uhr, So 11–17.30 Uhr, 37 Blue Boar Row, Salisbury SP1 1DA, Tel. 017 22/34 16 69

Salisbury Farmers Market. Bauernmarkt. Erster und dritter Mittwoch des Monats, 9–17 Uhr, Market Place, Salisbury SP1 1HJ, Tel. 017 22/34 28 64

AKTIVITÄTEN

Hayball Cyclesport. Fahrradladen mit Radverleih. Mo–Sa 9–17.30 Uhr, The Black Horse Chequer, 26–30 Winchester Street, Salisbury SP1 1HG, Tel. 017 22/41 13 78, www.hayball.co.uk

INFORMATION

Tourist Information Centre. Mo–Fr 9–17 Uhr, Sa 10–16 Uhr, So 10–14 Uhr, Fish Row, Salisbury SP1 1EJ, Tel. 017 22/34 28 60, www.visitwiltshire.co.uk

Very British: das Milford Hall Hotel

26 Stonehenge

Der mystische Steinkreis

Der prähistorische Steinkreis von Stonehenge ist so etwas wie Englands Ayers Rock: Busladungen von Besuchern werden hier den ganzen Tag über abgeladen, jeder möchte einmal drumherum gehen und ein Foto machen. Dabei handelt es sich streng genommen nur um einen von etlichen Steinkreisen auf den Britischen Inseln – allerdings um den am vollständigsten erhaltenen. Besonders eindrucksvoll ist er früh am Morgen und bei Sonnenuntergang – auch wegen der dann geringeren Besucherzahl.

Um Stonehenge ranken sich zahlreiche Mythen und Legenden. Das liegt zu einem großen Teil daran, dass bis heute nicht vollständig erforscht werden konnte, wozu das Konstrukt überhaupt genutzt wurde. Manche hielten es zunächst für die Überreste eines römischen Tempels. Astronomen nahmen an, mithilfe der Steine und der Sonne seien Daten zu Sternenkonstellationen errechnet worden. Fest steht heute: Stonehenge ist noch viel älter, als lange angenommen wurde – mindestens 5000 Jahre.

Ursprünglich bestand Stonehenge aus einem Kreis meterhoher Steine, die oben von einer Kante aus anderen Steinen umschlossen wurden. Innen gab es einen weiteren Kreis aus deutlich kleineren Steinen und im Zentrum schließlich mehrere torähnliche Konstrukte aus zwei hohen Steinen, die von einem dritten oben zusammengehalten wurden. Heute steht davon noch weniger als die Hälfte, eine Art Halbkreis mit einigen umgekippten Steinen.

Nicht nur Stonehenge selbst (**unten**) ist einen Besuch wert – die ganze Landschaft lädt ein zu langen Spaziergängen (**Mitte**).

Das Besondere ist, dass die Bausubstanz gar nicht aus der Region stammt. Forscher haben herausgefunden, dass die massiven Steine aus den 240 Kilometer entfernten Preseli-Bergen in Südwales kommen. Noch immer ist nicht vollständig gesichert, wie man dieses tonnenschwere Material vor 5000 Jahren einfach so nach Stonehenge bringen konnte. Selbst unter heutigen Bedingungen wäre dies nicht gerade einfach gewesen. 2001 versuchte man, einen größeren Stein unter damaligen Bedingungen zu transportieren, was jedoch kläglich scheiterte.

Mehr als nur ein Steinkreis

Das haben Archäologen erst relativ spät herausgefunden: Ein breiter Weg muss ursprünglich zwischen Stonehenge und dem Fluss Avon bestanden haben, nun Avenue genannt. Demnach ist der Steinkreis Teil eines größeren genutzten Areals gewesen. Heutzutage ist das Anwesen vergleichsweise unspektakulär gelegen: Zwei Hauptverkehrsstraßen führen direkt daran vorbei, und bis zur Eröffnung eines neuen Besucherzentrums vor Kurzem war auch der Zugang ähnlich schlicht: Vom Parkplatz auf der anderen Straßenseite ging es unterirdisch zum Steinkreis. Nun fahren kleine Shuttlezüge dorthin. Nach wie vor darf man die Steine nur umrunden, nicht aber in deren Nähe. Wer dennoch dicht heran möchte, muss dies vorab über ein Formular beantragen.

Stonehenge steht unter dem Schutz der britischen Denkmalschutzbehörde English Heritage, das ihn umgebende Land gehört dem Denkmalschutzfonds National Trust. Das birgt einen angenehmen Nebeneffekt: Die Jahrespässe beider Organisationen ermöglichen den freien Eintritt. Zusammen mit Woodhenge und Avebury ist Stonehenge Weltkulturerbe.

AUTORENTIPP!

EIN STEINKREIS UMS DORF

Steinkreise gibt es nicht nur in Stonehenge: Das kleine Dorf Avebury ganz in der Nähe ist von einem noch sehr viel größeren Kreis umgeben – einem der größten der Britischen Inseln. Auch in dieser Anlage ist die Mittellinie auf den Mittsommersonnenaufgang ausgerichtet. Der Kreis wurde um 2500 v. Chr. errichtet, später jedoch mehr oder weniger komplett abgetragen. Erst der National Trust nahm sich in den 1930er-Jahren seiner an. Innerhalb des Kreises, der über Felder und Schafweiden führt, hat sich ein idyllisches Dorf entwickelt. Der Red Lion ist ein uriges Gasthaus im Zentrum mit schönen Außenplätzen. Das Alexander-Keiller-Museum in der High Street zeigt Funde aus prähistorischer Zeit und ist landesweit bekannt.

Avebury. Immer zugänglich, kein Eintritt, Avebury SN8 1RF, Tel. 016 72/53 92 50, www.nationaltrust.org.uk/avebury/

Mitte: Verhungern muss hier niemand: Café bei Stonehenge.
Unten: Historisch bedeutend: Woodhenge, eine Ansammlung von Ringen aus Baumpfählen

Mittsommernacht

Einmal im Jahr machen sich Tausende von Druiden-Freaks auf nach Stonehenge, um die Sommersonnenwende zu begehen. Dann nämlich scheint die Sonne genau durch den früheren Eingang auf den Altar. Forscher vermuten inzwischen, dass es eigentlich die Wintersonnenwende ist, die beim Bau der Anlage ausschlaggebend war. Wie auch immer: Der Mythos um den Steinkreis ist allein Grund genug für viele, die Mittsommernacht hier zu verbringen.

Woodhenge

Alle streben nach Stonehenge und verlieren dabei die beiden weiteren Hinterlassenschaften prähistorischer Zeit aus den Augen – zu Unrecht: Woodhenge unweit des Steinkreises ist optisch zwar deutlich unspektakulärer, aber historisch mindestens ebenso bedeutend. Die stumpfen Pfosten, auf einer Rasenfläche angeordnet, markieren die Standorte von ursprünglich sechs konzentrischen Ringen aus Holz, die hier seit 2300 v. Chr. gestanden haben. Sie liegen auf der Achse des Mittsommer-Sonnenaufgangs.

Archäologen gehen davon aus, dass das Gelände zeremoniellen Zwecken diente. Die Holzringe könnten Pfosten eines runden Gebäudes gewesen sein, das noch 1800 v. Chr. existierte. Der Archäologe Alexander Keiller (1889–1955) erkannte 1925 die Bedeutung der Funde und schaffte so die Grundlage für weitere Erforschungen des Areals. 70 Meter nördlich wurden 1966 die Durrington Walls aus dem 4. Jahrtausend v. Chr. entdeckt, Reste – wie Forscher annehmen – einer der größten prähistorischen Siedlungen Nordeuropas. Die Archäologen gehen von 300 Häusern aus. Das zehn Hektar große Oval besitzt einen Eingang im Südosten und Nordwesten.

Infos und Adressen

SEHENSWÜRDIGKEITEN

Stonehenge. Legendärer Steinkreis nördlich von Salisbury. A303, nahe Amesbury, Tgl. 9.30–17 Uhr (im Sommer bis 19 Uhr), Eintritt 13,90 £, Amesbury SP4 7DE, Tel. 08 70/333 11 81, www.english-heritage.org.uk/daysout/properties/stonehenge/

Woodhenge. Nachempfundener Holzkreis von 2300 v. Chr. Immer zugänglich, kein Eintritt, Countess Road, Amesbury SP4 7DW, Tel. 08 70/333 11 81, www.english-heritage.org.uk/daysout/properties/woodhenge/

ESSEN UND TRINKEN

Stonehenge Café. Schönes neues Café im Besucherzentrum mit frischen Kuchen und Scones, es kann auch ohne Eintritt besucht werden. Tgl. 9.30–17 Uhr (im Sommer bis 19 Uhr), nahe Amesbury SP4 7DE, Tel. 08 70/333 11 81, www.english-heritage.org.uk/daysout/properties/stonehenge/

The Bell. Modernisierter alter Pub mit günstigem Essen. So–Di 8–23 Uhr, Mi/Do 8–0 Uhr, Fr/Sa 8–1 Uhr, 15 Salisbury Street, Amesbury SP4 7AW, Tel. 019 80/67 77 00, www.jdwetherspoon.co.uk/home/pubs/the-bell

Hauptattraktion der Gegend: Stonhenge

Klein und gemütlich: Fairlawn House

ÜBERNACHTEN

Fairlawn House. Altes, aber renoviertes kleines Hotel in Amesbury. 42 High Street, Amesbury SP4 7DL, Tel. 019 80/62 21 03, www.fairlawnhotel.co.uk

Holiday Inn Stonehenge. Modernes Hotel acht Kilometer von Stonehenge entfernt. Solstice Park, Midsummer Place, Amesbury SP4 7SQ,Tel. 08 45/241 35 35, www.hisalisbury-stonehenge.co.uk

AKTIVITÄTEN

Stonehenge Landscape. Die Gegend rund um den Steinkreis lässt sich in Wanderungen erkunden. Amesbury SP4 7DE, Tel. 019 80/66 47 80, www.nationaltrust.org.uk/stonehenge-landscape/

INFORMATION

Tourist Information Centre. Mo–Fr 9–17 Uhr, Sa 10–16 Uhr, So 10–14 Uhr, Fish Row, Salisbury SP1 1EJ, Tel. 017 22/34 28 60, www.visitwiltshire.co.uk

27 Warminster
Die Stadt des Münsters

Mitte: Ursprünglich von König Alfred in Auftrag gegeben – das weiße Pferd von Bratton Camp
Unten: Ein Ort zum Abschalten: die Pleasure Gardens von Warminster

Die alte Stadt steht ein bisschen im Schatten der beiden Touristenzentren Bath und Salisbury. Doch macht sie das mit ihrer Lage am Rande der malerischen Hügel Somersets weitgehend wett. Warminster war in den 1960er- und 1970er-Jahren Zentrum all jener, die an UFOs glaubten – Fotos und seltsame Geräusche hatten dazu geführt, dass man hier Außerirdische vermutete. Das wurde längst widerlegt, doch noch immer kommen Anhänger dieser Theorien zusammen.

Warminster (19 000 Einwohner) erhielt seinen Namen durch ein Münster aus der Zeit der sächsischen Besiedelung. Wobei in der Umgebung schon seit der Eisenzeit Menschen gelebt haben müssen, wie Forscher herausfanden. Unter anderem die Hügelforts Battlesbury Camp und Scratchbury Camp zeugen davon.

Church of St. Denys

Die Church of St. Denys in der Bath Road ist der Nachfolgebau des eigentlichen Münsters. Sie entstand im 14. Jahrhundert, allerdings wurde bei Restaurierungs- und Erweiterungsarbeiten im 19. Jahrhundert unter anderem ein kleines Fenster entdeckt, das noch von einem Vorgängerbau aus dem 11. Jahrhundert stammen muss. Historiker vermuten, dass die ursprüngliche Kirche der Angelsachsen durch eine normannische ersetzt wurde und erst dann der heutige Bau entstand. Dass sich das Münster aus heutiger Sicht eher in Randlage zur Innenstadt befindet, ist damit zu erklären, dass genau hier die Wurzeln der Stadt liegen.

Warminsters Zentrum um den Market Place unweit des Bahnhofs leidet ein bisschen unter dem Autoverkehr. Während andere Orte schon früh den Trend hin zu Fußgängerzonen erkannt haben, ist die Einkaufsgegend dieser Stadt noch immer gleichzeitig die Hauptdurchgangsstraße für den Autoverkehr. Dennoch lässt es sich entlang der überwiegend georgianischen Gebäude ganz nett bummeln. Neben einigen Einzelhandelsketten finden sich eine Menge individueller Läden.

Smallbrook Meadows

Mit den Pleasure Gardens und Smallbrooks Meadows verfügt Warminster über grüne Bereiche direkt in der Stadt. Während die Pleasure Gardens als Park und Grünfläche bei Skateboardern und Spaziergängern beliebt sind, wird Smallbrook Meadows als Naturschutzgebiet gepflegt. Das Weideland an der Smallbrook Road ist gespickt mit mehreren Wasserflächen, Hecken, kleinen Flüssen und so ein ideales Reservoir für viele Tiere, vor allem Vögel. Mehrere Pfade führen durch das Gelände, sodass es auch von Fußgängern unkompliziert erkundet werden kann.

Bratton Camp

Bratton Camp nahe des hübschen Ortes Westbury ist ein weiteres Hügelfort aus der Eisenzeit, das wegen einer anderen Besonderheit die Blicke auf sich zieht: einem weißen Pferd. König Alfred (848/849–899) soll den Auftrag gegeben haben, die Umrisse des Tieres in den Hügel zu schneiden. Er wollte damit an die Schlacht von Ethandium erinnern. Doch der Legende nach wurde sein Auftrag falsch umgesetzt: Das Pferd blickt nicht wie beauftragt zur Stadt, sondern in die entgegengesetzte Richtung. 1778 wurde es neu gestaltet und ist nach mehreren Restaurierungen gut zu erkennen.

AUTORENTIPP!

IN ENGLAND AUF SAFARI

Es ist eine ungewöhnliche Kombination: Direkt am alten Herrenhaus von Longleat können Besucher auf Safari gehen und Tiger, Giraffen oder Affen sehen. Der 1966 eröffnete Safari and Adventure Park auf dem Anwesen steht in der Gunst vieler Kinder ganz oben. Und er macht Longleat zu einem der bestbesuchten Herrenhäuser Großbritanniens. Dabei ist schon das Anwesen selbst einen Besuch wert. Longleat House stammt vom Ende des 16. Jahrhunderts und wird für Hochzeitsfeiern genutzt. Es kann morgens aber von jedermann besichtigt werden. Auf dem Gelände gibt es auch eine Ferienanlage von Center Parc.

Longleat Park. Apr.–Okt. 10–17 Uhr (im Sommer bis19 Uhr), Dez. 10–19.30 Uhr, Hausführungen nur zwischen 10 und 11 Uhr, Safari/Haus/Garten Eintritt 31,95 £, Haus/Garten 16,50 £, Warminster BA12 7NW, Tel. 019 85/84 44 00, www.longleat.co.uk/

Oben: Imposantes Anwesen mit einem schönen Herrenhaus: Stourhead House and Garden
Unten: Beides gehört heute dem National Trust und kann besichtigt werden.

Stourhead House and Garden

Das Herrenhaus im Stil des Palladianismus gerät angesichts des ihn umgebenden traumhaften Landschaftsgartens fast ein wenig in den Hintergrund. Das parkähnliche Gelände ist geprägt von malerischen Seen, kleinen klassizistischen Tempeln, mystischen Grotten und seltenen Bäumen. Das Anwesen entstand in seiner heutigen Form, nachdem der Bankier Henry Hoare I. (1677–1725) im Jahr 1717 das hier früher existierende Old Stourton House erwarb und abreißen ließ. An dessen Stelle baute er eine von Säulen geprägte Villa und nannte sie Stourhead. Sein Sohn ließ den Bau zu seiner heutigen Größe erweitern. Heute gehört er dem Denkmalschutzfonds National Trust, da der letzte Nachfahre der Familie Hoare im Ersten Weltkrieg gefallen war.

Im Inneren sind die seltenen Möbel zu sehen, die Thomas Chippendale (1749–1822), Sohn des gleichnamigen berühmten Tischlers, zwischen 1795 und 1820 eigens für Stourhead anfertigte. Unter anderem der Schreibtisch in der Bibliothek ist ein Meisterwerk. Der Garten ist geprägt nicht nur von seltenen Bäumen und Rhododendronbüschen, sondern auch von drei Tempeln, von denen einer dem Pantheon nachempfunden ist und malerisch an einem Teich liegt.

Infos und Adressen

SEHENSWÜRDIGKEITEN

Bratton Camp. Ein Hügel aus der Eisenzeit mir einem weißen Pferd. Immer zugänglich, Eintritt frei, Bratton Road, Westbury BA13 3EP, Tel. 08 70/333 11 81, www.english-heritage.org.uk/daysout/properties/bratton-camp-and-white-horse/

Stourhead House. Altes Herrenhaus samt Landschaftsgarten. April–Okt. Garten tgl. 9–19 Uhr, Haus tgl. 9–17 Uhr, Nov.–März Garten tgl. 9–17 Uhr, Haus Sa/So 11–15 Uhr, Eintritt 13,20 £, Mere BA12 6QF, Tel. 017 47/84 11 52, www.nationaltrust.org.uk/stourhead/

ESSEN UND TRINKEN

The Bell and Crown. Landgasthaus mit britischer Küche. Mo–Sa 11–15 und 17–23 Uhr, So 12–15 Uhr, New Road, Zeals BA12 6NJ, Tel. 017 47/84 04 04, www.bellandcrown.com

The George Inn. Toller Gastropub mit britischer Küche südlich von Warminster. Tgl. 8–23 Uhr, So 12–10.30 Uhr, Longbridge Deverill, Warminster BA12 7DG, Tel. 019 85/84 03 96, www.the-georgeinn.co.uk

Bis ins Detail schön: Stourhead House

Bummel in der High Street von Warminster

ÜBERNACHTEN

Bishopstrow Hotel & Spa. Luxuriöses Hotel in einem alten Herrenhaus. Boreham Road, Warminster BA12 9HH, Tel. 019 85/87 87 55, www.bishopstrow.co.uk

Home Farm Boreham. B&B in einem alten Farmhaus. 221 Boreham Road, Warminster BA12 9HF, Tel. 019 85/21 32 66, www.homefarmboreham.com

EINKAUFEN

Magpie. Kleines Café und Geschenkartikelladen. Mo/Di, Do–Sa 9–17.30 Uhr, 6 East Street, Warminster BA12 9BN, Tel. 019 85/21 64 97, www.magpiewarminster.co.uk

INFORMATION

Warminster Information Centre. Mo–Fr 10–16 Uhr, Sa 9–13 Uhr, Central Car Park, Warminster BA12 9BT, Tel. 019 85/21 85 48, www.warminsterinfocentre.co.uk

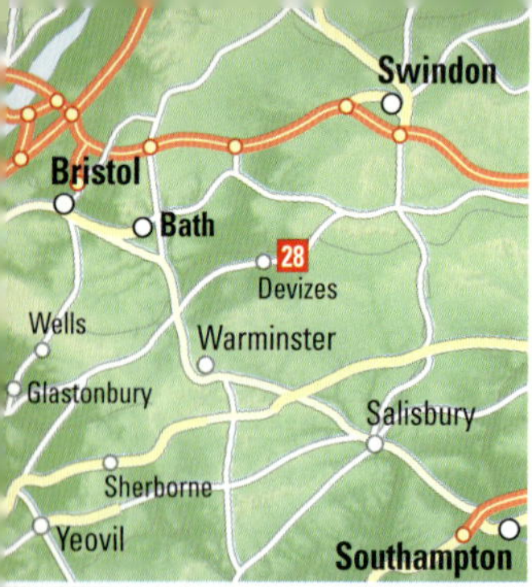

28 Devizes
Die Marktstadt am Kanal

Die alte Marktstadt steht ein wenig im Schatten des beliebten Bath – doch auch Devizes hat mit seinen alten, überwiegend georgianischen Gebäuden durchaus seinen Charme. Fast 500 von ihnen stehen unter Denkmalschutz. Im Zentrum befindet sich mit dem Schloss eines der Bauwerke, mit dem im 11. Jahrhundert die Bebauung dieses Gebiets Englands erst begann. Wahrzeichen ist aber das monumentale Marktkreuz in der Innenstadt.

Die Zeit als wichtiges Handelszentrum mag für Devizes (11 000 Einwohner) längst vorbei sein, doch rund um den Market Place, den zentralen Platz mit seinen vielen Geschäften und Restaurants, herrscht tagsüber noch immer geschäftiges Treiben. Die Kleinstadt hat sich, nicht zuletzt durch die große Wadworth-Brauerei, einen gewissen Wohlstand erhalten, und den strahlt sie selbstbewusst aus – was unter anderem am üppigen Marktkreuz zu sehen ist. Es befindet sich ebenfalls am Market Place, stammt aus dem Jahr 1814 und ersetzte damals ein einfacheres Vorgängerkonstrukt. Tagsüber trifft man sich hier oder sitzt auf einer der Bänke und genießt den Blick auf die wunderschönen Häuser entlang der Straßen.

Die alte Markthalle von 1853 existiert noch immer. Donnerstags bis samstags finden Märkte statt. Der Corn Market (1856) ganz in der Nähe wird hingegen als Veranstaltungssaal genutzt. St. John's Alley ist eine schmale Gasse, die von Fachwerkhäusern geprägt ist. Das mittelalterliche Schloss von Devizes wurde im viktorianischen Stil

Mitte: Öffnet ihre Pforten auch für Besucher – die Wadworth Brewery
Unten: Der Kennet and Avon Canal führt an Devizes vorbei. In diesem Bereich gibt es besonders viele Schleusen.

von der Leach-Familie erweitert und später in teure Privatwohnungen umgebaut. Es ist jedoch nicht zu besichtigen.

Wadworth Brewery

Es ist in Zeiten der Globalisierung gar nicht so einfach, noch eine regionale Brauerei zu finden. Wadworth hat ihren Platz auf dem Markt bis heute behauptet. Die Brauerei wurde 1875 gegründet und ist für ihr 6X-Bier bekannt, ein hellbraunes, malziges Ale. Wadworth betreibt auch – wie viele britische Brauereien – eigene Pubs. Bekannt ist sie dafür, dass sie bis heute vor Ort ihre Bier mit Pferdekutschen ausliefert. Besucher können zweimal täglich Führungen durch die Produktion mitmachen.

Caen Hill

Nicht weniger als 16 Schleusen helfen Schiffen über den Caen Hill zwischen Rowde und Devizes. Sie sind Teil des Kennet and Avon Canal, wichtigster Teil einer Verbindung zwischen London und dem Bristol Channel. Die Schleusen am Caen Hill waren das Schlussstück des Kanals, der 1810 fertiggestellt wurde. Sie sind eingebettet in einen größeren Abschnitt von insgesamt 29 Schleusen, die ein Schiff im Bereich von Devizes bewältigen muss. Der schottische Ingenieur John Rennie (761–1821) hat das ungewöhnliche Bauwerk entwickelt. In einem kleinen Museum gibt der Kennet and Avon Canal Trust Aufschluss über Bau und Betrieb des Kanals.

Lacock Abbey

Das frühere Kloster aus dem 13. Jahrhundert befindet sich am Rande eines kleinen Dorfs, das komplett vom National Trust unterhalten wird.

AUTORENTIPP!

WO DOCTOR WHO VOR DER KAMERA STAND

Das barocke Herrenhaus (1692) inmitten eines 1,1 Quadratkilometer großen Anwesens wirkt wie ein Schloss. Umgeben von Scharen von Hirschen können Besucher durch den weiten Park schlendern, das zentrale Gebäude besichtigen und den Garten genießen. Der ehemalige Barockgarten wurde im 19. Jahrhundert in einen Englischen Landschaftsgarten verwandelt. Dyrham war bereits Drehort mehrerer Filme und Serien, unter anderem *Australia* und *Doctor Who.* William Blathwayt (1649–1717) ließ das Herrenhaus bauen, das innen im niederländischen Stil des 17. Jahrhunderts gestaltet ist. Seine Familie lebte darin bis 1961, dann übernahm es der National Trust.

Dyrham. März–Okt. Fr–Di 11–17 Uhr (Juli/Aug. tgl.), Nov.–Feb. nur Park zugänglich, Eintritt 11,20 £, A46, South Gloucestershire SN14 8ER, Tel. 01 17/937 25 01, www.nationaltrust.org.uk/dyrham-park

Heinrich VIII. (1491–1547) ließ alle englischen Klöster auflösen und verkaufte Lacock, das in der Folge zu einem Wohnhaus umgebaut wurde. Glücklicherweise ließ der neue Besitzer nur die Kirche abreißen und den Klosterbereich stehen. So können Besucher noch heute durch den Kreuzgang spazieren – der übrigens weltberühmt wurde: Szenen der Harry-Potter-Filme wurden hier gedreht.

Andere Bereiche des Anwesens erfuhren mehrfach Umbauten, sodass schöne Wohnräume im Stil der Renaissance entstanden. Ein Erkerfenster über dem Eingang ging in die Geschichte ein: William Henry Fox Talbot (1800–1877) fotografierte es 1835 mithilfe einer neuartigen Negativ-Positiv-Methode, die Grundlage der Fotografie wurde. Und nicht nur das: Das Bild ist das erste erhaltene Foto der Welt! Talbot gilt insofern als Erfinder der modernen Fotografie, selbst wenn die Digitalkameras auf diesem Feld bereits eine neue Epoche eingeläutet haben. Ein Museum in Lacock widmet sich speziell Fox Talbot und seiner Erfindung. Sehenswert ist neben den Innenräumen von Lacock Abbey auch das Dorf selbst. In den alten Häusern haben sich einige wenige kleine Geschäfte und Lokale angesiedelt.

Oben/Mitte: Hier wurde die moderne Fotografie erfunden: Lacock Abbey, ein früheres Kloster. In seinem Kreuzgang wurden unter anderem Szenen der Harry-Potter-Filme gedreht.
Unten: Schleusenmeile: der Kennet and Avon Canal am Caen Hill

Infos und Adressen

SEHENSWÜRDIGKEITEN

Kennet and Avon Canal Museum. Mo–Fr 10–16 Uhr, im Sommer auch am Wochenende, Eintritt 2.75 £, Couch Lane, Devizes SN10 1EB Tel. 013 80/73 93 93, www1.katrust.org.uk

Lacock. Abbey und Museum. Ort immer zugänglich, Museum Mi–Mo 11–17 Uhr, im Winter nur Sa/So 12–16 Uhr, Eintritt 11,20 £, bei Chippenham, Lacock SN15 2LG, Tel. 012 49/73 04 59, www.nationaltrust.org.uk/lacock

ESSEN UND TRINKEN

The Bistro. Internationales Street Food. Di–Sa 11–14 und 18.30–22 Uhr, 7 Little Brittox, Devizes SN10 1AR, Tel. 013 80/72 00 43, www.thebistrodevizes.co.uk

Little House of Coffee. Kleiner Coffeeshop mit Kuchen in Devizes. 35 Market Place, Devizes SN10 1JG, Tel. 013 80/73 63 73

ÜBERNACHTEN

Beechfield House. Nobles altes Hotel etwas außerhalb. Beanacre Road, Beanacre SN12 7PU, Tel. 012 25/70 37 00, www.beechfieldhouse.co.uk

Market Square in Devizes

Lacock Abbey war einst ein Kloster.

The Castle Hotel. Schönes altes, modernisiertes Hotel nahe dem Zentrum. New Park Street, Devizes SN10 1DS, Tel. 013 80/72 79 81, www.castlehoteldevizes.co.uk

EINKAUFEN

Elm Tree Antiques. Antiquitätenladen in einem alten Fachwerkhaus. Di, Do–Sa 10–16 Uhr, So 10–14 Uhr, 1 Long Street, Devizes SN10 1NJ, Tel. 013 80/81 62 30, www.elmtreeantiques.com

AKTIVITÄTEN

Wadworth Brewery Visitor Centre. Tour durch die Brauerei von Devizes. Mo–Sa 10–17 Uhr, Touren jeweils um 11 und 14 Uhr, Eintritt 10 £, New Park Street, Devizes SN10 1JW, Tel. 013 80/73 22 77, www.wadworthvisitorcentre.co.uk

INFORMATION

Devizes Tourism Partnership. Mo–Sa 10–17 Uhr, So 12–16 Uhr, Wiltshire Museum, 41 Long Street, Devizes SN10 1NS, Tel. 013 80/80 04 00, www.devizes.org.uk

DER NORDEN – DAS TOR ZU DEN MIDLANDS

Vorangehende Doppelseite: Die hügelige Landschaft der Cotswolds wie hier am Rande von Sudeley Castle zieht in jedem Sommer Wanderer an.
S. 170: Blick von Eton auf Windsor mit seinem Schloss

29 Windsor

Die Stadt des Schlosses

Die Stadt ist einer der berühmtesten Orte des Vereinigten Königreichs – dabei kennen die meisten sie nur als Standort des Schlosses, das den derzeitigen Royals ihren Namen gab. In der Tat ist Windsor Castle eines der beeindruckendsten Schlösser der Welt – doch die kleine Stadt an der Themse hat noch mehr zu bieten: eine hübsche Innenstadt, einen umgebauten alten Bahnhof und natürlich Eton, die berühmte Privatschule, auf die die oberen Zehntausend mit Vorliebe ihre Kinder schicken.

Windsor (29 000 Einwohner) wirkt wie eine typische britische Kleinstadt mit alten Gebäuden, blumenverzierten Straßen und einem eher gemütlichen Alltag. Doch schon im Zentrum wird sichtbar, weshalb die Stadt trotz ihrer geringen Größe eine solche Bedeutung für das Land hat: Windsor Castle erstreckt sich vom Einkaufsbereich bis zur Themse und ist trotz eingeschränkter Öffnungszeiten das heimliche Zentrum. Das Schloss-

MAL EHRLICH

WARTESCHLANGEN FÜR TICKETS

Es gibt viele Leute, die nur wegen des Schlosses nach Windsor reisen – entsprechend voll ist es hier in der Regel. Es ist keine Seltenheit, dass die Schlange am Kartenverkauf so lang ist, dass man länger als eine Stunde ansteht. Wer dies auf sich nimmt, hat selbst Schuld: Man kann Karten auch im Internet für einen bestimmten Tag vorbestellen und sie dann relativ schnell am Eingang abholen. Das spart Zeit – und Nerven.

leben bestimmt den Alltag der ganzen Stadt. So ist die Guildhall von 1687 auch jener Ort, an dem sich Prinz Charles und Camilla Parker Bowles 2005 das Jawort gaben. Zudem gab es hier im selben Jahr eine der ersten eingetragenen Lebenspartnerschaften von Menschen gleichen Geschlechts – zwischen Musiker Elton John und David Furnish.

Die Guildhall war als Kombination von Rathaus und Markt gebaut worden, unter dem Gebäude sind noch Arkaden zu sehen. Die zentrale Einkaufsstraße heißt Peascod Street und läuft direkt auf den Castle Hill zu. Hübsch ist der Savill Garden zehn Kilometer südlich der Innenstadt. Das in den 1930er-Jahren gestaltete Gelände beinhaltet unterschiedliche Bereiche wie einen Rosengarten.

Central Railway Station

1849 als zentraler Bahnhof von Windsor und Eton eröffnet, hat sich die Central Railway Station gegenüber des Schlosses inzwischen zu einem Einkaufszentrum gewandelt. Unter dem Namen Windsor Royal Shopping gibt es etliche Geschäfte und Restaurants – was eigentlich nichts Besonderes in einer Innenstadt ist. Hier hat man sich bei der Renovierung jedoch besondere Mühe gegeben, sodass der Bahnhof in seiner alten Form erhalten geblieben ist.

Windsor Castle

An den meisten Wochenenden im Jahr macht sich die königliche Familie auf, um im weiträumigen Schloss der Kleinstadt Windsor etwas Abstand vom Trubel in London zu gewinnen. Die Anlage an der Themse etwa 40 Kilometer westlich des Buckingham-Palasts gilt als größtes und ältestes durchgehend bewohntes Schloss der Welt. Dass es als britisches Versailles bezeichnet wird, liegt wohl

AUTORENTIPP!

EIN HERRENHAUS FÜR KÖNIGE

Es ist nur wenige Tage im Jahr zugänglich, da die königliche Familie es privat nutzt, doch das Warten lohnt sich: Frogmore House in der Nähe von Windsor Castle ist ein Herrenhaus aus dem Jahr 1680, das 1792 von König Georg III. für Königin Charlotte erworben wurde. Seitdem befindet es sich im Besitz der Windsors. Im Inneren ist es aufwendig im Stil der damaligen Zeit eingerichtet. Der Britannia Room beinhaltet inzwischen Utensilien aus der 1997 ausrangierten königlichen Jacht Britannia. Im Garten mit dem Frogmore Lake stehen Mausoleen für Königin Viktoria und ihren Mann Prinz Albert sowie für Marie Luise Viktoria, die Duchess of Kent.

Frogmore House. Geöffnet an einigen Augusttagen sowie für Gruppen auch im September. Eintritt 8,50 £, Windsor Home Park, Windsor SL4 1NJ, www.royalcollection.org.uk/visit/frogmorehouse

Oben: Aus Eton stammt Großbritanniens selbst ernannte Elite. Die dortige Privatschule genießt weltweit den besten Ruf.
Unten: Das Königshaus reist an fast jedem Wochenende nach Windsor Castle, um sich von den Strapazen der Woche zu erholen.

an seiner Lage inmitten eines zehn Hektar großen Parks unmittelbar in der Innenstadt – weniger an der Bauweise und auch nicht an der Parkgestaltung.

Windsor Castle entstand nach 1078, als Wilhelm I. (1027–1087) den Mönchen der Westminster-Abtei das Grundstück abkaufte. Er ließ eine erste Holzburg errichten. Auf Heinrich III. (1207–1272) geht der Curfew Tower zurück. Edward III. (1312–1377) ließ Windsor zu einem prachtvollen Palast aus Stein ausbauen, dessen Grundriss noch existiert. Unter anderem der breite Round Tower entstand in dieser Zeit, der von der Innenstadt aus sichtbar ist. Insgesamt 39 Monarchen lebten in Windsor Castle, was zu einer kontinuierlichen Veränderung der Staats- wie der Privatgemächer führte. Queen Victoria machte das Schloss der Öffentlichkeit zugänglich.

Heute kann ein beachtlicher Teil des Anwesens besichtigt werden, unter anderem die prunkvoll ausgestatteten Empfangsräume, die mit aufwendigen Holzdecken und Wandverzierungen sowie Antiquitäten und edlen Gemälden ausgestattet sind. St. George's Chapel ist eine beeindruckende, relativ große Kapelle, die zwischen 1475 und 1480 erbaut wurde. Sie zählt zu den besten Beispielen

Rundgang

Der Rundgang führt einmal durch das Zentrum von Windsor bis nach Eton – und von dort wieder zurück. Wer nicht so weit laufen möchte, kann den Teil auf der anderen Seite der Themse auch ausklammern.

Nur eine Brücke trennt Eton und Windsor.

A **Windsor Royal Shopping** – Der zentrale Bahnhof von Windsor ist zu einem schicken Einkaufszentrum umgebaut worden. Genau genommen wurde gar nicht viel erneuert: Die alten Bahngebäude sind fast vollständig erhalten, beherbergen nun aber Geschäfte.

B **Innenstadt** – Die Peascod Street ist die zentrale Einkaufsstraße von Windsor. Über den Bridgewater Way gelangt man durch eine hübsche Gegend hierhin, vorbei an zahlreichen weiteren Geschäften.

C **Guildhall** – Das alte Rathaus von Windsor verband Verwaltungsangelegenheiten mit einem Markt im Erdgeschoss. Inzwischen sind darin einige Büros des Bürgermeisters untergebracht.

D **Church Lane** – In diesem Bereich befinden sich viele kleine Cafés und Geschäfte – ideal zum Bummeln.

E **Windsor Castle** – Wochenendresidenz der britischen Monarchen und so etwas wie das Versailles Englands. Windsor Castle gilt als eines der prachtvollsten Schlösser des Landes und ist zudem eines der sehenswertesten der Welt.

F **Theatre Royal** – Das Traditionstheater von Windsor entstand 1910 als Nachfolgebau eines zwei Jahre zuvor abgebrannten Hauses. Zwischenzeitlich mutierte es zum Kino, inzwischen sind wieder Bühnenaufführungen zu sehen.

G **Themse** – Hübsche alte Gebäude prägen das Ufer der Themse, unter anderem das Hotel Sir Christopher Wren.

H **High Street** – Die Hauptstraße von Eton verläuft von der Themse bis zum berühmten Eton College und ist gesät mit lauter kleinen, interessanten Läden.

I **Eton College** – Das Traditionsinternat hat etliche Mitglieder der königlichen Familie ausgebildet, außerdem spätere Politiker und Regierungsmitglieder. Sehenswert ist unter anderem die Kapelle gleich zu Beginn des Geländes.

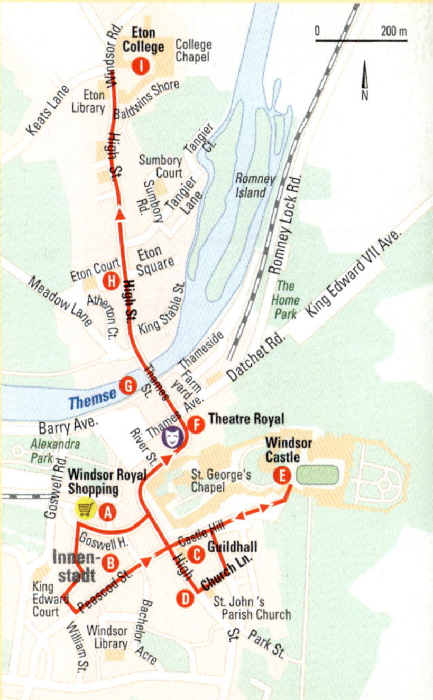

AUTORENTIPP!

ROYAL ASCOT
Die wohl bekannteste britische Rennbahn liegt unweit von Windsor: Ascot hat traditionell eine sehr enge Bindung an das britische Königshaus. Was auch an seinem Entstehen liegen dürfte: Queen Anne (1665–1714) gründete die Bahn im Jahr 1711. Seitdem gibt es hier einmal im Jahr mit Royal Ascot eines der Topereignisse in der britischen Upper Class. Eine knappe Woche lang trifft sich im Juni alles, was Rang und Namen hat – auch die Königin und ihre Familie. Nicht nur dann herrscht ein strenger Dresscode: Zwar benötigt man außerhalb von Royal Ascot keinen Frack, doch sind Sakko und Krawatte bzw. entsprechende Kleider bei Damen das ganze Jahr über erwünscht.

Ascot Race Course. Rennen meist an Wochenenden, Royal Ascot findet Mitte Juni statt. Tickets rund 20 £, High Street, Ascot SL5 7JX, Tel. 08 44/346 30 00, www.ascot.co.uk

mittelalterlicher Architektur in Großbritannien. Queen Marys (1867–1953) Puppenhaus ist ein wahrlich königliches Miniaturmodell: Im Maßstab 1:12 ist ein Haus entstanden, in dem nicht nur das Licht funktioniert, sondern sogar Wasser läuft und Aufzüge fahren. Zwischen September und März sind auch die Privatgemächer König Georgs IV. (1762–1830) geöffnet, die sonst von der königlichen Familie für Veranstaltungen genutzt werden. Wie weitere Teile des Schlosses waren diese Räume 1992 durch ein Großfeuer schwer beschädigt worden. Inzwischen aber ist das gesamte Schloss wieder komplett restauriert worden.

Eton College

Englands edelste Privatschule befindet sich in unmittelbarer Nähe zu Schloss Windsor – und das hat im Laufe der Jahrhunderte erhebliche Auswirkungen auf ihren Ruf gehabt. Nicht nur Mitglieder der königlichen Familie, auch etliche spätere Premierminister drückten hier die Schulbank. Bei Gebühren von mehr als 30 000 Pfund jährlich wird eine Grundauswahl derer getroffen, die die Schule besuchen können. Eton hängt bis heute an alten Traditionen wie Schuluniformen und natürlich dem Rudersport, dem wohl englischsten aller Hochschulsportarten. Und nicht zuletzt bleibt Mädchen der Unterricht verwehrt – Eton ist eine reine Jungenschule. Das College kann normalerweise besichtigt werden, ist aber bis Ende 2015 in einer Restaurierungsphase.

Heinrich VI. (1421–1471) gründete die Schule im Jahr 1440 ursprünglich für Kinder mittelloser Eltern. Die horrenden Schulgebühren wurden erst deutlich später eingeführt. Das burgähnliche Anwesen verfügt über eine eigene Kapelle im gotischen Stil sowie einen Teich zum Rudern.

Infos und Adressen

SEHENSWÜRDIGKEITEN

Changing of the Guard. Zeremonielle Wachablösung alle zwei Tage in Windsor Castle. 11 Uhr, nicht sonntags, genauer Zeitplan unter www.householddivision.org.uk/guard-at-windsor-castle

Eton College. Nur von außen zu besichtigen. Slough Road, Windsor SL4 6DW, Tel. 017 53/67 10 00, www.etoncollege.com

Legoland Windsor. Freizeitpark. April–Okt. tgl. 10–18 Uhr (im Sommer bis 19 Uhr), Eintritt 46,80 £, Winkfield Road, Windsor SL4 4AY, Tel. 08 71/222 20 01, www.legoland.co.uk

Windsor Castle. Wochenendresidenz des Königshauses. März–Okt. tgl. 9.45–17.15 Uhr, Nov.–Feb. tgl. 9.45–16.15 Uhr, Eintritt 18,50 £, Windsor SL4 1NJ, Tel. 020/77 66 73 04, www.royalcollection.org.uk/visit/windsorcastle

ESSEN UND TRINKEN

Jungs. Deutsches Café im Zentrum. Mo–Sa 8–18 Uhr, So 9–18 Uhr, 95 Peascod Street, Windsor SL4 1DH, Tel. 017 53/85 28 78, www.hpjung.com

Wachablösung auf Schloss Windsor

Einkaufszentrum: die Windsor Royal Shopping Mall

The Two Brewers Pub. Gemütlicher Pub mit britischer Küche. Tgl. 11.30–23 Uhr, 34 Park Street, Windsor SL4 1LB, Tel. 017 53/85 54 26, www.twobrewerswindsor.co.uk

ÜBERNACHTEN

Mercure Windsor. Traditionshotel an der Guildhall. 18 High Street, Windsor, Berkshire SL4 1LJ, Tel. 017 53/25 28 00, www.mercure.com

Sir Christopher Wren Royal Windsor. Schönes altes Hotel an der Themse. Thames Street, Windsor SL4 1PX, Tel. 017 53/44 24 00, www.sirchristopherwren.co.uk

EINKAUFEN

Windsor Royal Shopping. Einkaufszentrum im alten Bahnhof. Mo–Sa 10–18 Uhr, So 11–17 Uhr, 5 Goswell Hill, Windsor SL4 1RH, Tel. 017 53/79 70 70, www.windsorroyalshopping.co.uk

INFORMATION

Royal Windsor Information Centre. Mo–Sa 10–17 Uhr (im Winter bis 16 Uhr), So 10–16 Uhr, Windsor Royal Shopping, Thames Street, Windsor SL4 1PJ, Tel. 017 53/74 39 00, www.windsor.gov.uk/visitor-info

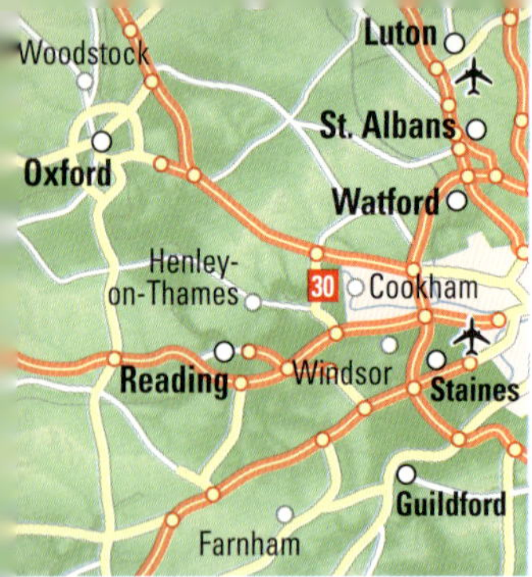

30 Cookham
Das Idyll an der Themse

Der kleine Ort bei Maidenhead gehörte bis 1818 dem britischen Königshaus – entsprechend edel geht es bis heute zu. Zudem ist Cookham eine der reichsten Gemeinden des Landes. Die Restaurants sind etwas besser, die Straßen etwas sauberer und die Pflanzen etwas gepflegter als in manch anderen Städtchen. Durch die Nähe zur Themse, die unmittelbar um Cookham herumfließt, ist der Ort auch bei Ausflüglern und Wanderern beliebt.

Beliebtes Naherholungsgebiet: Boulter's Lock an der Themse

Das Leben in Cookham (5500 Einwohner) spielt sich mehr oder weniger in der kurzen High Street ab. An deren Ende befindet sich eine Erinnerung an den wohl berühmtesten Einwohner des Städtchens: die Stanley Spencer Gallery, die Werke des gleichnamigen Künstlers präsentiert. Spencer (1891–1959) wurde in Cookham geboren und verbrachte hier auch einen Großteil seines Lebens. Er nannte den Ort stets das »Dorf im Himmel«. Nach seinem Tod wurde eine frühere Kapelle zur Galerie umfunktioniert. Ein anderer berühmter Einwohner war Kenneth Grahame, der 1908 mit seinem Kinderbuch *Der Wind in den Weiden* bekannt wurde. Er lebte mit seiner Großmutter in Cookham Dean, einem Ortsteil von Cookham.

Schwäne-Zählen

Cookham ist bekannt für das Ritual des Schwäne-Zählens. Immer in der dritten Juliwoche machen sich Helfer in Booten auf, um die Schwäne der Themse zu markieren. Denn nach britischem Recht gehören alle nicht anderweitig markierten Schwäne im Land dem Königshaus. Das legt zwar heutzutage keinen gesteigerten Wert mehr darauf, die Zählaktion wird aber aus alter Tradition fortgeführt.

Boulter's Lock

Drei Kilometer südlich von Cookham teilt sich die Themse in mehrere Arme, wodurch eine kleine Insel im Fluss entstanden ist – Ray Mill Island. Sie ist als schöner Park gestaltet und über eine Brücke erreichbar. 1772 wurde Boulter's Lock gebaut, eine Schleuse mit angrenzendem Wehr. Die ganze Gegend ist inzwischen zu einem beliebten Naherholungsziel geworden und wird gern von Kajakfahrern genutzt.

Maidenhead

Maidenhead (78 000 Einwohner) ist eine Art Zentrum der Region und zudem eine der teuersten Städte Englands. Die Hauspreise sind inzwischen ähnlich hoch wie im Zentrum von London. Dabei ist Maidenhead eine im Vergleich zum Umland relativ junge Stadt. Sie entwickelte sich erst im 18. Jahrhundert rund um Anlegeplätze an der Themse und erhielt im 19. Jahrhundert als Haltepunkt der Eisenbahntrasse von London nach Südwestengland eine deutlich größere Bedeutung.

Die kurze Vergangenheit der Stadt führt allerdings auch dazu, dass es nur einige sehenswerte Gebäude gibt und der große Rest eher zweckmäßig als schön erscheint. Hübsch ist die Maidenhead Bridge, die die Stadt mit dem Gebiet östlich der Themse verbindet. Südlich davon existiert noch jene Eisenbahnbrücke, die Isambard Kingdom Brunel (1806–1859) im Zuge des Baus der Great Western Railway konstruierte. Sie trägt den Beinamen Sounding Arch, weil man vom Wasser aus unter ihren Bögen ein Echo hören kann.

Infos und Adressen

SEHENSWÜRDIGKEITEN

Stanley Spencer Gallery. April–Okt. tgl. 10.30–17.30 Uhr, Nov.–März Do–So 11–16.30 Uhr, Eintritt 5 £, High Street, Cookham SL6 9SJ, Tel. 016 28/47 18 85, www.stanleyspencer.org.uk

ESSEN UND TRINKEN

Boulters Riverside Brasserie. Britische Küche. Mo–Do 11.30–23 Uhr, Fr. 11.30–1 Uhr, Sa 10–1 Uhr, So 10–22.30 Uhr, Boulters Lock Island, Maidenhead SL6 8PE, Tel. 016 28/62 12 91, www.boultersrestaurant.co.uk

The White Oak. Gastropub mit aufwendiger britischer Küche. Mo–Fr 12–23 Uhr, So 12–21 Uhr, The Pound Cookham, Maidenhead SL6 9QE, Tel. 016 28/52 30 43, www.thewhiteoak.co.uk

ÜBERNACHTEN

Thames Riviera Hotel. Schickes altes Hotel an der Themse. The Bridge, Maidenhead SL6 8DW, Tel. 016 28/67 40 57, www.thamesriviera.com

INFORMATION

Maidenhead Information Centre. Mo–Fr 9–19 Uhr, Sa 9–17 Uhr, So 11–14 Uhr, Maidenhead Library, St. Ives Road, Maidenhead SL6 1QU, Tel. 016 28/79 65 02, www.windsor.gov.uk

31 Henley-on-Thames
Die Heimat der Regatta

Dieser schöne Ort ist wegen seiner Lage an der Themse in aller Munde: als Heimat des weltberühmten Leander-Ruderclubs und als Austragungsort der immer Anfang Juli ausgetragenen Royal Regatta. Dann zieht es alles, was Rang und Namen hat, nach Henley-on-Thames. Wer außerhalb der Festwoche kommt, erlebt einen gemütlichen, blumengeschmückten Ort, der gewissermaßen als Prototyp einer englischen Kleinststadt herhalten könnte.

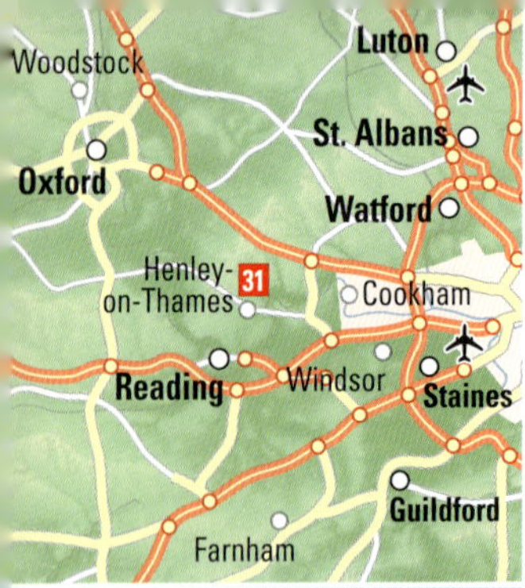

Hier genießt man das Leben: ob in oder vor einem der Cafés im Zentrum von Henley-on-Thames (**Mitte**) oder direkt an der Themse (**unten**), wo Bootfahren einfach dazugehört.

Es gibt zwei Indikatoren in Großbritannien, die einiges über die Kaufkraft eines Ortes aussagen: Der eine heißt Waitrose, eine Supermarktkette mit vorzugsweise besseren Marken, und ist dort zu finden, wo es die Leute nicht stört, auch mal zehn Pence mehr auszugeben. Der andere ist der Charity Shop, jener Laden, in dem gemeinnützige Organisationen Second-Hand-Waren an den Mann bringen. Je zentraler Waitrose, desto höher ist die Kaufkraft der Bevölkerung, je mehr Carity Shops, desto geringer. In Henley-on-Thames ist die Su-

MAL EHRLICH

RUDERRUMMEL

Henley-on-Thames ist ein perfekter Ausganspunkt zum Erkunden der Umgebung – allerdings nicht immer: Anfang Juli platzt die beschauliche Stadt aus allen Nähten. Dann steht der Verkehr, die Hotels sind viel teurer als sonst und obendrein ausgebucht. Zur Festwoche der Royal Regatta herrscht Ausnahmezustand. Möchte man sich also nicht bewusst dieses Spektakel anschauen, empfiehlt es sich dringend, außerhalb dieser Hochsaison kommen.

permarktkette mitten im Zentrum beheimatet, dagegen sieht man Läden von Wohltätigkeitsorganisationen so gut wie keine: Die Kleinstadt an der Themse ist seit jeher Heimat jener, die das Leben genießen. Ex-Beatle George Harrison etwa soll hier gelebt haben.

An der Themse

In der Innenstadt um die Duke Street und den Market Place reihen sich in den überwiegend georgianischen Gebäuden und Tudorhäusern nette Restaurants und Cafés aneinander. Ein Stück weiter an der Themse liegt nicht nur der altehrwürdige Leander Club (gegründet 1818), sondern auch das Hauptquartier der Regatta. Aber auch andere können auf dem königlichen Fluss Ausflüge unternehmen: Direkt an der 1786 erbauten Henley Bridge, einer Steinbrücke, die die beiden Ufer der Stadt verbindet, haben sich Bootsverleiher angesiedelt. An der Westseite der Brücke befindet sich auch ein imposantes Hotelgebäude, das von Backsteinen geprägte Red Lion Hotel aus dem 17. Jahrhundert. Mehr als nur ein Royal hat den Komfort in diesem Hotel genossen.

Das Rathaus stammt aus dem Jahr 1901, wurde aber bereits 1897 zu Ehren des diamantenen Thronjubiläums Queen Viktorias (1819–1901) geplant. In der Bell Street 20 steht das älteste Gebäude der Stadt, das Old Bell Public House. Es stammt aus dem Jahr 1325 und wirkt etwas verloren neben den angrenzenden Häusern. Das Kenton Theatre (1805) in der New Street hat eine der ältesten noch bespielten Bühnen des Landes.

River and Rowing Museum

Henley ist so sehr mit dem Rudersport verknüpft, dass es nicht verwundert, ein eigenes Museum für

AUTORENTIPP!

WEIN, BIER UND LIKÖR

Wein hat in Großbritannien in den letzten Jahren stark an Popularität gewonnen, doch gibt es nur wenige Weingüter auf der Insel selbst. Chiltern Valley in einem landschaftlich sehr reizvollen Gebiet nördlich von Henley ist eines davon – sogar eines, bei dem das Königshaus einkauft, wie die offizielle Auszeichnung »Royal Warrant« garantiert. Das Gut bietet eine adäquate Auswahl guter Weine, braut aber auch eigenes Bier und stellt darüber hinaus Liköre her. Erhältlich sind die Produkte überall in der Region, das Weingut unterhält aber auch einen kleinen Laden und bietet wochentags nach Voranmeldung Führungen über das Gelände an.

Chiltern Valley Winery & Brewery. Mo–Fr 9–18 Uhr, Sa/So 10–18 Uhr (im Winter tgl. bis 17 Uhr), Old Luxters, Henley-on-Thames RG9 6JW, Tel. 014 91/63 83 30, www.chilternvalley.co.uk

Immer ein gutes Ziel, um einen Pub zu finden: die Henley Bridge.

AUTORENTIPP!

MEHR ALS EIN HOTEL
James Bond (Sean Connery) spielte hier gegen Goldfinger (Gerd Fröbe) Golf, Bridget Jones (Renée Zellweger) wurde von Daniel Cleaver (Hugh Grant) auf ein romantisches Wochenende eingeladen: Stoke Park ist nicht einfach nur ein Golfclub, das noble Anwesen beinhaltet eines der schönsten Hotels, die England zu bieten hat. Über Jahrhunderte war das 1,2 Quadratkilometer große Gelände in Privatbesitz, teilweise gehörte es dem Königshaus. Vor rund 100 Jahren öffnete man es für jedermann. Das palastähnliche Hauptgebäude wurde zwischen 1790 und 1813 erbaut, der Park von 1792 an umgestaltet. Auf dem Anwesen gibt es das Fünf-Sterne-Hotel, einen 27-Loch-Golfplatz, Tennis-Courts, ein Spa und exzellente Restaurants.

Stoke Park. Park Road, Stoke Poges SL2 4PG, Tel. 017 53/71 71 71, www.stokepark.com

Das ganze Jahr über wird in Henley-on-Thames trainiert.

diese Sportart vorzufinden. Das moderne und mehrfach ausgezeichnete River and Rowing Museum in der Meadow Road widmet sich allen Facetten der Themse im Allgemeinen und des Ruderns im Speziellen – mit einer ganzen Reihe von Booten. Auch über Henley erfahren Besucher einiges. »Wind in the Willows« (Der Wind in den Weiden) ist eine Nebenausstellung, bei der man durch 3-D-Ansichten der von E. H. Shepard (1879–1976) erstellten Zeichnungen des gleichnamigen Kinderbuches wandert.

Royal Regatta

Englands bekannteste Ruderregatta wurde erstmals am 26. März 1839 auf der Themse an der Henley Bridge ausgetragen. Inzwischen ist sie zu einem fünftägigen Ereignis gewachsen, das immer um das erste Juliwochenende herum ausgetragen wird, jeweils von Mittwoch bis Sonntag. Traditionell durften bis 1997 keine Profisportler daran teilnehmen, und auch Frauen sind erst seit 1975 zugelassen.

Den Zusatz »Royal« trägt die Regatta seit 1851, als Prinz Albert der erste königliche Schirmherr wurde. Insgesamt besteht die Regatta aus rund 20 Rennen. Sie ist übrigens nicht zu verwechseln mit dem berühmten Boat Race, dem Kräftemessen der Achterboote der beiden Universitäten Oxford und Cambridge, das ebenfalls jährlich auf der Themse ausgetragen wird, allerdings weiter östlich bei London.

Nuffield Place

Etwas abgeschieden nordwestlich von Henley-on-Thames lebte lange Jahre der bekannte Philanthrop und Gründer der Morris-Automobilwerke William Richard Morris (1877–1963), auch Lord

Nuffield genannt. Sein Unternehmen fusionierte später mit dem Wettbewerber Austin zur British Motor Corporation und war insofern Miterfinder des legendären Automodells Mini, dessen Nachfolger nun bei BMW eine Renaissance erlebt. Vermutlich weil er kinderlos blieb, spendete Morris Millionen um Millionen für wohltätige und gemeinnützige Zwecke.

Dem National Trust gehört inzwischen das schöne, aber in Anbetracht des Vermögens Lord Nuffields auffallend bescheidene Wohnhaus. Es kann während der Sommermonate besichtigt werden. Das Innere gibt Einblicke in das kreative Leben des Unternehmers, während der Garten zu Spaziergängen einlädt. An Wochenenden werden auf der Außenfläche immer wieder alte Fahrzeuge der Morris-Werke gezeigt.

Greys Court

Das Anwesen aus dem 16. Jahrhundert war bis vor gar nicht langer Zeit in Privatbesitz der Schauspielerin Dorothea Elizabeth Irving (1904–2003), Lady Brunner genannt, und wirkt noch immer so, als sei es von ihr bewohnt. Man beließ die Räume im Originalzustand und machte sie der Öffentlichkeit zugänglich. Fernsehfans erinnern sich an das Anwesen vielleicht noch als Ersatzhaus der

Oben: Hier lebte noch bis vor einigen Jahren Lady Brunner, jetzt kann man Greys Court besichtigen. **Unten:** In Nuttfield Place lässt sich nachvollziehen, wie relativ bescheiden William Richard Morris, Gründer der gleichnamigen Automobilwerke, gelebt hat.

Oben: Von Greys Court ist noch ein Turm aus dem 12. Jahrhundert erhalten, Überbleibsel eines Schlosses, das hier einmal stand. **Unten:** Eine Landschaft, an der man sich kaum sattsehen kann: die Gegend rund um Henley-on-Thames

Familie Crawley in der zweiten Staffel der Serie »Downton Abbey«. Die entsprechenden Szenen wurden in Greys Court gedreht. Das überwiegend im Tudorstil erbaute Gebäude lässt erahnen, wie gemütlich und zurückgezogen Lady Brunner hier gelebt haben muss.

Von einem Schloss aus dem 12. Jahrhundert, das einmal an dieser Stelle gestanden hat, ist nur noch ein Turm geblieben. Sehenswert sind auch die Walled Gardens, die durch Steinmauern eingefassten Gärten, außerdem das Gewächshaus. Lady Brunner soll viel Wert auf eine adäquate Blumenpracht gelegt haben – und während der Sommermonate ist der Garten ein wahres Blütenmeer.

Stonor Park

In diesem Anwesen ist ebenfalls mehrfach gedreht worden, unter anderem eine Szene aus dem James-Bond-Film *Der Hauch des Todes*: Bond alias Timothy Dalton besucht in Stonor Park den Ex-KGB-General Georgi Koskov, der kurz darauf in einer fingierten Entführung flieht. Das Herrenhaus nördlich von Henley-on-Thames wurde seit dem 13. Jahrhundert mehrfach verändert und nur mit kurzen Unterbrechungen von der Familie Stonor bewohnt, deren Residenz es auch heute noch ist. Insofern hat es leider sehr eingeschränkte Besuchszeiten.

Auf dem Gelände befindet sich ein Steinkreis aus prähistorischer Zeit, der in Teilen rekonstruiert wurde. Einer der Originalsteine steht an der Kapelle, die sich an das Hauptgebäude anschließt. Vom beinahe schon obligatorischen Walled Garden aus hat man einen schönen Blick auf die Chiltern Hills. Besonders ist auch der das Haus umgebende Park, in dem seit Jahrhunderten Hirsche leben.

Infos und Adressen

SEHENSWÜRDIGKEITEN

Greys Court. Malerisches Anwesen aus dem 16. Jahrhundert. Garten tgl. 10–17 Uhr (im Winter bis 16 Uhr), Haus tgl. 13–16 Uhr, Eintritt 10,80 £, Rotherfield Greys, Henley-on-Thames RG9 4PG, Tel. 014 94/75 55 64, www.nationaltrust.org.uk/greys-court/

Nuffield Place. Früheres Anwesen von Lord Nuffield. April–Okt. Mi–So 11–17 Uhr, Eintritt 8 £, Huntercombe RG9 5RY, Tel. 014 91/64 12 24, www.nationaltrust.org.uk/nuffield-place

Stonor Park. Anwesen aus dem 12. Jahrhundert. April–Sept. So 14–17 Uhr, Juli–Sept. auch Mi 14–17 Uhr, Eintritt 9 £, Stonor, Henley-on-Thames RG9 6HF, Tel. 014 91/63 85 87, www.stonor.com

ESSEN UND TRINKEN

Hot Gossip Coffee House. Nettes Café unweit der Themse. Mo–Fr 8.30–17.30 Uhr, Sa 9–17.30 Uhr, So 10.30–16 Uhr, 7 Friday Street, Henley-on-Thames RG9 1AN, Tel. 014 91/41 40 70

The Three Tuns. Gastropub mit aufwendigen Gerichten. Di–Fr 11.30–23 Uhr, Sa 11–0 Uhr, So 11.30–22 Uhr, 5 Market Place, Henley-on-Thames RG9 2AA, Tel. 014 91/41 01 38, www.threetunshenley.co.uk

ÜBERNACHTEN

Hotel du Vin. Boutiquehotel in einer früheren Brauerei. New Street, Henley-on-Thames RG9 2BP, Tel. 08 44/736 42 58, www.hotelduvin.com/locations/henley-on-thames/

The Baskerville. Hübsches kleines Hotel in einem alten Landgasthof. 7 Station Road, Lower Shiplake, Henley-on-Thames RG9 3NY, Tel. 01 18/940 33 32, www.thebaskerville.com

AKTIVITÄTEN

Hobbs of Henley. Bootsverleih. Ruderboote ab 15 £ pro Stunde, Station Road, Henley-on-Thames RG9 1AZ, Tel. 014 91/57 20 35, www.hobbsofhenley.com

INFORMATION

Tourist Information Centre. Mo–Sa 10–17 Uhr, Henley Town Hall, Market Place, Henley-on-Thames RG9 2AQ, Tel. 014 91/57 80 34, www.henleytowncouncil.gov.uk/Visiting.aspx

Fühlt sich der Tradition verbunden – bis hin zu den Autos: Hotel du Vin

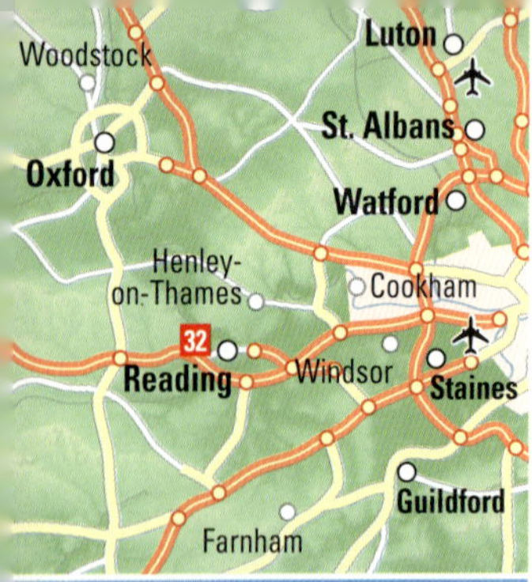

Idylle einer sonst von großen Unternehmen geprägten Stadt: die Themse bei Reading

32 Reading

Londons Ausweichquartier

Die Stadt am Zusammenfluss von Themse und Kennet ist so etwas wie das wirtschaftliche Überlaufbecken Londons geworden. Durch die immensen Immobilienpreise in der britischen Hauptstadt siedeln sich immer mehr große Unternehmen in Reading an. Die Innenstadt mag nicht wirklich schön sein – sie birgt aber einige Schätze wie Reading Abbey, die Ruinen einer alten Kirche. Der Kennet-und-Avon-Kanal, der in der Nähe beginnt, ist zu einem beliebten Naherholungsgebiet geworden.

Reading (155 000 Einwohner, ausgesprochen »Rädding«) wird von Autofahrern gen Süden auf der Motorway M4 häufig linker Hand liegen gelassen. Es spielte jedoch schon früh eine bedeutende Rolle beim Transport von Waren zwischen London und dem Atlantik. Mit dem Ende des Transports über Wasserwege litt auch die Wirtschaft Readings – bis immer mehr große Unternehmen sein Umland als Ausweichquartier entdeckten. Unter anderem Microsoft, Oracle und die ING-Direktbank haben hier eine britische Dependance errichtet. Das brachte einen bunten Mix unterschiedlicher Kulturen mit sich: Insgesamt 150 unterschiedliche Sprachen werden gezählt.

Die High und Broad Street haben sich zur wichtigsten Einkaufsgegend entwickelt. Sehenswert sind die Forbury Gardens, in denen mit dem Maiwand Lion (1886) das heimliche Wahrzeichen der Stadt steht. Das Reading-Gaol-Gefängnis ist seit 2013 geschlossen, wird aber immer wegen eines berühmten Häftlings in Erinnerung bleiben: Der

Schriftsteller Oscar Wilde (1854–1900) saß von 1895 bis 1897 ein. Das Museum of English Rural Life wird von der Universität betrieben und gibt Aufschluss über das historische Landleben.

Reading Abbey

Die Ruinen der Kirche gehen auf das Jahr 1121 zurück. Über mehrere Jahrhunderte hinweg suchten auch immer wieder Könige die Abtei auf – bis zu dem Edikt Heinrichs VIII. (1491–1547), landesweit die Klöster aufzulösen. Der Bau wurde zum Teil zerstört, viel später entstand auf dem Gelände die St. James's Church (1837–1840). Die Ruinen des Vorgängerbaus stehen aber bis heute. Der Abbey Gateway wurde wiederverwendet und findet sich am Crown Court. Ebenfalls erhalten blieb eine ehemalige Pilgerherberge, das Hospitium.

Basildon Park

Das Anwesen unweit von Reading (18. Jahrhundert) gibt Einblicke in das Leben der Aristokratie jener Zeit. Das im Stil des Palladianismus erbaute Hauptgebäude wurde Mitte des 20. Jahrhundert vor dem Verfall gerettet und liebevoll in seinen Ursprungszustand zurückversetzt. Sehenswert sind unter anderem das prachtvolle Treppenhaus sowie der Shell Room, in dem eine Muschelsammlung ausgestellt ist. Der rote Octagon Room war Drehort einer London-Szene der Serie »Downton Abbey«.

Kennet-und-Avon-Kanal

Einst einer der wichtigsten Kanäle des Landes verbindet der Kennet-und-Avon-Kanal London mit dem Bristol Channel. Er verläuft von Newbury, wo er am Kennet beginnt, zum Avon bei Bath. Über diese beiden Flüsse sowie die mit dem Kennet ver-

AUTORENTIPP!

HIGHCLERE CASTLE IST DOWNTON ABBEY

Als wäre es nicht ohnehin schon eines der schönsten Schlösser des Landes, ist Highclere Castle auch noch durch das Fernsehen in aller Welt bekannt geworden: Das Bilderbuchanwesen ist unter der Bezeichnung Downton Abbey zentraler Handlungsort der gleichnamigen Serie. Sir Charles Barry (1795–1860) hat das Gebäude entworfen, jener Architekt, aus dessen Feder auch das Parlament von Westminster stammt. Highclere ist seit 1679 Sitz der Familie Carnavon. Nur an 60 Tagen im Jahr öffnet das Gebäude seine Pforten für Besucher, weshalb sich eine frühzeitige Buchung im Internet dringend empfiehlt. Die Szenen des Dorfs Downton aus der Serie wurden übrigens in Bampton nahe Oxford gedreht.

Highclere Castle. Unterschiedliche Öffnungszeiten, Eintritt 20 £, Newbury RG20 9RN, Tel. 016 35/25 32 10, www.highclerecastle.co.uk

Oben: Entspannen vom hektischen Treiben: die Forbury Gardens in Reading
Unten: Einer der schönsten Orte von Reading bleibt die Themse.

bundene Themse und den Kanal gelangen Schiffe von der britischen Hauptstadt bis zum Atlantik. Durch den Eisenbahnverkehr verlor das Gewässer schon früh an Attraktivität – umso mehr, als es die Great Western Railway 1852 aufkaufte und sich so eines lästigen Mitbewerbers entledigte. Sie ließ den Kanal verkommen, der daraufhin lange Zeit brach lag. Ab den 1960er-Jahren gab es Anstrengungen, ihn wieder instand zu setzen, bis er 1990 wiedereröffnet wurde und nun zu einem schönen Ausflugsziel geworden ist.

Silchester Roman Town

Die römische Stadt südwestlich von Reading ist unter dem Namen Silchester bekannt – nach dem gleichnamigen Dorf ganz in der Nähe. Offiziell wird sie Calleva Atrebatum genannt. 1890 begannen Archäologen, die Hinterlassenschaften der Römer systematisch auszugraben, auch wenn Teile der Stadtmauer immer schon sichtbar waren. Heute ist Silchester eine der am besten konservierten Römerstädte überhaupt. Das liegt auch daran, dass sie nie überbaut worden ist. Am südöstlichen Ende der Stadtmauer befinden sich die Überreste eines Amphitheaters. Die Zone innerhalb der Mauern ist Ausgrabungsgebiet der Universität von Reading. Jeden Sommer öffnet sie jedoch für sechs Wochen die Stätte, um sie einer breiteren Öffentlichkeit zugänglich zu machen.

Infos und Adressen

SEHENSWÜRDIGKEITEN

Basildon Park. Herrenhaus aus dem 18. Jahrhundert. Tgl. 12–17 Uhr, Eintritt 12 £, Lower Basildon, Reading RG8 9NR, Tel. 014 91/67 23 82, www.nationaltrust.org.uk/basildon-park/

Museum of English Rural. Museum über das Landleben. Di–Fr 9–17 Uhr, Sa/So 14–16.30 Uhr, Eintritt frei, Redlands Road, Reading RG1 5EX, Tel. 01 18/378 86 60, www.reading.ac.uk/merl/

Silchester Roman Town. Apr–Sept. tgl. 8–19 Uhr, Okt.–März tgl. 8.30–16 Uhr, Eintritt frei, Tel. 08 70/333 11 81, www.english-heritage.org.uk, www.reading.ac.uk/silchester/

ESSEN UND TRINKEN

Picnic Foods. Frische Salate und Sandwiches. Mo–Sa 7–18 Uhr, So 8–17.30 Uhr, 5 Market Place, Reading RG1 2DP, Tel. 01 18/958 92 92, www.picnicfoods.co.uk

Whittingtons Tea Barge. Café auf einem Kanalboot. Mi–Fr 11–16 Uhr, Sa/So 10.30–16.30 Uhr, George Street, Reading RG4 8DH, Tel. 079 86/73 36 38, www.whittingtons-teabarge.co.uk

ÜBERNACHTEN

Hilton Reading. Modernes Hotel zwischen Zentrum und Autobahn. Drake Way, Reading RG2 0GQ, Tel. 01 18/916 90 00, www.placeshilton.com/reading

Mercure George Hotel. Hübsches Hotel im ältesten Gebäude der Stadt. 12 King Street, Reading RG1 2HG, Tel. 01 18/957 34 45, www.nilviphotelsgroup.com/thegeorge

AKTIVITÄTEN

Canal Experience. Mietboote für den Kanal. Honeysuckle Cottage, Picklepythe Lane, Beenham, Reading RG7 5NT, Tel. 077 13/68 77 66, www.canalandtipiexperience.com

INFORMATION

Tourist Information Centre. Mo–Fr 10–17 Uhr, Sa 10–16 Uhr, The Town Hall, Blagrave Street, Reading RG1 1QH, Tel. 01 18/937 34 09, www.livingreading.co.uk/visit-reading

Kirche bei Silchester

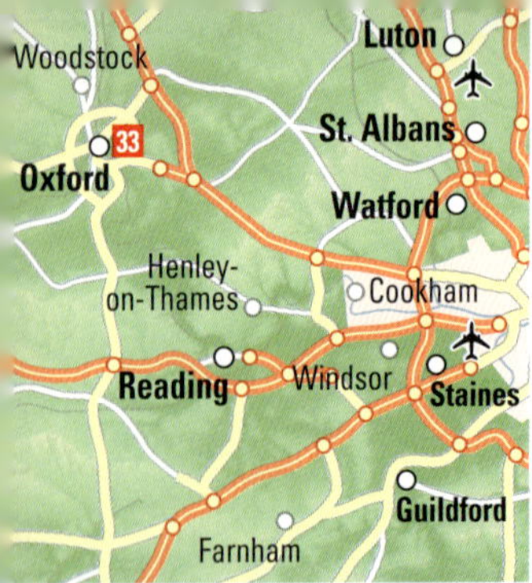

Mitte: Seit Jahrhunderten fast unverändert: die Skyline von Oxford mit der High Street und dem Magdalen College
Unten: Alltag im Stadtbild: Professoren und Studenten prägen Oxford nach wie vor.

33 Oxford

Die Stadt der Universitäten

Die Kleinstadt östlich von London ist die wohl bekannteste britische Universitätsstadt – auch wenn sie traditionell mit Cambridge um diesen Ruf kämpft. Einst war sie durch ihre Kanalverbindung mit Birmingham auch wirtschaftlich ein wichtiger Standort, inzwischen aber sind Tourismus und Forschung zentrale Standbeine geworden. Doch es gibt sie nach wie vor, die Fabriken in der Umgebung. BMW baut hier beispielsweise den Mini.

Die Hauptstadt der Grafschaft Oxfordshire war schon immer von einem gewissen Maß an Selbstbewusstsein geprägt. Oxford (152 000 Einwohner) mag viel kleiner sein als das große London und auch etwas abseits liegen – am Ende war es aber diese Stadt, in der viele der später erfolgreichen Politiker und Wirtschaftsbosse ihre Ausbildung erhielten. Die renommierte University of Oxford ist eine der führenden Hochschulen weltweit. Das Uni-Flair beherrscht die ganze Stadt – was auch

MAL EHRLICH

VERKEHRSCHAOS IN OXFORD

Der Stau beginnt meist schon auf den Einfahrtstraßen nach Oxford, und im Innenstadtkern geht dann gar nichts mehr. Die wenigen Parkmöglichkeiten sind in der Regel auch belegt. Wer in die Universitätsstadt reist, tut gut daran, sein Auto entweder auf dem Park-&-Ride-Platz außerhalb zu lassen und mit dem Bus ins Zentrum zu fahren – oder gleich den Zug zu nehmen. Am Wochenende ist Oxford hoffnungslos überfüllt, auch unter der Woche ist es oft nicht viel besser.

daran liegt, dass die einzelnen Colleges gut verteilt sind und es keinen zentralen Campus gibt.

Die Innenstadt mit ihren Geschäftsstraßen zwischen Pembroke Street und Beaumont Street ist von den Colleges der Universität umgeben. Zum Einkaufen ist Oxford optimal – die Geschäfte sind in hübschen Gebäuden untergebracht, und bei Regen kann man in das Westgate- oder das Clarendon-Einkaufszentrum ausweichen oder einen Blick in den Covered Market (1770) zwischen Market Street und High Street werfen. Bei schönem Wetter sollte man einem Sport nachgehen, der auch in Cambridge sehr populär ist: Punting, das Fahren auf einem flachen Boot, in dem man sich mit einem Stab vom Flussbett abstößt.

University of Oxford

Die Universität von Oxford (gegründet um 1096) ist mit ihren insgesamt 38 Colleges (Fachbereiche) über das gesamte Stadtgebiet verteilt. Rund 22 000 Studenten lernen hier. Und die Uni nutzt schon wegen ihrer langen Geschichte eine Reihe interessanter alter Gebäude, die teilweise besichtigt werden können. St. Edmund Hall in der Queen's Street gilt als eine der ältesten Unterrichtsstätten der Welt, auch wenn sie erst 1957 den Status eines Colleges erlangte. Die St. Edmund Hall ist zudem das letzte mittelalterliche Gebäude der Universität. Die ältesten Colleges der Stadt im eigentlichen Sinn sind Balliol (gegründet 1263, Broad Street), Merton (1264, Merton Street) und das University College (1249, High Street).

Christ Church College und Seufzerbrücke

Bekannt ist das Christ Church College (St. Aldates Street) als Aristokraten-Universität. Nicht weniger

AUTORENTIPP!

DAS LUXUS-GEFÄNGNIS

Wer schon immer mal in einem Gefängnis übernachten wollte, hat in Oxford Gelegenheit dazu: Die britische Malmaison-Kette hat aus der bis 1996 genutzten Haftanstalt ein Boutiquehotel gemacht. Und das ist nicht nur wegen der Geschichte als Gefängnis ein Erlebnis – das Gebäude selbst, Oxford Castle, stammt in Teilen aus dem 11. und 14. Jahrhundert. Allerdings wurde es im Bereich des Hotels komplett saniert und birgt jeden nur erdenklichen Komfort. Aus den einstigen Zellen sind edle Zimmer geworden – und die Gitter und schweren Stahltüren sind auch verschwunden. Drumherum gibt es mehrere Geschäfte und Restaurants. Malmaison hat sich bei vielen seiner Hotels darauf konzentriert, historische Gebäude einer neuen Nutzung zuzuführen.

Malmaison. 3 New Road, Oxford OX1 1AY, Tel. 08 44/693 06 59, www.malmaison.com/locations/oxford/

Die andere Seite von Oxford: Graffiti

Oben: Veranstaltungsgebäude der Universität: der Rundbau des Sheldonian Theatre
Unten: Martyrs Memorial im Zentrum

als 13 spätere Premierminister wurden hier ausgebildet. Prägnant sind der riesige quadratische Hof des Gebäudes sowie die große Halle, in der Teile von Harry-Potter-Filmen gedreht wurden. Das College beherbergt zugleich die Kathedrale der Stadt, die Christ Church. Zwei Gebäude des Hertford Colleges in der New College Lane sind über die Hertford Bridge verbunden, die wegen ihrer spitzen Bauweise auch Oxfords Seufzerbrücke genannt wird – in Anlehnung an die ähnlich aussehende Brücke in Venedig.

Bibliothek

Die Bodleian Library, zentrale Bibliothek der Uni, gehört zu den ältesten ihrer Art in Europa. Sie wurde 1602 gegründet und befindet sich in mehreren Gebäuden zwischen Radcliffe Square und Broad Street. Rund elf Millionen Druckwerke sind archiviert. Sehenswert ist der große Lesesaal, der mit seinen Holzregalen ein Meisterwerk alter Bibliothekskunst darstellt.

Eines der schönsten Häuser Oxfords ist die Radcliffe Camera, ein klassizistischer Rundbau nahe der High Street. Das Pitt Rivers Museum in der South Parks Road birgt eine Sammlung von anthropologischen und archäologischen Ausstel-

Rundgang

Ⓐ **Oxford Castle** – Das Gebäude ist aus einem alten normannischen Fort hervorgegangen und war lange Zeit die zentrale Haftanstalt der Region.

Ⓑ **Christ Church College** – Eines der berühmtesten Colleges der Universität von Oxford.

Ⓒ **Old Town Hall** – Das viktorianische Gebäude ist innen nicht nur architektonisch interessant, sondern birgt auch das Museum von Oxford.

Ⓓ **Carfax Tower** – Eigentlich war der 1032 errichtete Turm Teil der St. Martin's Church, und nach einem Umzug der Kirche blieb er an dieser Stelle stehen. Alle Viertelstunde schlagen kleine römische Figuren die Zeit.

Ⓔ **Covered Market** – Die alte Markthalle ist bis heute so etwas wie der Bauch von Oxford – hier gibt es alles, was den Magen erfreut.

Ⓕ **St. Edmund Hall** – Eine der ältesten Unterrichtsstätten der Welt.

Ⓖ **Bridge of Sighs** – Oxfords Seufzerbrücke nennt sich eigentlich Herford Bridge und verbindet zwei Gebäude des gleichnamigen Colleges. Der Name entstand wegen der architektonischen Ähnlichkeit zur Seufzerbrücke in Venedig.

Ⓗ **University of Oxford** – Links und rechts der Parks Road befinden sich zahlreiche weitere Gebäude der Universität von Oxford.

Ⓘ **Pitt Rivers Museum** – Das Museum beherbergt eine Sammlung archäologischer und anthropologischer Ausstellungsstücke.

Ⓙ **Innenstadt** – In diesem Bereich bis hinunter zur Pembroke Road sind die wichtigsten Geschäfte Oxfords versammelt.

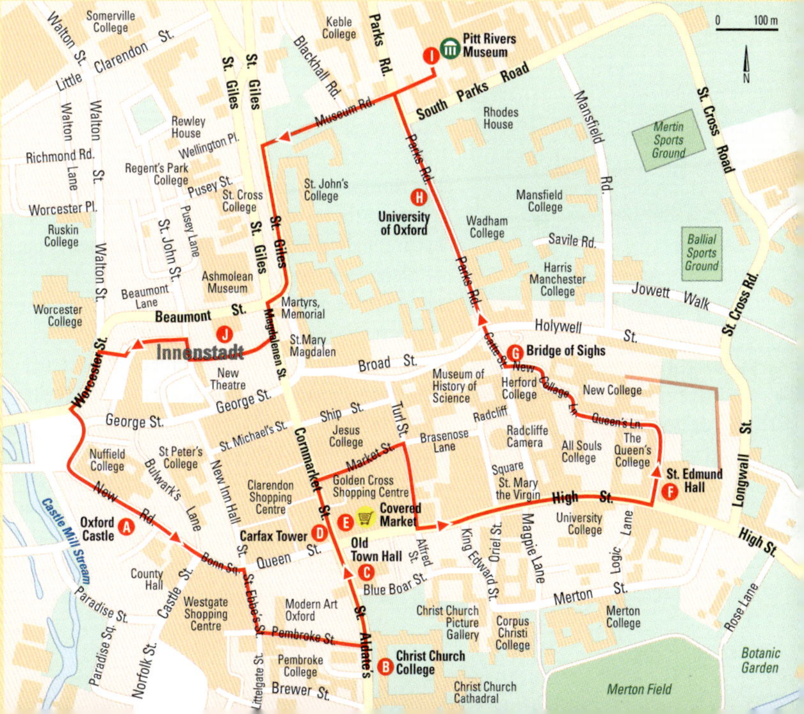

AUTORENTIPP!

THEATER IN DER BUCHHANDLUNG

Das wohl ungewöhnlichste Theater Oxfords hat weder eine besonders lange Tradition, noch ist es in einem der wunderschönen alten Gebäude der Stadt untergebracht – doch es verfügt gleichzeitig über die interessantesten Aufführungsorte: Das Creation Theatre spielt in Schlössern und Buchhandlungen, in Gärten und Zelten, eben immer dort, wo es zum entsprechenden Stück passend erscheint. Meist sind es eher die Klassiker wie *Macbeth*, *Eine Weihnachtsgeschichte* oder *Ein Sommernachtstraum*, die auf dem Spielplan stehen, teilweise aber auch modernere Stücke. Das Creation Theatre wurde vor etwa 20 Jahren gegründet und hat sich seitdem einen soliden Stamm von Zuschauern erspielt.

Creation Theatre. St. Thomas House, 6 Becket Street, Oxford OX1 1PP, Tel. 018 65/76 62 66, www.creationtheatre.co.uk

Der Blenheim Palace ist Geburtsort Winston Churchills.

lungsstücken, die der britische General Pitt Rivers (1827–1900) der Universität vermacht hat.

Blenheim Palace

Er ist traditionell das Zuhause der Dukes von Marlborough, doch bekannt wurde Blenheim Palace auch als Geburtsort des früheren britischen Premierministers Winston Churchill (1874–1965) – und dies eher durch Zufall: Nicht seine Eltern lebten in Blenheim, sondern sein Großvater. Seine Eltern waren nur zu Besuch. Inzwischen ist das Anwesen zum Weltkulturerbe ernannt worden und zu Recht zu einem überaus beliebten Ausflugsziel avanciert. Blenheim Palace wurde zwischen 1705 und 1722 erbaut und ist in vieler Hinsicht besonders: Es handelt sich nicht nur um eines der größten Gebäude des Landes, es ist auch das einzige nicht-königliche Haus, das die Bezeichnung Palast tragen darf. Queen Anne ließ den Barockbau für John Churchill, den ersten Duke of Marlborough (1650–1722), aus Dank für seinen Sieg in der zweiten Schlacht von Höchstädt (1704, englisch Battle of Blenheim) entwerfen.

Das Anwesen wirkt wie eine Demonstration großen Selbstbewusstseins: Man gelangt durch eine Art Triumphbogen zum Palast, im Park steht eine 41 Meter hohe Siegessäule, Bäume einer Allee sind in jener Form angeordnet, in der Churchills Truppen einst in Höchstädt aufliefen. Und eine Büste Ludwigs XIV., der in der Schlacht unterlag, blickt vom Palast auf das geradezu verschwenderische Anwesen. Der Prunk hört im Gebäude nicht auf, das auch in seiner Einrichtung ein Meisterwerk des Barocks darstellt. Aufwendige Gemälde zieren Wände und Decken, man sieht teuren Marmor, Goldverzierungen und vieles mehr. Besonders sehenswert sind die monumentale Eingangshalle und der nicht minder beeindruckende Salon.

Infos und Adressen

SEHENSWÜRDIGKEITEN

Blenheim Palace. Eines der schönsten Schlösser Englands. Mo–Fr 10.30–17.30 Uhr, Eintritt 22,50 £, Woodstock OX20 1PP, Tel. 08 00/849 65 00, www.blenheimpalace.com

University of Oxford. Die meisten Colleges der Uni können besichtigt werden. Infos: Wellington Square, Oxford OX1 2JD, Tel. 018 65/27 00 10, www.ox.ac.uk/sites

ESSEN UND TRINKEN

Vaults & Garden Café. Schönes Café in einem ehemaligen Kirchenbau. Tgl. 8–18 Uhr, University Church, 1 Radcliffe Square, Oxford OX1 4AH, Tel. 018 65/27 91 12, www.thevaultsandgarden.com

Zappi's Bike Café. Fahrradladen und studentisches Café. Mo–Sa 8–17.30 Uhr, Bike Zone, 28–32 St. Michael's Street, Oxford OX1 2EB, Tel. 018 65/72 88 77, www.zappisbikecafe.co.uk

Sonnenuhr der Universität von Christopher Wren

Gehört einfach zu Oxford dazu: Punting auf der Themse

ÜBERNACHTEN

Mercure Eastgate Hotel. Gemütliches Hotel am Magdalen College. 71–73 High Street, Oxford OX1 4BE, Tel. 012 42/30 78 01, www.mercure.com/de

Old Bank Hotel. Luxuriöses Hotel in einem alten Gebäude. 92–94 High Street, Oxford OX1 4BJ, Tel. 018 65/79 95 99, www.oldbank-hotel.co.uk

EINKAUFEN

Covered Market. Historische Markthalle. Mo–Sa 8–17.30 Uhr, So 10–16 Uhr, The Market, Oxford OX1 3DZ, Tel. 018 65/25 01 33, www.oxford-coveredmarket.co.uk

AKTIVITÄTEN

Magdalen Bridge Boat House. Punting auf der Themse. Feb.–Nov. tgl. 9.30–21 Uhr oder bis Sonnenuntergang, 20 £ pro Stunde, The Old Horse Ford, High Street, Oxford OX1 4AU, Tel. 018 65/20 26 43, www.oxfordpunting.co.uk

INFORMATION

Tourist Information Centre. Mo–Sa 9.30–17 Uhr (im Sommer bis 17.30 Uhr), So 10–15.30 Uhr (im Sommer bis 16 Uhr), 15–16 Broad Street, Oxford, OX1 3AS, Tel. 018 65/25 22 00, www.visitoxfordandoxfordshire.com

34 Cotswolds
Das Herz Englands

Die weitläufige Region zwischen Bath, Stratford-upon-Avon und Oxford ist für ihre hügelige Landschaft, kleine Sandsteingebäude und einen Alltag abseits von Hektik und Kommerz bekannt. Die Cotswolds gelten für viele als das »Herz Englands«, was sicherlich auch an den Bilderbuchdörfern liegt, die sich hier immer wieder auftun. Deswegen ist die Gegend auch beliebt für Filmaufnahmen – vor allem aber zum Wandern.

Eigentlich liegen sie überaus ungünstig in einem Winkel des Landes, den nicht jeder unbedingt als Urlaubsziel im Auge hat – und dann werden sie am südlichen Ende auch noch jäh von der viel befahrenen Autobahn M4 durchschnitten. Doch die Cotswolds haben eine feste Fangemeinde, die von Jahr zu Jahr größer wird. Die meisten kommen mit dem Auto, doch gibt es einen sehr viel besseren Weg, die Gegend zu erleben: den 160 Kilometer langen Cotswold Way, der von Chipping Campden im Norden nach Bath im Süden führt,

Mitte: Alte Gebäude, schöne Gärten – das gibt es in den Cotswolds zuhauf.
Unten: Beliebtes Ziel von Antiquitätensammlern: Stow-on-the-Wold

MAL EHRLICH

DIE RICHTIGE URLAUBSZEIT
Die Cotswolds gehören mit den schottischen Highlands und dem nordenglischen Lake District zu den Top-Urlaubszielen im Land. Das bringt einen gewissen Andrang mit sich: Während der Sommermonate ist die Gegend oft so bevölkert, dass man sich über Straßen und durch Orte nur mühsam quälen kann. Wer die Cotswolds wirklich erleben will, kommt besser im Frühjahr oder Herbst außerhalb der Schulferien – und bringt ein bisschen Zeit mit.

vorbei an vielen interessanten Stationen, schnuckeligen Ortschaften und durch malerische Natur.

Cirencester

Die größte Stadt der Cotswolds wird auch ihre heimliche Hauptstadt genannt. Und in der Tat hatte Cirencester (19 000 Einwohner) schon zu Römerzeiten Rang und Namen. Sie galt als die wichtigste Stadt neben London. Die Sachsen zerstörten mehr oder weniger alles, was an die Römer hätte erinnern können, sodass sich Besuchern heute das Bild einer typischen britischen Kleinstadt vergangener Tage bietet.

Rund um den Market Place haben sich die wichtigsten Geschäfte angesiedelt. Montags und freitags bauen Händler ihre Marktstände auf. Direkt daneben steht die St.-John's-Kirche (15. Jahrhundert), in der das aufwendige Fächergewölbe sehenswert ist. Cirencester Park mit dem gleichnamigen Herrenhaus (18. Jahrhundert) befindet sich im Westen der Innenstadt. Während das Haus selbst nicht zu besichtigen ist, steht ein schlossähnliches früheres Armeegebäude Besuchern inzwischen offen. Sehenswert ist aber auch der in weiten Teilen geometrisch angeordnete Park, der sich über eine Fläche von 1200 Hektar bis weit vor den Ort erstreckt.

Burton on the Water

Der kleine Ort (3300 Einwohner) östlich von Cheltenham gibt sich selbst keinen geringeren Titel als das »Venedig der Cotswolds«. Dabei hat er sich im Wesentlichen um einen einzigen Fluss, den River Windrush, entwickelt. Im Osten liegen einige kleine Seen. In den kleinen Häusern entlang der High Street haben sich allerlei Geschäfte abseits der üblichen Ketten angesiedelt. Eine weite Rasenflä-

AUTORENTIPP!

RESIDENZ DER BERKELEYS

Das Schloss ist das älteste im Land, das ununterbrochen von derselben Familie bewohnt wurde: Seit 850 Jahren lebt hier die Familie Berkeley. Ursprünglich wurde es Ende des 12. Jahrhunderts erbaut, um die Waliser fernzuhalten. Längst ist es zu einem friedlich bewohnten Schloss geworden, das trotz seiner langen Geschichte erstaunlich gut intakt ist. Sein ältester Teil ist der Burgfried aus dem späten 12. Jahrhundert. Die King's Gallery enthält die Zelle, in der König Edward II. (1254–1327) zunächst gefangen gehalten und später ermordet wurde. Eindrucksvoll sind die schön hergerichtete Great Hall, der Morning Room und der Long Drawing Room. Außen bietet sich ein toller Blick auf die Weiten des Berkeley Vale.

Berkeley Castle. April–Okt. tgl. 11–17 Uhr, Eintritt 10 £, 1 High Street, Berkeley GL13 9BH, Tel. 014 53/51 29 99, www.berkeley-castle.com

Oben: Straßenszene aus den Cotswolds
Unten: Entspannen in Burton on the Water am Fluss Windrush

che erstreckt sich bis zum Fluss, sodass eine perfekte Naherholungsfläche mitten im Ort entstanden ist. Einige aufwendige geländerlose Brücken kreuzen den Windrush – was wohl die wesentlichste Anlehnung an Venedig sein dürfte. Wer den kleinen Ort noch kleiner erleben möchte, kann sich zum Model Village aufmachen, das ein 1:9-Modell Burtons darstellt.

Stow-on-the-Wold

Wie viele Orte der Cotswolds ist auch Stow-on-the-Wold (2000 Einwohner) durch die Wollindustrie zu einem gewissen Reichtum gelangt. Durch einen halbjährlich stattfindenden Schafmarkt wurde die Stadt zu einem wichtigen Zentrum der Region. Heute ziehen sich die typischen honiggelben Gebäude durch die Straßen des Ortes. Vor allem entlang der Church Street, Sheep Street und des Market Place haben sich die meisten Geschäfte angesiedelt. Viele Besucher kommen wegen der zahlreichen Antiquitätenläden nach Stow.

Chipping Campden

Es sind auch in Chipping Campden (2200 Einwohner) die im einheitlichen Stil erbauten sandsteinfarbenen Häuser, die das Flair des Ortes ausmachen. Er verfügt über eine der schönsten kleinen Hauptstraßen der Region. Direkt an der High Street befindet sich mit der Market Hall ein seitlich offenes Marktgebäude, das in seiner Art einzigartig wirkt. Es stammt aus dem Jahr 1627. Ganz in der Nähe liegt der schöne Garten Hidcote Manor. Unterteilt in unterschiedliche Abschnitte und Achsen hat der amerikanische Landschaftsarchitekt Lawrence Johnston (1871–1958) von 1907 an auf einem Plateau eine Anlage im Renaissancestil geschaffen, die Anregungen für viele weitere bot.

Cotswold Way

Der Cotswold Way führt 160 Kilometer einmal quer durch eines der schönsten Landschaftsebiete Englands. Er ist speziell als Wanderweg ausgewiesen – die Stationen können aber auch bequem mit dem Auto angefahren werden.

Immer den Schildern nach: der Cotswold Way

Ⓐ **Chipping Campden** – Die alte Marktstadt ist wegen ihrer schönen High Street und dem dort befindlichen Marktgebäude ein gern besuchtes Ziel.

Ⓑ **Broadway** – Der Broadway Tower, ein kleiner Turm aus dem 18. Jahrhundert auf einer Anhöhe etwas abseits, machte den Ort bekannt. Die Aussicht ist beeindruckend, aber auch Broadway selbst lohnt einen kleinen Abstecher.

Ⓒ **Stanway** – Stanway House ist ein Rennaissance-Herrenhaus, das wegen seines schönen Parks mit einer großen Fontäne sehenswert ist. Das Gebäude ist nur an wenigen Tagen im Jahr zugänglich. Die ganze Gegend ist geprägt von kleinen Dörfern im Sandstein-Baustil der Cotswolds.

Ⓓ **Cheltenham** – Die alte Kurstadt hat bis heute nichts von ihrem Charme eingebüßt. Eindrucksvolle Gebäudezeilen reihen sich aneinander, und längst kommen die Leute nicht mehr nur zur Erholung hierher – sondern auch gern zum Einkaufen.

Ⓔ **Stroud** – Der Ort wird manchmal der Covent Garden der Cotswolds genannt – was an den vielen Cafés, Läden und Galerien liegen dürfte. Früher war Stroud einmal ein Zentrum der Wollindustrie, und bis heute werden hier noch Tennisballfilz und Billardtücher hergestellt.

Ⓕ **Chipping Sodbury** – Der alte Marktort hat sich durch die Nähe zu Bristol entwickelt und ist insofern relativ belebt. *Harry Potter*-Autorin Joanne K. Rowling wurde im Nachbarort Yate geboren.

Ⓖ **Bath** – Schon die Römer genossen ihr Bad im warmen Wasser der örtlichen Quellen. Im 18. Jahrhundert erlebte die Stadt eine Renaissance und wuchs zum Top-Kurort Englands. Als schließlich das alte römische Bad freigelegt wurde, war das Schicksal Baths auch als Top-Reiseziel besiegelt.

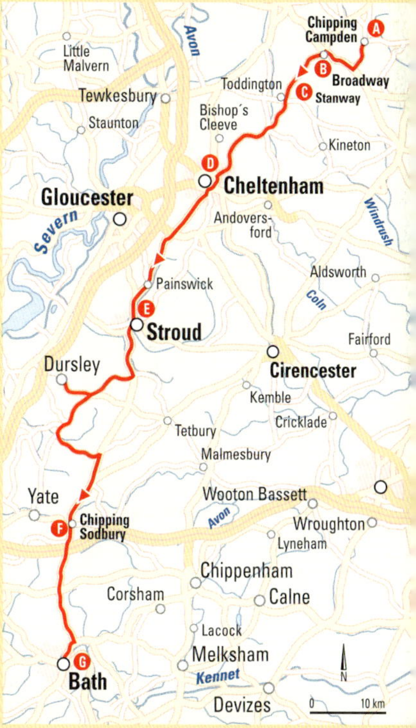

AUTORENTIPP!

EMMAS SEIFENMANUFAKTUR

Eher durch Zufall hatte Emma Heathcote-James vor Jahren ihre kleine Firma gegründet – sie brauchte ein bisschen Abwechslung von ihrem hektischen Job in der PR-Branche, und die Seifenherstellung schien da eine willkommene Gelegenheit zu sein. Inzwischen ist die Little Soap Company ein fester Name für alle, die Wert auf natürliche Seifen in allen erdenklichen Formen legen. Die Firma aus Ebrington in den Cotswolds beliefert längst auch Supermärkte. Und sie bietet einen besonderen Service: Workshops in der Seifenherstellung. Die Tagesseminare finden nach Voranmeldung in dieser malerisch dörflichen Umgebung statt. Entspannter kann es eigentlich kaum sein, etwas Neues zu lernen.

The Little Soap Company. Mo–Fr 9–17 Uhr, 13 Longwell Bank, Ebrington GL55 6NL, Tel. 013 86/59 30 07, www.littlesoapcompany.co.uk

Chipping Norton

Chipping Norton (6000 Einwohner) mag nicht in allen Teilen so pittoresk wie andere Ortschaften der Cotswolds sein, doch gibt es in seiner Umgebung etliche Sehenswürdigkeiten. Die Rolling Stones etwa, ein prähistorischer Steinkreis, befinden sich vier Kilometer nordwestlich unweit der A44. Streng genommen verbergen sich dahinter drei Monumente, wovon nur die King's Men einen Steinkreis im eigentlichen Sinn darstellen. Sie stammen aus der Stein- und Bronzezeit.

Great Tew schließt sich im Osten an Chipping Norton an und ist mit seinen typisch honiggelben Häusern eines der schönsten Dörfer der Cotswolds. Ein Besuch im »Falkland Arms Pub« tagsüber auf den Außenplätzen ist ein Erlebnis. Westlich von Chipping Norton steht Chastleton House, ein Herrenhaus aus dem 17. Jahrhundert. Walter Jones, ein reicher Wollhändler, ließ es von 1607 bis 1612 erbauen, und es blieb über Jahrhunderte in Familienbesitz. Besucher können die kaum veränderten Räume besichtigen. Schön ist auch der Garten, in dem ein völlig überdimensionierter Taubenschlag steht.

Broadway

Der kleine Ort (2100 Einwohner) ist wegen des Broadway Tower bekannt, eines aufwendigen Turms etwas außerhalb. Das von drei kleineren runden Türmen eingefasste dreigeschossige Gebäude steht weithin sichtbar auf einer Anhöhe. Erbaut wurde es 1798 von Architekt James Wyatt (1746–1813) für den Earl of Coventry. Der Überlieferung nach soll der Turm allein den Zweck gehabt haben, Croome Court in Worcestershire im Auge zu behalten und gegebenenfalls Feueralarm zu schlagen. Der Antiquar Sir Thomas Philipps

(1792–1872) erwarb das Gebäude 1827 und brachte darin eine Druckerpresse unter, außerdem seine Sammlung von insgesamt 60 000 Manuskripten und Büchern. Ende der 1950er-Jahre entstand während der Hochzeit des Kalten Krieges ein unterirdischer Bunker.

Snowshill Manor

In Snowshill, einem Ort südlich von Broadway, liegt das Anwesen Snowshill Manor. Es beinhaltet eine ungewöhnliche Ausstellung von Reiseandenken, Uhren, Spielzeug und anderen Utensilien, die der Architekt und Künstler Charles Wade (1883–1956) zwischen 1900 und 1951 hier angehäuft hat. Sein kunstvoll gestalteter Garten zeigt die exzentrische Seite Wades. Sein Motto lautete »Let nothing perish« (lass nichts verderben).

Painswick

Alte Gebäude aus Cotswold-Sandstein prägen auch Painswick (2000 Einwohner) südlich von Gloucester. Der Ort ist aber weniger bekannt für seine Häuserensembles und auch nicht als Einkaufsziel – es ist der Rokoko-Garten, der die Besucher anzieht. Er entstand Mitte des 18. Jahrhunderts, als die Familie Hyett wegen der guten Luft von Gloucester nach Painswick zog und die Grünfläche anlegen ließ.

Heute wirkt der Garten nicht wie ein Abklatsch von Versailles, sondern bietet eine sympathische Mischung aus Rokoko und englischer Gartenkunst mit den typischen geraden Wegen, einem Irrgarten und kleinen Gebäuden. Eine Reihe von penibel getrimmten Eiben ist das Besondere am Vorplatz der St. Mary's Church im Ort selbst. Sie stammt in Teilen aus den Jahren 1042 bis 1066 und verfügt über eine schöne, restaurierte Turmuhr.

AUTORENTIPP!

DAS SCHÖNSTE DORF ENGLANDS

Die von viel Grün umgebenen Reihenhäuser in Bibury sind eines der beliebtesten Fotomotive in den Cotswolds. 1380 entstanden die Gebäude aus hellem Stein ursprünglich als klösterliches Wolllager. Im 17. Jahrhundert wandelte man sie in Wohnhäuser für die Weber des Ortes um, die ihre Stoffe in der Arlington Mill weiterverarbeiten ließen. Doch das ist nicht die einzige pittoreske Stelle Biburys: Der Künstler William Morris (1834–1896) nannte den Ort einmal das »schönste Dorf Englands«. Und so ganz unrecht hatte er damit nicht, ist Bibury doch von gelblich-grauen Häusern aus dem 17. Jahrhundert geprägt. Neben der Arlington Mill (17. Jahrhundert) ist das Gerichtsgebäude Bibury Court (1633) besonders sehenswert.

Bibury. Cirencester GL7 5NJ, Tel. 014 51/84 42 57, www.nationaltrust.org.uk/bibury/

Infos und Adressen

SEHENSWÜRDIGKEITEN

Broadway Tower. Turm aus dem 18. Jahrhundert auf weiter Flur. Tgl. 10–17 Uhr, Eintritt 4,80 £, Middle Hill, Broadway, Worcestershire, WR12 7LB, Tel. 013 86/85 23 90, www.broadwaytower.co.uk

Chastleton House. Anwesen aus dem 17. Jahrhundert. März–Okt. Mi–So 13–16 Uhr (im Sommer bis 17 Uhr), Eintritt 8,50 £, Moreton-in-Marsh GL56 0SU, Tel. 014 94/75 55 60, www.nationaltrust.org.uk/chastleton-house/

Cirencester Park. Großes Anwesen im Westen des Orts. Tgl. 8–17 Uhr, Eintritt frei, The Bathurst Estate, Cirencester Park, Cirencester, GL7 2BU, Tel. 18 65/51 14 44, www.cirencesterpark.co.uk

Schöne Aussichten: Painswick Rococo Garden

Hidecote Manor. Hübscher Garten nördlich von Chipping Campden. April–Okt. tgl. 10–19 Uhr, Nov.–März Sa/So 11–16 Uhr, Eintritt 10 £, Hidcote Bartrim, Chipping Campden GL55 6LR, Tel. 013 86/43 83 33, www.nationaltrust.org.uk/hidcote/

Market Hall Chipping Campden. Fast 400 Jahre altes Marktgebäude. Immer zugänglich, kein Eintritt, High Street, Chipping Campden GL55 6AJ, Tel. 013 86/43 83 33, www.nationaltrust.org.uk/market-hall/

Model Village. Burton on the Water als Modelldorf. Tgl. 10–18 Uhr (im Winter bis 16 Uhr), Eintritt 3,60 £, Rissington Road, Burton on the Water GL54 2AF, Tel. 014 51/82 04 67, www.themodelvillage.com

Painswick Rococo Garden. Garten aus dem 18. Jahrhundert mit teils toller Aussicht. Jan.–Okt. tgl. 11–17 Uhr, Eintritt 6,50 £, B4073, Painswick GL6 6TH, Tel. 014 52/81 32 04, www.rococogarden.org.uk

Rolling Stones. Prähistorischer Steinkreis nahe Chipping Norton. Zugänglich von Sonnenauf- bis Sonnenuntergang, Eintritt 1 £, Chipping Norton OX7 5QB, Tel. 08 70/333 11 81, www.english-heritage.org.uk/daysout/properties/rollright-stones/

Snowshill Manor and Garden. Sandsteingebäude mit kleinem Charles-Wade-Museum. Apr.–Okt. tgl. 12–17 Uhr, Eintritt 9,80 £, Snowshill WR12 7JU, Tel. 013 86/85 24 10, www.nationaltrust.org.uk/snowshill-manor/

Stanway House & Fountain. Rennaissance-Anwesen nahe Cheltenham. Juni–Aug. Di–Do 14–17 Uhr, Fontäne 14.45–15.15 und 16–16.30 Uhr, Eintritt 7 £, Stanway, Tel. 013 86/58 44 69, www.stanwayfountain.co.uk

ESSEN UND TRINKEN

Falkland Arms. Idyllischer Pub aus dem 16. Jahrhundert. tgl. 8–23 Uhr, 19–21 The Green, Chipping Norton OX7 4DB, Tel. 016 08/68 36 53, www.falklandarms.co.uk

Horse and Groom. Gasthaus mit sehr guter britischer Küche. Mo–Sa 11–14.30 und 18–23 Uhr, So 12–15.30 Uhr, Bourton on the Hill, Moreton in Marsh GL56 9AQ, Tel. 013 86/70 04 13, www.horseandgroom.info

Lucy's Tea Room. Gemütliches Café mit schönem Garten. Mo–Fr 10–17 Uhr, Sa/So 9–17 Uhr, The Square, Stow-on-the-Wold GL54 1AB, Tel. 014 51/83 00 00

Der Pub bietet abends nach dem Wandern den richtigen Ausklang.

Made by Bob. Erstklassiges Restaurant mit englisch angehauchter Crossover-Küche. Mo–Fr 7.30–10 und 12–17.30 Uhr, Sa 8–10.30 und 12–17.30 Uhr, Do/Fr auch 19–21 Uhr, Unit 6, Corn Hall, 26 Market Place, Cirencester GL7 2NY, Tel. 012 85/64 18 18, www.foodmadebybob.com

ÜBERNACHTEN

Charingworth Manor. Idyllisches Landhotel. B4035, Charingworth GL55 6NS, Tel. 013 86/59 35 55, www.classiclodges.co.uk/Charingworth_Manor_The_Cotswolds

Dormy House Hotel. Urgemütliches kleines Hotel und Spa in einem modernisierten alten Gebäude im Grünen. Willersey Hill 1, Broadway WR12 7LF, Tel. 013 86/85 27 11, www.dormyhouse.co.uk

Mayfield House Hotel. Hübsches nicht zu nobles Landhotel zwischen Cirencester und der M4. The Street, Crudwell SN16 9EW, Tel. 019 04/69 91 02, www.mayfieldhousehotel.co.uk

Number Four at Stow. Nobles Hotel im Grünen. Fosseway, Stow-on-the-Wold, Cheltenham GL54 1JX, Tel. 014 51/83 02 97, www.hotelnumberfour.co.uk

EINKAUFEN

Cameo Cirencester. Kleiner Laden für Wohnaccessoires. Mo–Sa 10–17 Uhr, Stable Yard, Cowley House, 12 Blackjack Street, Cirencester GL7 2AA, Tel. 012 85/65 40 03, www.cameocirencester.co.uk

Garden Gadgets. Ungewöhnliches für den Garten. Tgl. 10–17 Uhr, Sundial House, High Street, Chipping Campden GL55 6AG, Tel. 013 86/84 18 56

Jaffé & Neale. Buchladen und Café in einem. Mo–Sa 9.30–17.30 Uhr, So 11–17 Uhr, 1 Middle Row, Chipping Norton OX7 5NH, Tel. 016 08/64 10 33, www.chippingnortonbooks.tbpcontrol.co.uk

AKTIVITÄTEN

Cotswold Way. 160 Kilometer langer Wanderweg durch die Citswolds. Startpunkte sind Chipping Camden und Bath. www.nationaltrail.co.uk/cotswold-way

INFORMATION

Tourist Information Centre. Mo–Sa 10–16 Uhr (im Sommer auch So 10–16 Uhr), Victoria Street, Bourton-on-the-Water GL54 2BU, Tel. 014 51/82 02 11, www.visitcotswolds.co.uk, www.cotswolds.com

Frisch gebackene Scones: Lucy's Tea Room in Stow-on-the-Wold

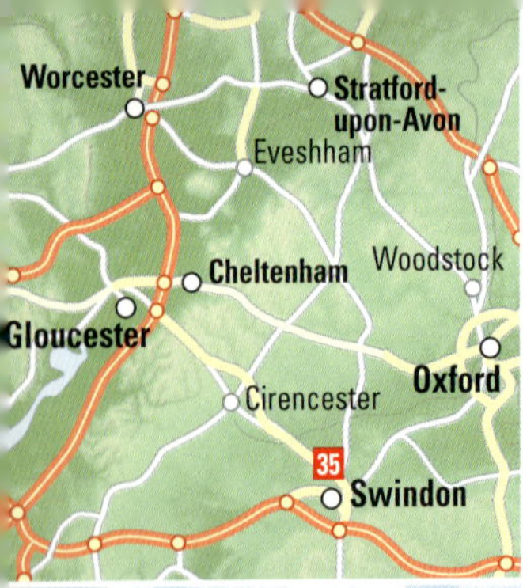

Mitte: Schon von Weitem sichtbar: das Dach des Swindon Marktes
Unten: Erinnert an die Eisenbahnvergangenheit Swindons: das Steam-Museum der Great Western Railway.

35 Swindon
Die Eisenbahnstadt

Die einstige Heimat der Great Western Railway machte durch die Schließung der Eisenbahnwerkstätten einen dramatischen Strukturwandel durch. Mühsam entwickelte sich die Industriestadt zum Standort für Automobilfirmen, Versicherungen und IT-Unternehmen. Die Eisenbahn bleibt jedoch Hauptattraktion: Das Steam Museum ist ein wichtiger Tourismusfaktor genauso wie ein Factory-Outlet-Center mitten in der Stadt. Und manche kommen auch nur wegen einer Kuriosität hierher: der unzähligen Kreisverkehre.

Die alten Arbeiterhäuser in New Town lassen noch erahnen, wie der Alltag in Swindon (155 000 Einwohner) zu Hochzeiten der Great Western Railway gewesen sein muss. Dicht an dicht stehen die kleinen Reihenhäuser nicht weit von den einstigen Produktions- und Reparaturhallen der Bahn.

Die Eisenbahnlegende

Isambard Kingdom Brunel (1806–1859) hatte die Bahnverbindung zwischen London und Südengland sowie Südwales konstruiert. Mehr als 1500 Kilometer Eisenbahnstrecken wurden unter seiner Regie gebaut. Der Legende nach fiel die Wahl des Hauptquartiers eher zufällig auf Swindon – Brunel soll hier in der Planungsphase einmal eine Mittagspause eingelegt haben. Er schuf mit seiner Strecke so etwas wie eine Eisenbahnlegende – die aufwendigen Brückenkonstruktionen, die glanzvollen Bahnhöfe und zahlreiche Untertunnelungen galten als Wunder des viktorianischen Zeitalters.

GWR

Die Abkürzung GWR ist auch heute noch in Südengland populär. Lange Zeit nannte sich sogar ein Netz von Radiosendern entsprechend. Die Great Western Railway war die einzige Bahn, die nach einem Umbau des britischen Eisenbahnwesens im Jahr 1923 unter ihrem alten Namen weiterfahren durfte.

Es klingt paradox: Heute leidet Swindon ein wenig unter der Attraktivität der Bahn. Denn Besucher steuern meist zielstrebig das Museum in den alten GWR-Hallen an sowie das benachbarte Outlet-Einkaufszentrum. An der Innenstadt geht der Tourismus weitestgehend vorbei.

Steam Museum

In einigen denkmalgeschützten Hallen der früheren GWR ist ein Museum für Eisenbahngeschichte ansässig. Das Steam Museum of the Great Western Railway erinnert mit alten Lokomotiven und vielen anderen Ausstellungsstücken an die Vergangenheit Swindons als Eisenbahnstadt. In den früheren Railway Works wurden zwischen 1841 und 1986 nicht nur Lokomotiven der GWR repariert – es wurden auch welche produziert, vor allem solche der Iron Duke Class. Die Railway Works waren über Jahrzehnte der wichtigste Arbeitgeber der Stadt. Das Museum widmet sich auch dem Leben von Isambard Kingdom Brunel, dem Konstrukteur der GWR.

Dass es für die Stadt ein so immenser Anziehungspunkt geworden ist, dürfte indes nicht am Museum selbst liegen und an der großen Zahl an Eisenbahnfreunden – gleich nebenan, ebenfalls in früheren GWR-Hallen, wurde 1997 das McArthur-Glen Designer Outlet eröffnet, ein Einkaufszen-

AUTORENTIPP!

DAS HAUPTQUARTIER DES NATIONAL TRUST

Es scheint ein wenig ungewöhnlich, dass ausgerechnet ein Denkmalschutzfonds in einem nagelneuen Haus untergebracht ist – doch Heelis, das Hauptquartier des National Trust, ist sehr speziell. Es wurde 2005 unter dem Vorsatz entworfen, möglichst im Einklang mit der Natur zu stehen. Besucher können es nach Voranmeldung besichtigen. Der National Trust wurde 1895 gegründet unter der Prämisse, historische Gebäude, Grundstücke und anderes dauerhaft zu erhalten und für jedermann zugänglich zu machen. Inzwischen gehören ihm 350 Bauten und Gärten im ganzen Land. 3,7 Millionen Mitglieder helfen mit ihren Beiträgen, die Arbeit zu finanzieren.

Heelis. Tgl. 10–17 Uhr, Touren nach Voranmeldung 12.30–13.30 Uhr, Heelis, Kemble Drive, Swindon SN2 2NA, Tel. 017 93/81 74 00, www.nationaltrust.org.uk/heelis/

Auch im Detail interessant: das Steam-Museum

Mitte/Unten: Schön für einen Ausflug: Nicht nur Lydiard House mit seinen vollständig eingerichteten Räumen ist einen Besuch wert. **Oben:** Auch den Rest des Anwesens sollte man sich ansehen.

trum, in dem es ausschließlich reduzierte Waren von Markenherstellern gibt.

Magic Roundabout

Die Briten lieben Kreisverkehre, was Autofahrer auf den A-Roads (einem Pendant der Bundesstraßen) wahnsinnig machen kann: In der Nähe von Städten reiht sich ein Kreisel an den anderen, manchmal gibt es sie auf dem platten Land ohne erkennbaren Grund. Swindon beheimatet den vermutlich umfangreichsten Kreisverkehr der Welt: den Magic Roundabout. Nicht weniger als fünf Kreisel sind rund um einen sechsten angeordnet. Wer hindurch will, muss beim Einfahren einen Kreisverkehr überwinden, im Zentrum einen weiteren und noch einmal einen bei der Ausfahrt. Wer nicht aufpasst, kann hier gut und gern ein paar Stunden zubringen. Zu finden ist der Magic Roundabout (der sogar so ausgeschildert ist) am Ende des Queens Drive und des Fleming Way. Er entstand 1972, nachdem es beim Zusammentreffen von fünf Hauptverkehrsstraßen immer wieder zu langen Staus gekommen war. Heute läuft der Verkehr relativ flüssig.

Lydiard House and Park

Das historische Anwesen im Westen Swindons ist geprägt von einem mittelalterlichen Herrenhaus, das im 18. Jahrhundert im Stil des Palladianismus umgestaltet wurde. Bewohnt wurde das Anwesen nachweislich bereits seit dem 12. Jahrhundert. Die Innenausstattung ist im viktorianischen Stil gehalten, gut erkennbar in der Bibliothek und in der großen Halle. Auf dem 100 Hektar großen Gelände befindet sich gleich hinter dem Haus auch eine Kirche aus dem 12. Jahrhundert, außerdem ein von Mauern eingefasster Walled Garden aus dem 18. Jahrhundert.

Infos und Adressen

SEHENSWÜRDIGKEITEN

Lydiard House and Park. Altes Anwesen mit schönem Garten. April–Okt. Di–So 11–17 Uhr, Nov.–März Di–So 11–16 Uhr, Eintritt 4,70 £, Lydiard Tregoze, Swindon SN5 3PA, Tel. 017 93/46 66 64, www.lydiardpark.org.uk

Steam – Museum of the Great Western Railway. Tgl. 10–17 Uhr, Eintritt 8 £, Fire Fly Avenue, Swindon SN2 2EY, Tel. 017 93/46 66 46, www.steam-museum.org.uk

ESSEN UND TRINKEN

Jigsaw. Thailändisches Restaurant im Nachbarort. Di–So 12–14.30 und 18–22.30 Uhr, 32 Hight Street, Cricklade SN6 6AY, Tel. 01 79/75 28 38, www.jicsawthai.com

The Cross Keys. Gemütlicher Pub mit britischer Küche in Wanborough. Mo–Sa 12–23 Uhr, So 12–22.30 Uhr, 5 Burycroft, Wanborough, Swindon SN4 0AP, Tel. 017 93/79 03 02, www.crosskeyswanborough.com

Anschaulich aufbereitete Geschichte im Steam Museum

Im McArthurGlen Outlet wird eigentlich jeder fündig.

ÜBERNACHTEN

Blunsdon House Hotel. Hübsches Hotel etwas außerhalb, von viel Grün umgeben. The Ridge, Blunsdon, Swindon SN26 7AS, Tel. 017 93/72 17 01, www.blunsdonhouse.co.uk

Marriott Swindon. Ausgezeichnetes Hotel zwischen Zentrum und Autobahn. Pipers Way, Swindon SN3 1SH, Tel. 017 93/51 21 21, www.marriott.de/hotels/travel/swidt-swindon-marriott-hotel

EINKAUFEN

McArthurGlen Designer Outlet. Große Outlet Mall. Mo–Fr 10–20 Uhr, Sa 10–19 Uhr, So 10–17 Uhr, Kemble Drive, Swindon SN2 2DY, Tel. 017 93/50 76 00, www.mcarthurglen.com/uk/swindon-designer-outlet/en/

INFORMATION

Swindon Visitor Information Centre. Mo–Fr 9.30–17 Uhr, Sa 9.30–16 Uhr, Central Library, Regent Circus, Swindon SN3 1QG, Tel. 017 93/46 64 54, www.visitwiltshire.co.uk/explore/swindon

36 Cheltenham

Die Stadt der Quellen

Der traditionsreiche Badeort am Rande der Cotswolds hat nichts von seinem Charme verloren: Aufwendige Regency-Architektur reiht sich aneinander, man flaniert durch die Einkaufsstraßen, sitzt vor den zahlreichen Cafés und Restaurants – und genießt das Leben. Das wird auch an einer Vorliebe vieler Einwohner und Besucher Cheltenhams deutlich: Pferderennen. In der Stadt befindet sich eine der umsatzstärksten Rennbahnen des Landes.

Cheltenham (115 000 Einwohner) war eine Stadt unter vielen – bis 1716 jene Wasserquellen entdeckt wurden, die für die Entwicklung hin zu einem Kur- und Badeort der besseren Gesellschaft ausschlaggebend waren. König Georg III. (1738–1820) besuchte Cheltenham 1788 mit seiner Frau und besiegelte damit dessen Ruf als Reiseziel für alles, was Rang und Namen hat. Wenn man so will, ist Cheltenham seitdem zu einer Art Baden-Baden Englands gewachsen. Dazu gehört auch eine opulente Architektur: Die meisten Gebäude im Zentrum entstanden im Regency-Stil – helle Häuser mit den typischen Säulenelementen.

Der Innenstadtkern zwischen High Street und der Town Hall ist gesät mit Geschäften auch der oberen Preisklasse. Hotels und Restaurants sind meist etwas schicker als anderenorts. Dennoch wirkt Cheltenham nicht abgehoben – außer vielleicht durch den Neptun-Brunnen, jene 1893 erbaute Fontäne, die an die Fontana di Trevi in Rom erinnert und der Promenade etwas regelrecht Großstädtisches verleiht.

Mitte: Aufwendige Veranstaltungshalle: die Town Hall von Cheltenham
Unten: Erinnert an das Vorbild des Trevi-Brunnens in Rom: der Neptun-Brunnen in der Innenstadt

Ein altes Brauereigelände in der Henrietta Street, das Brewery Quarter, wurde zu einem Vergnügungsviertel umfunktioniert mit viel Systemgastronomie und einem Multiplexkino. Leider versäumte man es, die historische Architektur zu bewahren. Der Montpellier-Distrikt Südwestlich der Promenade hat sich zu einem der teuersten Viertel der Stadt entwickelt. Hübsche Cafés und Restaurants sind hier zu finden, außerdem kleine Boutiquen und andere Geschäfte.

Town Hall

Anders als es der Name vermuten lässt, ist die Town Hall von Cheltenham nicht das Rathaus, sondern eine Veranstaltungshalle. Erbaut wurde sie zwischen 1902 und 1903, schon damals zu dem Zweck, größere Veranstaltungen austragen zu können. Ein großer Saal ist das Herz des Gebäudes. Mit Marmorsäulen und reichhaltigen Verzierungen ausgestattet, bietet er Platz für rund 1000 Personen. Direkt an der Bühne stehen Statuen der Könige Edward VII. und Georg V. Leider ist der Saal nur zu Veranstaltungen geöffnet.

Pittville Pump Room

Pitville nennt sich die nördliche Erweiterung der Innenstadt, die im 19. Jahrhundert wegen des regen Zulaufs an Besuchern entstand. Im Zentrum steht der Pitville Pump Room, ein zwischen 1825 und 1830 erbautes Regency-Gebäude, das als wichtigstes Kurhaus der Stadt gilt. Noch heute sprudelt Wasser aus einem historischen Marmorbrunnen, das kostenlos probiert werden kann. Prägnant ist neben der von Säulen geprägten Außenfront auch die kleine Kuppel. Der Pitville Pump Room wird inzwischen überwiegend für Konzerte und Abendveranstaltungen genutzt, bietet aber tagsüber auch gastronomische Angebote.

Infos und Adressen

SEHENSWÜRDIGKEITEN

Pitville Pump Room. Historisches Kurhaus. Tgl. 10–16 Uhr, Pitville Park, East Approach Drive, Cheltenham GL52 3JE, Tel. 012 42/52 38 52, www.pittvillepumproom.org.uk

ESSEN UND TRINKEN

Kemble Brewery Inn. Pub mit Gästen aus der Region, britische Küche. Tgl. 11–23 Uhr, 27 Fairview Street, Cheltenham GL52 2JF, Tel. 012 42/24 34 46

ÜBERNACHTEN

The Montpellier Chapter. Hotel in Villa. Bayshill Road, Montpellier, Cheltenham GL50 3AS, Tel. 012 42/52 77 88, www.themontpellierchapterhotel.com

Strozzi Palace Boutique Suites. Edles Boutiquehotel. 55 Saint George's Place, Cheltenham GL50 3LA, Tel. 012 42/65 00 28, www.strozzipalace.co.uk

INFORMATION

The Wilson Tourist Information Centre. Tgl. 10–17 Uhr, Cheltenham Art Gallery & Museum, Clarence Street, Cheltenham GL50 3JT, Tel. 012 42/23 74 31, www.visitcheltenham.com

Wichtigstes Kurhaus von Cheltenham: der Pitville Pump Room

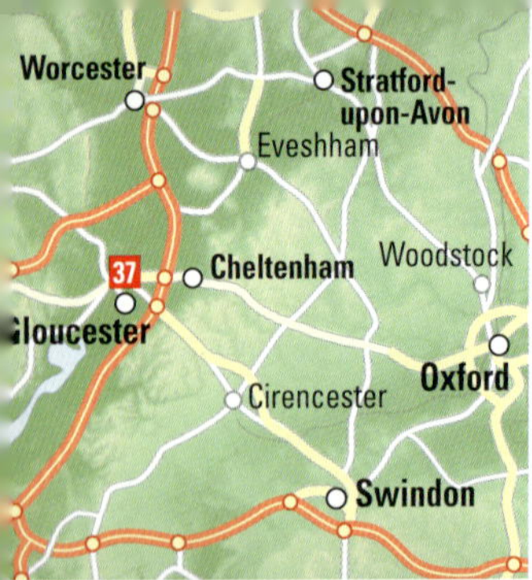

37 Gloucester
Die Stadt der Kathedrale

Die alte Stadt am River Severn steht bei vielen Reisenden nicht unbedingt auf dem Programm – völlig zu Unrecht. Mit seiner Kathedrale hat der Verwaltungssitz der Grafschaft Gloucestershire einen der beeindruckendsten Kirchenbauten der Insel vorzuweisen. Das alte Hafenviertel ist in weiten Teilen saniert – dort sind in die alten Lagerhäuser nun Luxuswohnungen, Restaurants, ein Museum und eine Outlet Mall eingezogen.

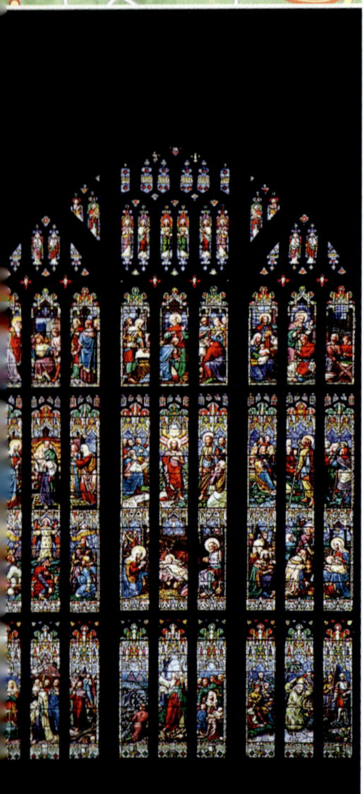
Detailreich: das große Buntglasfenster in der Kathedrale von Gloucester

Die Kathedrale steht noch immer ganz im Mittelpunkt – nicht nur geographisch gesehen. Gloucester (123 000 Einwohner) hat sich rund um das Gotteshaus zu einer sympathischen Stadt, zeitweise zu einem wichtigen inländischen Hafen entwickelt. Historiker sind sich einig, dass es ohne die kirchliche Bedeutung nicht so weit gekommen wäre.

Direkt angrenzend laden die Geschäftsmeilen der Southgate-, Northgate-, Westgate- und Eastgate-Straßen zum Bummeln ein. Wie in allen Städten dieser Größe sind überwiegend dieselben Highstreet-Einzelhandelsketten vertreten. Doch die Bausubstanz verleiht dem Einkaufsbereich etwas Besonderes: Zwischen den größtenteils georgianischen Häusern stehen nur wenige Neubauten, dafür gibt es noch eine Menge alter Fachwerkhäuser.

Klosterbauten

Hinter der Tourist Information befinden sich in der Straße Blackfriars die Gebäude eines früheren

Klosters. Es ist allerdings nur sonntags und montags für Besucher geöffnet und wird sonst als Veranstaltungsgelände genutzt. Ein anderes Kloster ist inzwischen weit vor die Tore der Stadt gezogen: Prinknash Abbey, in der eine Gemeinschaft von Benediktinermönchen lebte, war 681 ursprünglich in Gloucester gegründet worden. Inzwischen ist sie in Prinknash südöstlich von Gloucester ansässig.

Gloucester Cathedral

Der monumentale Sandsteinbau ist St. Peter und der »heiligen und unteilbaren Dreifaltigkeit« gewidmet. Er entstand in mehreren Etappen zwischen 1089 und 1499, sein Kirchenschiff datiert noch in die normannische Zeit, die Anbauten sind in gotischem Stil gehalten. Bereits 679 wurde eine Vorgängerkirche an derselben Stelle gegründet. Der zentrale, 69 Meter hohe Kirchturm stammt aus dem 15. Jahrhundert. Die Krypta gilt wegen ihrer Apsiden als Besonderheit. Nur insgesamt vier dieser Art finden sich in Großbritannien.

In dem prachtvollen Kirchenschiff leuchtet hinter dem Altar ein mittelalterliches Buntglasfenster. Hier befindet sich auch der Schrein von König Edward II. (1284–1327), der unweit in Berkeley Castle ermordet wurde. Besonders sehenswert ist der Kreuzgang mit seinem aufwendigen Fächergewölbe. Er war Drehort für mehrere »Harry Potter«-Filme. Auch die BBC nahm hier Szenen für eine Folge von »Doctor Who« auf.

Docks

Der Gloucester and Sharpness Canal verbindet die Docks von Gloucester über 26,5 Kilometer mit dem Severn-Fluss, kurz bevor dieser im Bristol Channel aufgeht. Die 1827 eröffnete Strecke war

AUTORENTIPP!

WIE DIE ALTEN RÖMER LEBTEN

Überall in Südengland finden sich Hinterlassenschaften aus der Zeit der römischen Besatzung (43 bis ca. 440). Great Witcombe war einst eine opulente Villa mit Badehaus, erbaut um das Jahr 250. Heute existieren zwar nur noch Teile der Grundmauern – doch das Areal gibt einen guten Einblick in die Lebensart der Römer in England. Zudem ist die umliegende Gegend landschaftlich sehr reizvoll. 1818 stieß man bei Ausgrabungen auf die Grundmauern der Villa und legte sie vollständig frei. Entdeckt wurde dabei auch ein Mosaikboden, der in einem Gebäude neben den Ruinen ausgestellt ist. Dieses ist jedoch nur zu besonderen Anlässen geöffnet.

Great Witcombe Roman Villa. Immer zugänglich, Eintritt frei, Coopers Hill, Gloucester GL3 4TW, Tel. 08 70/333 11 81, www.english-heritage.org.uk/daysout/properties/great-witcombe-roman-villa/

Oben: Blick über die Dächer von Gloucester
Unten: In der Innenstadt ist unter anderem das Glockenspiel in der South Street sehenswert.

der Schlüssel zum Erfolg des Hafens. Transportunternehmen mussten ihre Waren für die Midlands nicht mehr aus Bristol holen, sondern hatten sie nun ein ganzes Stück näher am Kunden. Im 20. Jahrhundert erlangte der Hafen dann eine große Bedeutung für den Transport von Benzin. Doch als dieser Zweig durch neue Pipelines wegbrach und immer mehr Verkehr auf die Straße verlagert wurde, kam das Aus.

Seit den 1980er-Jahren war es ruhig geworden in Gloucesters Hafen – bis sich um die Jahrtausendwende neue Ideen und Fördergelder auftaten und das brachliegende Gelände zu teuren Wohnungen, Geschäften, einer Outlet Mall und diversen Restaurants umgebaut wurde. Das Waterways Museum erinnert in einem alten Lagerhaus an die maritime Vergangenheit. Hier werden auch Bootsfahrten auf dem Kanal angeboten.

Käserollen in Coopers Hill

Briten lieben skurrile Bräuche – man denke nur an die Highland Games in Schottland, bei denen Baumstämme geworfen werden. Auch in der Nähe von Gloucester hat sich eine solche Tradition entwickelt: das Käserollen. Einmal im Jahr trifft man sich Ende Mai in Coopers Hill bei Brockworth, um einem Käselaib hinterherzujagen, der einen Hügel hinabrollt. Wieso, weiß eigentlich niemand so genau, doch als gesichert gilt, dass dieser Brauch seit mindestens 200 Jahren existiert.

Infos und Adressen

SEHENSWÜRDIGKEITEN

Gloucester Cathedral. Tgl. 7.30–18 Uhr (So Einschränkung wegen Gottesdienst), Eintritt frei, 12 College Green, Gloucester GL1 2LX, Tel. 014 52/52 80 95, www.gloucestercathedral.org.uk

Waterways Museum. Museum über die maritime Vergangenheit Gloucesters. Tgl. 11–16 Uhr (Juli/Aug. bis 17 Uhr), Eintritt 5,50 £, Llanthony Warehouse, The Docks, Gloucester GL1 2EH, Tel. 014 52/31 82 00, www.canalrivertrust.org.uk/gloucester-waterways-museum

ESSEN UND TRINKEN

The Old Dairy Tearooms. Gemütliches Landcafé. Di–So 9.30–17 Uhr, Harts Barn Craft Centre, Monmouth Road, Longhope GL17 0QD, Tel. 014 52/83 12 21, www.olddairytearoom.co.uk

The Swan at Coombe Hill. Schickes Restaurant mit britischer Küche. Mo–Sa 12–14.30 und 18–21.30 Uhr, So 12–21 Uhr, Tewkesbury Road, Coombe Hill, Gloucester GL19 4BA, Tel. 012 42/68 02 27, www.swanatcoombehill.co.uk

ÜBERNACHTEN

Hallmark Hotel. Komfortables Hotel und Spa. Matson Lane, Robinswood Hill, Gloucester GL4 6EA, Tel. 014 52/52 56 53, www.hallmarkhotels.co.uk/our_hotels/gloucester/

The New County. Einfaches Hotel im Zentrum. 44 Southgate Street, Gloucester GL1 2DR, Tel. 014 52/30 70 00, www.thenewcountyhotel.co.uk

EINKAUFEN

Gloucester Quays. Großes Outlet-Einkaufszentrum am Hafen. Mo–Fr 10–20 Uhr, Sa 10–19 Uhr, So 10–17 Uhr, St. Ann Way, Gloucester GL1 5SH, Tel. 014 52/33 89 33, www.gloucesterquays.co.uk

INFORMATION

Gloucester Tourist Information Centre. Mo–Sa 10–17 Uhr, 28 Southgate Street, Gloucester GL1 2DP, Tel. 014 52/39 65 72, www.thecityofgloucester.co.uk

Zentrales Hotel von Gloucester: The New County

DER WESTEN

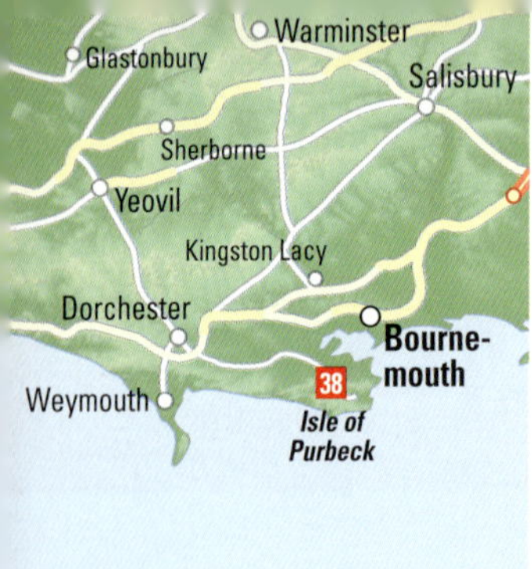

38 Isle of Purbeck
Dorsets Halbinsel

Der Name irritiert: Die Isle of Purbeck ist keine Insel, sondern bestenfalls eine Halbinsel – doch auch für diese Feststellung muss man ein bisschen Fantasie mitbringen, wirft man einen Blick auf die Karte: Das Gebiet umfasst etwa 155 Quadratkilometer mit weiten Landschaften und eindrucksvollen Felsformationen an den Küsten. Große Städte sucht man vergebens. Dafür ist die Isle of Purbeck perfekt für Naturfreunde und Wanderer.

Der größte Ort der Isle of Purbeck gilt auch als deren Zentrum.

Swanage

Swanage (10 000 Einwohner) am östlichen Ende war lange Zeit ein Fischerdorf und Hafen für die örtlichen Steinbrüche. Im 19. Jahrhundert entwickelte es sich zu einem beliebten Badeort. Heute ist der Tourismus wichtigster Wirtschaftsfaktor. Der Pier ist wie in vielen britischen Seebädern zentraler Anlaufpunkt. Das Holzkonstrukt entstand 1895, während des Zweiten Weltkrieges wurde jedoch der äußere Anlegeteil in die Luft gesprengt, um eine Invasion der Deutschen zu verhindern. Der Pier wurde später mehrfach instand gesetzt und wird von einer Stiftung unterhalten. In den Marine Villas am Pier gibt es eine kleine Ausstellung zur Geschichte.

Der Rest des Ortes ist durchaus lebendig, jedoch finden die Hauptaktivitäten entlang des Hafens statt sowie in den Haupteinkaufsstraßen High Street und Institute Road. Beide sind von zierli-

Vorangehende Doppelseite: Keine Frage: Der mit Abstand beste Ort für ein Picknick in Bath ist der Royal Crescent.
Mitte/Unten: Mit Volldampf voraus: Eisenbahnfreunde haben die Gleise zwischen Swanage und dem Norden wieder in Betrieb genommen.

chen viktorianischen Gebäuden gesäumt. Unter den Läden finden sich kaum große Ketten, sondern vorwiegend lokale Anbieter. In Richtung Norden zieht sich an der Küste ein schmaler Sandstrand entlang, der wesentlich zum Ruf Swanages als Badeort beigetragen haben dürfte.

Swanage Railway

Die dampfbetriebene Museumseisenbahn verkehrt zwischen Swanage und Norden zehn Kilometer westlich. Sie wurde 1885 eröffnet und schon ein Jahr später mit der London and South Western Railway vereint, jedoch 1972 für den Passagierverkehr geschlossen. 1979 nahmen sie Eisenbahnfreunde als Touristenbahn wieder in Betrieb. Die Swanage Railway hält auf ihrem Weg auch in Corfe Castle, Harman's Cross und Herston Halt.

Anvil Point

Der Leuchtturm an der Südküste Purbecks stammt aus dem Jahr 1881 und ist zwölf Meter hoch. Er befindet sich im Durlston Country Park, etwa drei Kilometer von Swanage entfernt. Der Leuchtturm wurde 1991 automatisiert, sodass die frei gewordenen Gebäude nun als Ferienwohnungen vermietet werden.

Kimmeridge

Das kleine Dorf südwestlich von Corfe ist Teil der Jurassic Coast und verfügt bei Hen Cliff über große Schiefervorkommen. Vor allem aber hat sich Kimmeridge seit Jahrhunderten kaum verändert, sodass es den Charme vergangener Zeiten ausstrahlt. Die kleine Kirche im Ort stammt aus dem Jahr 1872, Besuchermagnet ist aber der Clavell Tower, ein zehn Meter hoher Turm (1830), der den Beinamen Tower of the Winds trägt – Turm der

AUTORENTIPP!

DIE NORMANNENRUINE

Die Burgruine verleiht dem kleinen Ort Corfe auf der Isle of Purbeck ein ganz besonderes Flair. Weithin sichtbar ist die Anlage auf einem Hügel am Rande des Orts. Die Normannen erschufen die Burg von 1090 an, später wurde sie mehrfach erweitert. Man sieht noch Außenmauern und Teile des Hauptgebäudes – während des Englischen Bürgerkriegs (1642–1649) zerstörten Parlamentarier Corfe Castle. Seitdem fristet das Bauwerk als Ruine sein Dasein. Schön ist auch der Blick von den umliegenden Bergen auf die Burg, die durch ihre exponierte Lage von vielen Stellen aus zu sehen ist. Das lässt sich prima mit einer kleinen Wanderung verbinden.

Corfe Castle. Tgl. 10–18 Uhr (im Winter bis 16 Uhr), Eintritt 8 £, The Square, Wareham BH20 5EZ, Tel. 019 29/48 12 94, www.nationaltrust.org.uk/corfe-castle/

Oben: Die Küstenlinie der Isle of Purbeck ist geprägt von interessanten Gesteinsformationen – wie die Durdle Door.
Unten: Kleine idyllische Häuser findet man überall auf der Isle of Purbeck.

Winde. John Richards Clavell ließ ihn für private Zwecke bauen, heute ist er ein sehr beliebtes Fotomotiv.

Seine Lage unmittelbar an der Küste wäre ihm indes um ein Haar zum Verhängnis geworden: Clavell Tower musste zwischen 2006 und 2008 um 25 Meter landeinwärts versetzt werden, da er drohte, durch Bodenerosion ins Meer zu stürzen. Inzwischen vermietet der Landmark Trust ihn für Übernachtungen.

Der Küstenabschnitt in diesem Bereich ist bei Surfern beliebt. Westlich von Kimmeridge steht die älteste Ölpumpe Großbritanniens. Sie nahm 1950 ihre Arbeit auf und fördert bis heute. Hen Cliff besteht aus Jura-Fels, Tonschiefer, Kalkstein und Purbeck-Stein und gehört zu jenem landschaftlich geschützten Küstenabschnitt, der reich an Fossilien ist.

Dancing Ledge

Dieser Küstenabschnitt bei Langton Matravers hat eine lange Geschichte als Steinbruch für Purbeck-

Rundweg

A Wareham – Die kleine Stadt am River Frome bietet sich als Ausgangspunkt für eine Erkundung der Isle of Purbeck an. Die Straßen im Zentrum sind in einer Art Planquadrat angeordnet, in den alten Häusern haben sich Läden und Gastronomie angesiedelt. Auf den Überresten des Stadtwalls kann man Wareham gut zu Fuß umrunden.

B Corfe Castle – Die Ruine der alten Burg von Corfe thront herrschaftlich über dem Ort. Das Bauwerk entstand unter normannischer Herrschaft, wurde jedoch im 17. Jahrhundert während des Bürgerkriegs zu großen Teilen zerstört und nie wieder instand gesetzt. Dies verleiht ihm heute etwas Mystisches. Zu Füßen von Corfe Castle liegt der kleine Ort Corfe, der sich für einen gemütlichen Bummel anbietet.

C Swanage – Angesichts seiner schönen Lage direkt an einer östlichen Bucht von Purbeck hat sich Swanage in viktorianischer Zeit zu einem Seebad gemausert. Noch heute wird es gerade von Briten gern besucht. Die Seebrücke ist ein beliebtes Fotomotiv, nördlich davon erstreckt sich ein schmaler Strandstreifen entlang der Küste. Und auch der Ort selbst ist einen Besuch wert.

D Anvil Point – Hier im Süden Purbecks wurde 1881 ein Leuchtturm in Betrieb genommen, der vielleicht nicht zu den prachtvollsten im Land zählt, doch steht er eindrucksvoll an einem wunderschönen Küstenabschnitt, außerdem kann man in den angrenzenden Gebäuden übernachten.

E Worth Matravers – Worth Matravers ist geradezu das Musterbeispiel eines kleinen Dorfs aus schieferbedeckten Steinhäusern, die für diese Gegend Englands so typisch sind.

F Kimmeridge – Das Dorf im Südwesten Purbecks ist für Clavell Tower bekannt, einen Turm aus dem Jahr 1830, der direkt an der Küste steht.

Ausgangspunkt des Rundweges: Wareham am River Frome

AUTORENTIPP!

WANDERN UM DIE OLD HARRY ROCKS

Die beiden Kreidefelsen im Wasser vor der Isle of Purbeck sind nicht nur ein beliebtes Fotomotiv, sie sind auch das Ziel schöner Wanderungen. Dem National Trust gehört jede Menge Land entlang dieses Küstenstreifens, und er hat es entsprechend ausgeschildert, sodass man sich eigentlich unmöglich verlaufen kann. Ein Rundweg ist auf der Webseite des National Trust ausgewiesen. Zudem verläuft der South West Coast Path hier entlang, jener Küstenwanderweg, der von Somerset einmal um Devon und Cornwall bis nach Dorset führt. Die Kreidefelsen waren Teil einer Formation zwischen Purbeck und der Isle of Wight. Dort ragen mit den Needles ähnliche Felsen aus dem Meer. Die übrigen dazwischen sind im Laufe der Jahrtausende der Erosion zum Opfer gefallen.

Old Harry Rocks. Östlich von Studland. www.nationaltrust.org.uk/article-1356405073788/

Stein und -Marmor. Die Steine wurden unter anderem in der Kathedrale von Exeter verbaut. Der Name Dancing Ledge ist durch eine optische Täuschung entstanden: Wenn die Wellen bei Flut über das Felsriff gleiten, scheint dieses sich zu bewegen. Zu Beginn des 20. Jahrhunderts sprengte man in den Felsen ein Schwimmbecken, das Kindern zur Unterhaltung dienen sollte.

Worth Matravers

Der idyllische kleine Ort (600 Einwohner) unweit der Küste ist von kleinen Steinhäusern mit Schieferdächern geprägt. Im Zentrum steht mit der Church of St. Nicholas of Myra eine der ältesten Kirchen Dorsets. Mit dem Square and Compass gibt es ein unter Denkmalschutz stehendes Gasthaus aus dem Jahr 1793. Gut 1,5 Kilometer außerhalb der Stadt liegt St. Alban's Head, südlichster Punkt der Isle of Purbeck. Dort thront die St.-Aldhelms-Kapelle in der Landschaft, außerdem ein Denkmal, welches der Radartechnik gewidmet ist – nicht weit von St. Alban's Head am Air-Force-Standort Woth Matravers wurden maßgeblich verschiedene Erkennungs- und Ortungsverfahren entwickelt.

Wareham

Die alte Marktstadt ist gewissermaßen das Einfallstor zur Isle of Purbeck. Einst ein bedeutender Schauplatz von Königen und Kämpfen, verlor Wareham mit den Jahrhunderten seine Bedeutung an das nahegelegene Poole. Zurückgeblieben ist ein pittoresker Ort am Fluss Frome, der von einer Stadtmauer bzw. einem Wall aus der Zeit der Sachsen eingefasst ist. Das Zentrum Warehams ist von viktorianischen und georgianischen Gebäuden geprägt – und von einer Reihe interessanter Geschäfte und Gasthäuser.

Infos und Adressen

SEHENSWÜRDIGKEITEN

Swanage Pier. Seebrücke in Swanage. April–Sept. tgl. 7–18 Uhr, Okt.–März tgl. 9–16 Uhr, Eintritt 0,80 £, Pier Approach, Swanage BH19 2AW, Tel. 019 29/42 58 06, www.swanagepiertrust.com

Swanage Steam Railway. Museumseisenbahn von Swanage. April–Okt. tgl. Fahrten zu unterschiedlichen Zeiten, Nov.–März nur an ausgesuchten Tagen, Fahrt (hin und zurück) 11,50 £, Station House, Swanage BH19 1HB, Tel. 019 29/42 58 00, www.swanagerailway.co.uk

ESSEN UND TRINKEN

Olivers. Kleines Café mit leichten Speisen. Sa/So 13–16 Uhr, Mo–Mi 12–15 Uhr, 24 West Street, Corfe Castle, Wareham BH20 5HD, www.coffeeatolivers.com

The Globe Inn. Gemütlicher Pub mit einfacher Küche. Tgl. 11.30–23 Uhr, 3 Bell Street, Swanage BH19 2RY, Tel. 019 29/42 35 15

Herberge neben dem Anvil Point Lighthouse

Ticketschalter für die Swanage Steam Railway

ÜBERNACHTEN

Anvil Point Lighthouse. Ferienwohnungen neben dem Leuchtturm. Tel. 013 86/70 11 77, www.ruralretreats.co.uk

Clavell Tower. Übernachten im alten Küstenturm. Kimmeridge, Wareham, Vermieter: The Landmark Trust, Shottesbrooke, Maidenhead SL6 3SW, Tel. 016 28/82 59 25, www.landmarktrust.org.uk/our-landmarks/properties/clavell-tower-1697/

Mortons House Hotel. Kleines Hotel in einem Haus aus dem 16. Jahrhundert. 45 East Street, Corfe Castle, Wareham BH20 5EE, Tel. 019 29/48 09 88, www.mortonshouse.co.uk

The Pines Hotel. Hotel mit Seeblick. Burlington Road, Swanage BH19 1LT, Tel. 019 29/42 52 11, www.pineshotel.co.uk

INFORMATION

Discover Purbeck Information Centre. Mo–Sa 10–17 Uhr (im Winter bis 16 Uhr), South Street, Wareham BH20 4LR, Tel. 019 29/55 27 40, www.visit-dorset.com

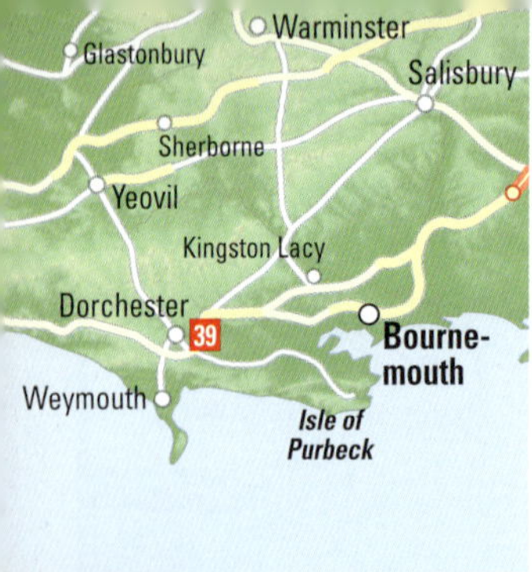

Mitte: In jeder Hinsicht das Zentrum von Dorchester: die High Street
Unten: Prägt bis heute den Ruf Dorchesters: Thomas Hardy, der mit einem Denkmal verewigt wurde.

39 Dorchester
Die Stadt Thomas Hardys

Dorchester ist Geburtsort und Wirkungsstätte des berühmten Schriftstellers Thomas Hardy. Die Stadt am Fluss Frome existierte bereits zur Zeit der römischen Besatzung, wenn auch nicht mehr viel davon zu sehen ist. Heute ist sie eine typisch britische Kleinstadt mit einem Architektur-Mix unterschiedlicher Epochen. Zugleich wurde vor ihren Toren ein Experiment ganz neuer Art angestoßen: Poundbury im Westen Dorchesters ist ein Modelldorf für nachhaltiges Leben, das von Prinz Charles initiiert wurde.

Dorchester (19 000 Einwohner) hat oft ein bisschen mit seinem Image zu kämpfen. Die Hauptstadt Dorsets liegt nahe am Meer, ist aber keine Hafenstadt; sie ist ein wichtiges Zentrum für die Region, steht aber im Schatten des unweit entfernten, viel größeren Bornemouths. Doch hat sie sich durchaus ihren Charme bewahrt.

Das Geschäftszentrum ist an der High Street und der South Street zu finden. Die Borough Gardens nicht weit entfernt sind erholsam für einen Spaziergang oder eine Pause auf der Parkbank. Der Brewerery Square ist Dorchesters jüngste Entwicklung: Ein altes Industriegelände mutierte zu einem großen Vergnügungsviertel. Restaurants, Cafés, ein Kino, ein Hotel – etliche Betriebe haben sich hier in den letzten Jahren angesiedelt.

Sehenswert ist das Dorset County Museum allein schon wegen seines Gebäudes: Es ist in einer viktorianischen Galerie untergebracht, deren Fußboden aus einem Mosaik des Roman Town House besteht. Auch das Militärmuseum in der Barrack Road lohnt einen Abstecher – nicht nur für Militaria-Interessierte. Es wurde im Torhaus einer früheren Kaserne eröffnet, das einer normannischen Burg nachempfunden ist. Schön ist der Blick vom Dach über Dorchester.

Roman Town House

Zu den wenigen Erinnerungen an die Zeit der Römer in Dorchester (das sie Durnovaria nannten) zählt das Roman Town House gleich neben der County Hall. Archäologen haben im vergangenen Jahrhundert die Überreste von insgesamt acht römischen Häusern entdeckt. Das Town House war das bedeutendste. Neben Mauerresten und Säulen sind vergleichsweise gut erhaltene Flächen von Mosaiken zu sehen. Anhand der Ruinen kann man sich mit etwas Fantasie die Lebensweise und den Alltag im 4. Jahrhundert vorstellen.

Athelhampton House

Das burgähnliche Herrenhaus in der Nähe von Dorchester stammt aus dem Jahr 1485, ersetzte aber damals schon einen älteren Bau. Sir William Martyn gab damals den Auftrag, Athelhampton verblieb für mehrere Generationen in seiner Familie. Inzwischen kann das Gebäude mit seinem Park besichtigt werden. In England kennt man es vor allem wegen seines Namens: Eine der Dampfloks der Great Western Railway trug die Bezeichnung Athelhampton Hall.

Die große Halle ist auch Höhepunkt des Hauses. Sie datiert noch aus den Anfangsjahren. Aufwendige Fenster, Holzvertäfelungen an der Decke und ein eindrucksvoller Kamin zeichnen den Raum aus. Schön ist auch die Bibliothek mit ihrem Billardtisch und der verzierten Decke.

AUTORENTIPP!

THOMAS HARDYS DORCHESTER

Eigentlich hatte er nach seiner Architekturausbildung begonnen, Kirchen in Dorchester zu restaurieren, doch schien er zum Schreiben berufen: Der Schriftsteller Thomas Hardy (1840–1928) war einer der berühmtesten Einwohner Dorchesters. In der Stadt schrieb er zahlreiche Romane und Gedichte. Der National Trust hat Hardys Geburtshaus und Max Gate, sein früheres Wohnhaus, in seinem Bestand und öffnet es für Besucher. Wobei gerade Letzteres interessant ist. Hardy entwarf das Gebäude 1885 selbst.

Max Gate. März–Okt. Mi–So 11–17 Uhr, Eintritt 5,50 £, Alington Avenue, Dorchester DT1 2AB, Tel. 013 05/26 25 38, www.nationaltrust.org.uk/max-gate/

Hardy's Cottage. März–Okt. Mi–So 11–17 Uhr, Eintritt 5,50 £, Higher Bockhampton bei Dorchester DT2 8QJ, Tel. 013 05/26 23 66, www.nationaltrust.org.uk/hardys-cottage/

Oben: Wo sprichwörtlich Gras über alles gewachsen ist: Maiden Castle, einst ein Fort
Unten: Modelldorf für Nachhaltigkeit: Poundbury wird seit den 1990er-Jahren kontinuierlich weiterentwickelt.

Maiden Castle

Viel zu sehen ist nicht mehr von jenem Fort, das vor Dorchester einmal in der Eisenzeit gestanden haben muss. Doch die eindrucksvollen Reihen von Wällen rund um den Hügel sind ein begehrtes Fotomotiv. Das Gebiet wurde bereits um 4000 v. Chr. besiedelt. Auch die Römer waren hier zunächst ansässig, bevor sie nach Dorchester weiterzogen. Die Grundmauern eines ihrer Tempel sind heute noch zu erkennen.

Poundbury

Prinz Charles war maßgeblich an der Konzeption dieses Modelldorfs bei Dorchester beteiligt. Es basiert auf den Grundsätzen des nachhaltigen Wirtschaftens und wurde ab Anfang der 1990er-Jahre auf dem Land des Duchy of Cornwall gebaut. 6000 Einwohner sollen hier mittelfristig leben, derzeit sind es rund 2500. Der Mensch steht dabei ganz im Vordergrund, dafür weniger die Technik und Industrie. Geschäfte, Freizeitaktivitäten und Wohnhäuser sollen ein Gesamtgebilde ergeben, so das Konzept. Besonders ist auch die Architektur – und zwar weil sie sich an alten Vorbildern orientiert und nicht an neuen Entwicklungen.

Infos und Adressen

SEHENSWÜRDIGKEITEN

Athelhampton House. Herrenhaus aus dem Jahr 1485. März–Okt. So–Do 10.30–17 Uhr, Nov.– Feb. So 10.30–16 Uhr, Eintritt 12,50 £, Athelhampton, Dorchester DT2 7LG, Tel. 013 05/84 83 63, www.athelhampton.co.uk

Dorset County Museum. Heimatmuseum der Stadt. April–Okt. Mo–Sa 10–17 Uhr, Nov.–März Mo–Sa 10–16 Uhr, Eintritt 6.35 £, High West Street, Dorchester DT1 1XA, Tel. 013 05/26 27 35, www.dorsetcountymuseum.org

Maiden Castle. Gelände eines Forts aus der Eisenzeit. Immer zugänglich, Eintritt frei, Winterborne Monkton, Dorchester DT2 9EY, www.english-heritage.org.uk/daysout/properties/maiden-castle/

Roman Town House. Überreste eines römischen Stadthauses. Immer zugänglich, Eintritt frei, County Hall, Colliton Park, Dorchester DT1 1XJ

The Keep Military Museum. Militärmuseum in einem alten Stadttor. April–Sept. Mo–Sa 10–17 Uhr, Okt.–März Di–Fr 10–16.30 Uhr, Eintritt 6,50 £, Bridport Road, Dorchester DT1 1RN, Tel. 013 05/26 40 66, www.keepmilitarymuseum.org

Französische Küche im No. 6 Restaurant

Die mit Wappen bestückte Fassade des Dorset County Museum

ESSEN UND TRINKEN

Mr. Crepe's Cuisine. Französische Crêperie. Di–Sa 11.30–14.30 und 18–23.30 Uhr, 1 Challacombe Square, Poundbury, Dorchester DT1 3SX, Tel. 013 05/25 79 99, www.mrcrepescuisine.co.uk

No. 6 Restaurant. Französisch angehauchtes Restaurant. Di–Sa 12–15 und 18.30–21 Uhr, 6 North Square, Dorchester DT1 1HY, Tel. 013 05/26 76 79,

ÜBERNACHTEN

Kings Arms Hotel. Traditionelles, einfaches Hotel. 30 High East Street, Dorchester DT1 1HF, Tel. 013 05/26 53 53, www.kingsarmshoteldorchester.com

Premier Inn. Modernes Budgethotel im Brewery-Viertel. 5 Pope Street, Dorchester DT1 1GA, Tel. 08 71/527 93 76, www.premierinn.com/en/hotel/DORWEY/dorchester

INFORMATION

Dorchester Tourist Information Centre. Mo–Sa 9–17 Uhr, Antelope Walk, Dorchester DT1 1BE, Tel. 013 05/26 79 92, www.visit-dorset.com

Am schönsten abends, wenn die Tagestouristen gegangen sind: die Innenstadt von Bath

40 Bath

Stadt der römischen Quellen

Bath ist ein einzigartiges Gesamtkunstwerk: Vor fast 2000 Jahren siedelten sich bereits Römer hier an. Sie bauten jenes Badehaus, das der Stadt ihren Namen gab. Der Architekt John Wood und sein gleichnamiger Sohn schufen schließlich im 18. Jahrhundert das Bath von heute mit seinen schönen Sandsteingebäuden. Die ganze Stadt bildet eine architektonische Einheit – und ist deswegen von der UNESCO zum Weltkulturerbe erklärt worden.

Sie liegt ein bisschen ab, die kleine Schwester des großen Bristols – doch das scheint der Stadt am Avon-Fluss gut getan zu haben. Über Jahrhunderte zogen die Menschen für Kuren nach Bath (84 000 Einwohner), dabei stieß man erst 1889 beim Abriss eines Gebäudes auf die Ursprünge des Namens: Tief unter der Erde entdeckten Bauarbeiter ein weitestgehend erhalten gebliebenes römisches Badehaus. Das Straßenniveau war wie in

MAL EHRLICH

AUSSERHALB DER SAISON

Bath und Venedig haben eines gemeinsam: einen schier unglaublichen Ansturm von Tagestouristen. Dicht gedrängt rollen sie während der Sommermonate durch die Straßen. Dabei entfaltet Bath seine ganze Pracht erst, wenn es ruhiger wird. Wer die Stadt wirklich erleben will, sollte über Nacht bleiben oder in der Nebensaison wiederkommen – die einzigartige Architektur ist auch im Winter wunderbar zu bestaunen, wenn nur wenige Menschen Bath besuchen.

vielen anderen historischen Orten im Laufe der Jahrhunderte immer weiter gestiegen, da man auf dem Schutt abgerissener Häuser neue errichtete. Deswegen geriet das Badehaus nahe der Kathedrale irgendwann in Vergessenheit. Heute ist es einer der touristischen Höhepunkte.

Architektur aus einem Guss

Besonders ist die Bausubstanz des Badeorts: Wie auf dem Reißbrett entworfen wirkt die Stadtplanung an manchen Stellen, an anderen wiederum kleinstädtisch verwinkelt. Vieles von dem, das Bath heute prägt, hat seinen Ursprung im 18. Jahrhundert, als die beiden Architekten John Wood Junior (1727–1782) und Senior (1704–1754) den Grundstein für eine Neugestaltung legten. Sie schufen unter anderem den Circus, den Royal Crescent und den Queen's Square. Andere Architekten ergänzten ihre Arbeit zumeist mit Gebäuden im georgianischen Stil. Einzelne repräsentative Bauten entstanden mit Elementen im Stil des Palladianismus, alles wurde aus dem Sandstein der Umgebung erbaut. Auch heute gelten für die wenigen Neubauten, die überhaupt zugelassen werden, strenge Bauvorschriften. Entsprechend pittoresk gibt sich die Fußgängerzone um die Kathedrale und das römische Badehaus.

Bath Abbey

Das prachtvolle Gebäude der offiziell Abbey Church of Saint Peter and Saint Paul genannten Abteikirche ist ein Meisterwerk der Neugotik. Im 7. Jahrhundert als Kloster gegründet, stammt die heutige Kirche aus dem 16. und 19. Jahrhundert. Zuletzt hatte sich der große britische Baumeister Sir George Gilbert Scott (1811–1878) zwischen 1864 und 1874 dem Gebäudeinneren angenommen. Aus seiner Hand stammen auch die St. Pan-

AUTORENTIPP!

RADELN VON BRISTOL NACH BATH

Der 24 Kilometer lange Radweg war Vorreiter für das nationale Fernradnetz im Vereinigten Königreich. Die gemeinnützige Organisation Sustrans hat ihn in den 1980er-Jahren anlegen lassen, um die stillgelegte Trasse einer alten Eisenbahnverbindung neu zu nutzen. Radfahrer können dadurch abseits vom Verkehr auf einer asphaltierten Strecke vom Zentrum Bristols bis direkt nach Bath fahren. Die Route beginnt im Newtown Park in der Trinity Street (Bristol) und endet an der Brassmill Lane (Bath), wo sich entlang des Avon ein weiterer Radweg ins Zentrum anschließt.

Bristol and Bath Railway Path.
www.bristolbathrailwaypath.org.uk; Räder vermietet zwischen Apr. und Okt. unter anderem die Green Park Bike Station, Di–Sa 9–17 Uhr, Green Park Station, Green Park Road, Bath BA1 1JB, Tel. 012 25/92 01 48, www.greenparkbikestation.info

Oben: Bath hat nicht nur viele touristische Attraktionen zu bieten, sondern auch eine ausgezeichnete Gastronomieszene.
Unten: Eine der schönsten Brücken der Welt: Die Pulteney Bridge ist zu beiden Seiten von Geschäften gesäumt.

cras Station in London, der Sitz des Britischen Außenministeriums und die Universität zu Glasgow. In Bath Abbey schuf Scott das aufwendige Fächergewölbe im Kirchenschiff. Das Fenster über dem Hochaltar zeigt Szenen aus dem Leben Christi.

Eines der bunten Glasfenster zeigt die Krönung des ersten Königs von Gesamtengland, König Edgar (943/44–975), die in Bath vollzogen wurde. Das damals eingeführte Zeremoniell hat bis heute bei der Krönung eines britischen Monarchen Gültigkeit. Der 49 Meter hohe Turm kann in geführten Touren bestiegen werden. Die Orgel von Bath Abbey wurde übrigens von einem Bonner Unternehmen auf Basis einer Vorlage aus dem 19. Jahrhundert rekonstruiert.

Pump Room

Sich einmal so fühlen wie die erlauchten Kurgäste des 18. und 19. Jahrhunderts: Der Pump Room neben dem Eingang zu den Römischen Bädern ist eine große Trinkhalle aus dem Ende des 18. Jahrhunderts, in der aus einem hübschen Brunnen noch immer jenes heilende Trinkwasser mit seinen 43 Mineralien sprudelt, mit dem Bath sich einen Namen machte. Gäste können es kostenlos probieren, doch es ist nicht nur wegen seiner ungewöhnlichen Wärme gewöhnungsbedürftig.

Natürlich ist der Pump Room nicht nur der Oberklasse vorbehalten, doch nach wie vor strahlt das Restaurant im großen Saal des Gebäudes jenes edle Flair aus, für das Bath einst bekannt war. Man trifft sich zum *Afternoon Tea* bei Livemusik oder zu einem ausgedehnten Frühstück. Die Musik kommt übrigens seit rund drei Jahrzehnten von ein und demselben Trio, dem Pump Room Orchestra, das in der Stadt Kultstatus genießt.

Rundgang durch Bath

Der Weg führt einmal durch Bath – vom Einkaufszentrum The Podium bis zum Royal Crescent.

Ⓐ **The Podium** – In dem etwas in die Jahre gekommenen Einkaufszentrum lässt sich das Auto parken. Denn man sollte es wegen der engen Straßen möglichst schnell abstellen.

Ⓑ **Pulteney Bridge** – Die Brücke aus dem 18. Jahrhundert über den Avon ist eine der ganz wenigen auf der Welt, die über ihre gesamte Länge Geschäfte aufweist.

Verspielt bis ins Detail: die Parade Gardens

Ⓒ **Parade Gardens** – Von dem Park aus hat man einen guten Blick auf die eher ruhige Seite von Bath, auf den Avon und auch auf die Pulteney Bridge.

Ⓓ **Southgate** – Dieses im Stil des alten Bath gehaltene moderne Freilufteinkaufszentrum ist eine der jüngsten Veränderungen der Stadt. Es galten strenge Auflagen für die Gestaltung der Gebäude, deswegen wirkt der Komplex auch wie eine Erweiterung der Innenstadt.

Ⓔ **Roman Baths** – Die römischen Bäder gaben der Stadt ihren Namen. Lange waren sie vergessen und überbaut, bis man sie schließlich wieder zugänglich machte. Das viele Jahrhunderte alte Badehaus ist noch verhältnismäßig gut erkennbar.

Ⓕ **Bath Abbey** – Einst als Klosterkirche erbaut, wurde die prachtvolle Abteikirche im 12. und 16. Jahrhundert erneuert. Der große Baumeister Sir George Gilbert Scott drückte ihr 1860 seinen Stempel auf.

Ⓖ **Fußgängerzone** – Es mögen größtenteils dieselben Geschäfte wie überall in Großbritannien sein, aber hübsch anzusehen ist die Fußgängerzone von Bath allemal.

Ⓗ **The Circus** – Der georgianisch geprägte kreisrund bebaute Platz wurde von Architekt John Wood und seinem Sohn einem Amphitheater nachempfunden.

Ⓘ **Royal Crescent** – Der halbrunde Platz ist einer der besten Orte im Land, um den georgianischen Baustil zu studieren. Woods Sohn hat ihn Ende des 18. Jahrhunderts entworfen.

Durch den Victoria Park und die Innenstadt geht es zurück zum Parkhaus vom Podium.

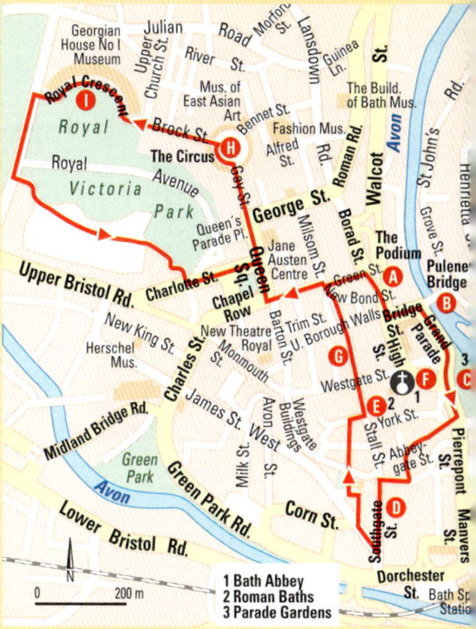

AUTORENTIPP!

ROMAN BATHS

Sie sind ein einmaliges Zeugnis für die Lebensweise der alten Römer: Die Roman Baths gaben der Stadt ihren Namen, und doch waren sie bis 1889 vergessen – mehrfach überbaut, stießen Arbeiter erst beim Abriss eines anderen Gebäudes über ihnen auf diesen wertvollen archäologischen Schatz. Bis zum Jahr 300 muss die Badeanlage in mehreren Etappen gebaut worden sein. Wer hinabsteigt, sieht nicht nur das große Becken, das komplett freigelegt wurde, auch die kleineren Badeeinheiten können besichtigt werden. Bis heute sprudelt jenes 46 Grad warme Wasser aus dem Boden, das die Römer dazu veranlasst hat, in Bath sesshaft zu werden.

Roman Baths. Nov.– Feb. tgl. 9.30–16.30 Uhr, März–Juni, Sept./Okt. 9–17 Uhr, Juli/Aug. tgl. 9–21 Uhr, Eintritt 13,50 £, Stall Street, Bath BA1 1LZ, Tel. 012 25/47 77 85, www.romanbaths.co.uk

Royal Crescent

Das halbrunde Gebäudeensemble mit bestem Blick über die Stadt war beispielgebend für die im 19. Jahrhundert vor allem in London entstandenen abgerundeten Plätze. John Wood jun. hat den Royal Crescent zwischen 1767 und 1774 erschaffen. Der ungewöhnliche Platz besteht aus 30 mit langen Säulen bestückten Sandstein-Reihenhäusern im georgianischen Stil. Er ist quasi die Fortführung eines Platzes, den Wood sen. in Bath gestaltet hatte, des Circus, dessen Gebäudeanordnung einem römisches Amphitheater nachempfunden ist.

Es wundert nicht, dass auf dem Royal Crescent später teure Wohnungen, edle Büros und das mit Abstand nobelsten Hotel der Stadt einzogen: das Royal Crescent Hotel. Am östlichen Ende ist Im Haus Nummer 1 eines der Gebäude zu besichtigen, und zwar im Museum No. 1 Royal Crescent. Alte Aufnahmen und Möbel spiegeln die Stadtgeschichte des 18. Jahrhunderts wider und geben Auskunft über das Leben und Treiben auf dem Royal Crescent.

Pulteney Bridge

Die 1774 erschaffene Verbindung zwischen der Innenstadt von Bath und dem auf der anderen Avon-Seite gelegenen Bathwick gilt als eine der schönsten Brücken der Welt. Die wie weite Teile der Stadt im Stil des Palladianismus erbaute Brücke ist von Gebäuden gesäumt: Auf beiden Seiten ziehen sich kleine Läden von einem Ufer zum nächsten. Der schottische Architekt Robert Adam (1728–1792) zeichnete sich zwar für die Konstruktion verantwortlich, Namensgeber ist aber William Pulteney (1729–1805), der sie auf Anregung seiner Frau Frances finanzierte und den Bau dadurch möglich machte.

Infos und Adressen

SEHENSWÜRDIGKEITEN

Bath Abbey. Die Abteikirche ist ein Meisterwerk der Neugotik. Mo 9.30–17.30 Uhr, Di–Fr 9–17.30 Uhr, Sa 9–18 Uhr, So 13–14.30 und 16.30–17.30 Uhr, Eintritt frei, Turm-Tour 6 £, Kingston Parade, Bath BA1 1LT, Tel. 012 25/42 24 62, www.bathabbey.org

No. 1 Royal Crescent. Ein Haus am wunderschönen Royal Crescent ist als Museum umgestaltet worden. Feb.–Dez. Mo 12–17.30 Uhr, Di–So 19.30–17.30 Uhr, Eintritt 8,50 £, Tel. 012 25/42 81 26, www.no1royalcrescent.org.uk

ESSEN UND TRINKEN

Restaurant Eleven. Hübsches Restaurant im Zentrum mit moderner englischer Küche. Mo/Mi–Fr 11–21 Uhr, Sa/So 10–21 Uhr, 11 Margaret's Buildings, Bath BA1 2LP, Tel. 012 25/42 12 51, www.restauranteleven.co.uk

The Bathwick Boatman. Einfaches Restaurant am Fluss mit sehr guter britischer Küche. Di–Sa 12–14 und 18.15–21 Uhr, So 12–14.30 Uhr, Forester Lane, Bath BA2 6QP, Tel. 012 25/42 88 44, www.bathwickboatman.com

AKTIVITÄTEN

Thermae Spa. Spa auf einer Dachterrasse, vom Pool hat man einen schönen Blick auf die Abbey. tgl. 9–21.30 Uhr, Hot Bath Street, Bath BA1 1SJ, Tel. 012 25/33 12 34, www.thermaebathspa.com

ÜBERNACHTEN

Bath Priory Hotel. Nobles Hotel in einem alten Gebäude mit modernem Spa-Bereich und einem Sterne-Restaurant. Weston Road, Bath BA1 2XT, Tel. 012 25/33 19 22, www.thebathpriory.co.uk

Travelodge Bath City. Einfaches Hotel einer britischen Budget-Marke, aber in einem hübschen alten Gebäude und sehr zentral gelegen. 1 York Buildings, George Street, Bath BA1 2EB, Tel. 08 71/984 62 19, www.travelodge.co.uk

EINKAUFEN

Pylones Bath. Dekorative Accessoires und Geschenkartikel. Tgl. 10.30–18.30 Uhr, 5 Old Bond Street, Bath BA1 1BW, Tel. 012 25/46 23 72, www.pylones.com

INFORMATION

Visit Bath. Mo–Sa 9.30–17.30 Uhr, So 10–16 Uhr, Abbey Churchyard, Bath BA1 1LY, Tel. 08 44/847 52 56, www.visitbath.co.uk

Meisterwerk der Architektur: die Fächergewölbedecke von Bath Abbey

THE
ROMAN BATHS

Vorangehende Doppelseite: So leer ist es hier tagsüber nie – Bath Abbey in den Abendstunden, rechts der Eingang zum römischen Bad.
S. 232: Wo Seefahrt lebendig wird: Hafen von Bristol mit Blick auf Clifton und den Cabot Tower

41 Bristol

Die Seefahrerstadt

Die Stadt am Avon war lange Zeit einer der bedeutendsten Handelshäfen des Vereinigten Königreichs. Mit den immer größer werdenden Schiffen aber kam das Aus – der Fluss war einfach nicht tief genug, um von ihnen weiterhin befahren werden zu können. Inzwischen hat sich das Hafenviertel zu einer Kunst- und Ausgehmeile gewandelt, Bristol ist zudem durch mehrere Hochschulen ein Zentrum der Forschung und Entwicklung geworden.

Ganz leicht hatte es die alte Seefahrerstadt (430 000 Einwohner) nicht, die im Zweiten Weltkrieg in Teilen zerstört wurde und dann nach dem Wiederaufbau mit schlichten Bauten und einer eher praktikablen als schönen Fußgängerzone gezeichnet war. Das hat sich längst geändert: Die Nachkriegsbauten prägen zwar immer noch einige Ecken, doch der Rest hat rapide aufgeholt. Die Innenstadt wurde vor einigen Jahren um das halboffene Einkaufszentrum Cabot Circus erweitert

MAL EHRLICH

AT BRISTOL

Überall im Vereinigten Königreich wurden um das Jahr 2000 Großprojekte durch staatliche Zuschüsse und Lotteriegewinne finanziert. Auch Bristol bekam eines ab – den Freizeit- und Museumskomplex At Bristol. Er sollte so etwas wie die neue Mitte werden, doch konnte er von Beginn an nicht überzeugen: Das auf Kinder ausgerichtete Technikmuseum tat sich schwer, das Regenwaldhaus wich mangels Besuchern einem Aquarium. Kurioserweise hat sich daran angrenzend ein Partyviertel entwickelt.

und bildet nun ein modern wirkendes Gesamtensemble.

Nachdem die Lagerhäuser des Floating Harbour, des Hafenbereichs im Zentrum, längst saniert und zu Kneipen, Restaurants, Museen und einem Kulturzentrum umgewandelt wurden, haben Investoren auch die übrigen Wasserflächen der Stadt für sich entdeckt – überall entstehen neue Gebäude, werden bestehende modernisiert. Dabei ist die eigentliche Perle Bristols ein paar Jahrhunderte alt und befindet sich hoch über der Stadt: Clifton, das von alten Sandsteinhäusern geprägte Viertel, ist eng mit der auf etliche Gebäude verteilten Universität von Bristol verbunden.

Clifton

Einer der am höchsten gelegenen Stadtteile zeugt von der Hanglage Bristols. Zusammen mit Hotwells bildet Clifton eine eigene Verwaltungseinheit, weshalb es bereits am Floating Harbour beginnt: Die steil ansteigende Park Street führt von hier mitten in das Herz einer der schönsten Ecken der Stadt, vorbei an den bedeutendsten Gebäuden – unter anderem dem Rathaus, der Kathedrale sowie dem Uni-Hauptgebäude Will's Memorial Building. Wer den Weg bis ganz nach oben zum Ende der Queen's Road schafft, wird mit einem kleinen Bezirk belohnt, der wie eine eigene Kleinstadt wirkt: Clifton Village. Dieser Teil Bristols war lange ein eigener Ort.

In den georgianischen Häuserreihen gibt es alles, was man zum Leben benötigt. In dem kleinen Zentrum haben sich Lebensmittel- und Kunstläden angesiedelt, Kneipen, Banken und schöne Restaurants. Theoretisch besteht für die Bewohner kein Grund, diesen Teil der Stadt für Besorgungen jemals verlassen zu müssen.

AUTORENTIPP!

DAS BALLONFESTIVAL IN BRISTOL

Mit der Balloon Fiesta ist Bristol Austragungsort des größten Heißluftballonfestivals Europas. Und das hat einen bestimmten Grund: Mit Cameron Balloons verfügt die Stadt auch über den international bedeutendsten Hersteller solcher Ballone. Jedes Jahr Anfang August verwandelt sich das Parkgelände Ashton Court auf der anderen Seite des Avon in ein Festivalgelände. Von Donnerstag bis Sonntag gibt es hier Musik, Verpflegung – und viele Dutzend Heißluftballone, die jeweils am Morgen und Abend aufsteigen. Ein Erlebnis sind die Night-Glow-Abende: Dann erstrahlen die Ballone auf dem Festivalgelände am Boden in der Dunkelheit durch ihre Brenner und leuchten im Takt zu klassischer Musik.

Bristol Balloon Fiesta. Jedes Jahr Anfang August. Ashton Court, Bristol BS41 9JN, Tel. 01 17/904 65 09, www.bristolballoonfiesta.co.uk

Spaziergang von »oben nach unten«

Bristol ist in diesem Bereich sehr hügelig, deswegen führt dieser Weg vom höchsten zum niedrigsten Punkt – wer gut zu Fuß ist, kann ihn auch in umgekehrter Richtung gehen und so am Ende den perfekten Ausblick zur Belohnung genießen.

A Clifton Suspension Bridge – Die Hängebrücke über die eindrucksvolle Schlucht des Avon ist das Wahrzeichen Bristols.

B Observatory – Vom Observatorium aus hat man einen guten Blick auf die Brücke. Von hier geht ein Weg in eine Höhle mit Ausguck in die Schlucht und dann zurück auf die Brücke.

C White Lion Inn – Der Pub des Avon Gorge Hotel bietet Bristols schönsten Blick: Die Terrasse wurde in Richtung Suspension Bridge angelegt.

D Clifton Village – Wie eine Kleinstadt in der Stadt wirkt dieser Teil Bristols mit seinen georgianischen Häuserreihen, kleinen Läden und Cafés.

E Clifton Arkade – Kleine viktorianische Arkaden verbinden den Einkaufsbereich der Gegend mit dem Victoria Square.

F Victoria Rooms – Das hübsche Gebäude mit dem markanten Brunnen wurde ursprünglich 1842 als Kulturzentrum erbaut und beinhaltet die musikalische Fakultät der Universität.

G Will's Memorial Building – Der neugotische Turm gilt als Zentrum der auf viele Straßen verteilten University of Bristol. Er erinnert an Henry Overton Wills III., erster Kanzler der Universität.

H Cabbot Tower – Wer gut zu Fuß ist, kann an dieser Stelle einen Abstecher in den Berkeley Square machen. Am Ende der Zubringerstraße gelangt man zum Eingang eines hügeligen Parks, an dessen Spitze dieser alte Aussichtsturm steht.

I College Green – An dem hübschen Platz stehen rechterhand das Rathaus von Bristol und gegenüber die Kathedrale.

J Hafen – In die Speicherhäuser des einst florierenden Handelshafens sind inzwischen Kunst, Kultur und vor allem Erlebnisgastronomie eingezogen.

Die Buslinie 9 führt von Hippodrome und Rathaus wieder zurück zur Suspension Bridge.

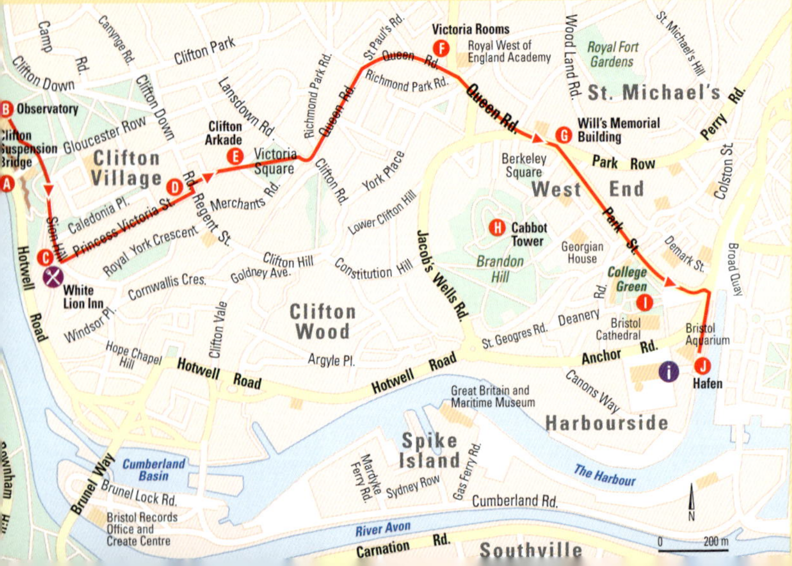

Clifton Suspension Bridge

Fast ein bisschen versteckt befindet sich am höchsten Ende von Clifton in einem ruhigen Wohnviertel das Wahrzeichen Bristols: die Clifton Suspension Bridge, eine Hängebrücke aus dem 19. Jahrhundert, die eindrucksvoll das Avon-Tal in 75 Meter Höhe überspannt. Jenseits des Flusses liegt mit Ashton Court ein ausgedehntes Parkgelände.

Die Brücke hatte bereits eine wechselvolle Geschichte hinter sich, bevor sie überhaupt erbaut war: Seit dem 18. Jahrhundert wünschten sich die Geschäftsleute der Stadt eine solche Querung über den Avon. Aber es sollte wegen der zu erwartenden Kosten bis 1829 dauern, dass ein Wettbewerb für die Konstruktion ausgeschrieben wurde. Nach langem Hin und Her ging Isambard Kingdom Brunel (1806–1859) als Sieger hervor. Proteste der Einwohner und Geldmangel verzögerten den Bau immer wieder – am Ende erlebte Brunel die Fertigstellung gar nicht mehr: Erst fünf Jahre nach seinem Tod wurde 1864 die Clifton Suspension Bridge eingeweiht.

Sie gilt heute nicht nur als Wahrzeichen Bristols – sie ist auch ein Denkmal für Brunel selbst geworden. Einen schönen Blick auf die Brücke hat man zum einen vom Observatory etwas nördlich sowie von der Terrasse des White Lion Inn, einem Pub im angrenzenden Avon Gorge Hotel.

Cabot Tower

Etwas versteckt befindet sich am Brandon Hill nahe der Park Street ein wunderschöner kleiner Park mit dem Cabot Tower. Dieser viktorianische 32 Meter hohe Aussichtsturm entstand 1890, um den 400. Jahrestag der Entdeckungsreise von John Cabot (1450–1498) zu feiern. Cabot, ein venezia-

Oben: Das Wahrzeichen Bristols: die Clifton Suspension Bridge
Mitte: Bristol ist auch bekannt für seine Kunstszene, was sich unter anderem an Straßen-Graffitis zeigt.
Unten: Hauptgebäude der Universität von Bristol: Wills Memorial Tower am Kopf der Park Street

AUTORENTIPP!

KOLONIALSTIL IM DOGENPALAST

Eigentlich ist es nur eine kleine Kette hervorragender Restaurants – doch die Filiale »Browns Restaurant« ist in einem geschichtsträchtigen Gebäude untergebracht und macht so das Essen zum Gesamterlebnis: Das vom Baustil her dem Dogenpalast von Venedig nachempfundene Haus war einst Teil des Stadtmuseums, später die Hauptmensa der benachbarten Universität. Die Küche hat sich seitdem radikal geändert: Heute ist das Haus ein innen im Kolonialstil gehaltener Mix aus unkonventionellem Restaurant mit europäischer Küche und einem schicken Barbereich. Tolle Steaks, schmackhafte Fischgerichte – abends kommt man um eine Reservierung allerdings meist nicht herum.

Browns Restaurant. Mo–Mi 8–23 Uhr, Do–Sa 8–0 Uhr, So 9–23 Uhr, 38 Queen's Road, Clifton, Bristol BS8 1RE, Tel. 01 17/930 47 77, www.brownsrestaurants.co.uk/locations/bristol/

nischer Seefahrer, reiste 1497 von Bristol aus mit dem Schiff Matthew über den Atlantik und entdeckte dabei zunächst Neufundland, später den Rest von Kanada. Zum 500. Jahrestag bauten Enthusiasten aus Bristol sein Schiff nach und starteten zu einer Reise auf derselben Route. Diese neue Matthew liegt im Hafen neben der SS Great Britain vor Anker.

Floating Harbour

Der Hafen der Stadt wurde seit dem 13. Jahrhundert kontinuierlich ausgebaut. Wegen des hohen Tidenhubs des Avon legte man eine ganze Reihe von künstlichen Hafenbecken an, die über Schleusen mit dem Fluss verbunden waren – daher der Name Floating Harbour, ein Hafen, in dem immer Schiffe schwimmen können, ganz egal, ob der Avon gerade Wasser führt oder nicht. Irgendwann aber wurden die Schiffe so groß, dass sie zwar das Hafenbecken hätten befahren können, nicht aber den Fluss, um dorthin zu gelangen. 1975 machte auch der letzte große Kai dicht.

Das Viertel lag über Jahrzehnte brach. Erst nach und nach entdeckten Künstler und später auch Investoren, welche Goldmine da verkam: In dem zentral gelegenen Teil des Hafens zog mit dem Watershed ein Kulturzentrum in ein altes Lagergebäude und markierte damit einen Neubeginn. Mit dem Bau des Unterhaltungskomplexes At Bristol um die Jahrtausendwende wurde schließlich der Hebel endgültig umgelegt: Bristols Nachtleben spielt sich heute zu großen Teilen in den früheren Lagerhäusern am Floating Harbour zwischen Anchor Road und Prince Street ab.

Wer den Hafen etwas ruhiger erleben will, sollte tagsüber kommen. Dann kann man wunderbar entlang der Kais spazieren oder mit einem der gelben Hafenboote eine kleine Tour auf dem Wasser unternehmen. Das Industriemuseum ist inzwischen zum M-Shed geworden (die Lagerhäuser waren mit Buchstaben versehen), einem überaus modernen und sehenswerten Museum über die Geschichte Bristols und des Hafens.

SS Great Britain

Das erste schraubenangetriebene Stahlschiff der Welt liegt heute im selben Trockendock, in dem es von 1843 an gebaut worden war. Der britische Ingenieur Isambard Kingdom Brunel (1806–1859) hat es entworfen. Nachdem das Schiff nach einem Brand über Jahrzehnte auf den Falklandinseln vor Anker lag, brachte man es 1970 in einer Mammutaktion nach Bristol zurück, wo es zu einem Museumsschiff wurde. Inzwischen ist es noch um ein Museum ergänzt und sehr aufwendig aufbereitet worden. Es kann besichtigt werden; das Museum gibt Aufschluss nicht nur über die Geschichte des Schiffes, sondern über die gesamte Seefahrt, die mit Bristol verwoben ist.

Kathedrale

Bristols Kathedrale am College Green zählt zu den schönsten der Insel. Gegründet wurde sie 1140 als St. Augustine's Abbey. Teile des heutigen Gebäudes stammen aus den Jahren 1216 bis 1234, unter anderem die Elder Lady Chapel. Der Großteil des heutigen Baus geht indes auf das 19. Jahrhundert zurück. Die Orgel mit 63 Registern wurde in Teilen bereits 1685 installiert. Das Kirchenschiff weist eine für britische Kathedralen ungewöhnliche Bauweise auf: Chor und Seitengänge verfügen über dieselbe Höhe. Berühmt ist die Kathedrale für ihre gute Akustik und hochwertige Musik. Die Konzerte des Kirchenchors werden regelmäßig im Rundfunk übertragen.

AUTORENTIPP!

HISTORISCHES SCHWIMMBAD

Es ist ein ungewöhnliches Schwimmbad, und es ist so versteckt, dass es fast nur Einheimische kennen: Das Clifton Lido ist ein zwischen die enge Wohnbebauung des Univiertels gesetztes Freibad, das 1850 eröffnet wurde und lange Zeit entsprechend geschichtliches Flair ausstrahlte. Inzwischen ist es zu einem Spa-Bad modernisiert worden, doch die ungewöhnliche Lage bleibt. Das 250-Qudratmeter-Schwimmbecken macht bei schönem Wetter am meisten Spaß – doch hartgesottene Bristolians kommen bei Wind und Wetter, um ihre Bahnen zu ziehen. Mit dem Umbau wurde auch ein Café integriert, in dem man direkt am Wasser sitzt. Das Clifton Lido steht zusammen mit dem angrenzenden Victoria Public House unter Denkmalschutz.

Lido Bristol. Mo–Sa 8–23 Uhr, So 9–18 Uhr, Oakfield Place, Bristol BS8 2BJ, Tel. 01 17/933 95 30, www.lidobristol.com

Infos und Adressen

SEHENSWÜRDIGKEITEN

Bristol Cathedral. Mo–Fr 8–17 Uhr, Sa/So 8–15.15 Uhr, Eintritt frei, College Green, Bristol BS1 5TJ, Tel. 01 17/926 48 79, www.bristol-cathedral.co.uk

Cabot Tower. Viktorianischer Turm mit schönem Ausblick über Bristol. Sommer 8–19 Uhr, Winter 8–16 Uhr, Eintritt frei, Brandon Hill Park, Great George Street, Bristol BS1 5RR, Tel. 01 17/922 37 19

Clifton Suspension Bridge. Hängebrücke von Sir Isambard Kingdom Brunel hoch über dem Avon-Tal. Besucherzentrum: am westlichen Ende (Leigh Woods), tgl. 10–17 Uhr, Eintritt frei, www.cliftonbridge.org.uk

Einzigartiger Ausblick: die Terrasse des Avon Gorge Hotel

M-Shed. Modernes Museum über Stadt und Hafen. Di–So 10–17 Uhr, Eintritt frei, Princes Wharf, Wapping Road, Bristol BS1 4RN, Tel. 01 17/352 66 00, www.bristolmuseums.org.uk/m-shed

Observatory. Hübscher kleiner Aussichtsturm nahe der Suspension Bridge mit Camera Obscura und einem Höhlengang. Sommer Mo–Fr 11.30–17 Uhr, Sa/So 10.30–17 Uhr, Winter tgl. 12–16 Uhr, Eintritt 3 £, Observatory Road, Bristol BS8 4LD, Tel. 01 17/974 12 42

SS Great Britain. Das erste schraubengetriebene Stahlschiff der Welt liegt in Bristol vor Anker und ist inzwischen um ein sehr aufschlussreiches Seefahrtmuseum ergänzt worden. Tgl. 10–17.30 Uhr (im Winter bis 16.30 Uhr), Eintritt 13,75 £, Great Western Dockyard, Gas Ferry Road, Bristol BS1 6TY, Tel. 01 17/926 06 80, www.ssgreatbritain.org

Watershed. Kulturzentrum mit Ausstellungen, einem kleinen Filmkunstkino sowie einem studentisch angehauchten Restaurant mit hervorragender Küche. Mo–Fr 9.30–23 Uhr, Sa/So 10–23 Uhr, 1 Canon's Road, Bristol BS1 5TX, Tel. 01 17/927 51 00, www.watershed.co.uk

ESSEN UND TRINKEN

Boston Tea Party. Studentischer Coffee Shop mit Garten, tollem Kaffee und gutem Essen – so gut, dass er die Großkette Starbucks vertrieb, die über mehrere Jahre versuchte, gegenüber Fuß zu fassen. Mo–Sa 7–20 Uhr, So 8–19 Uhr, 75 Park Street, Bristol BS1 5PF, Tel. 01 17/929 39 39, www.bostonteaparty.co.uk

Commercial Rooms. Großer Pub im Gebäude eines früheren Gentlemen's Club. So–Do 8–0 Uhr, Fr/Sa 8–1 Uhr, 45 Corn Street, Bristol BS1 1HT, Tel. 01 17/927 96 81, www.jdwetherspoon.co.uk/home/pubs/the-commercial-rooms

Llandoger Trow. Einer der ältesten Pubs der Stadt in einem schrägen Tudorgebäude aus dem Jahr 1664. Robert Louis Stevenson soll hier seine Vorlage für das Admiral Benbow Inn der *Schatzinsel* gefunden haben. Tgl. 12–23 Uhr (So bis 22.30 Uhr), Kings Street, Bristol BS1 4ER, Tel. 011 79/26 16 50, www.brEinwohnerersfayre.co.uk

Za Za Bazaar. Durchgestyltes Marktstand-Restaurant mit Selbstbedienung und Gerichten aus zahlreichen Ländern – von britisch bis indisch. Tgl. 12–0 Uhr, Harbourside, Canon's Road, Bristol BS1 5UH, Tel. 01 17/922 03 30, www.zazabazaar.com

Das Museum M-Shed bietet spannende Ausstellungsstücke über die Stadt.

ÜBERNACHTEN

Avon Gorge Hotel. Altes, aber saniertes Hotel mit dem besten Ausblick der Stadt. Es steht direkt an der Clifton Suspension Bridge, die Zimmer zur Rückseite bieten Brückenblick. Einzigartig ist der integrierte Pub White Lion Inn: Er verfügt über eine große Außenterrasse, ebenfalls mit Blick auf die Brücke. Sion Hill, Bristol BS8 4LD, Tel. 01 17/973 89 55, www.theavongorge.com

Bristol Marriott Royal. Das beste Haus am Platze kann auf eine lange Geschichte zurückblicken. Es befindet sich neben der Kathedrale, wurde großzügig erweitert und mit einem Wellnessbereich ausgestattet. College Green, Bristol BS1 5TA, Tel. 01 17/925 51 00, www.marriott.com

Hotel du Vin. Hübsches, sehr komfortables Boutiquehotel in einem alten Zuckerlagerhaus aus dem 17. Jahrhundert. The Sugar House, Narrow Lewins Mead, Bristol BS1 2NU, Tel. 08 44/736 42 52, www.hotelduvin.com/locations/bristol

The Bristol Hotel. Ein äußerlich schlichter Sechzigerjahrebau wurde innen zu einem tollen Boutiquehotel umgebaut. Schöner Hafenblick aus einigen Zimmern! Prince Street, Bristol BS1 4QF, Tel. 01 17/923 03 33, www.doylecollection.com/hotels/the-bristol-hotel

EINKAUFEN

Bristol Guild. Ein Laden zum Stöbern: Kunst, Einrichtungsgegenstände, Souvenirs. Mo–Sa 10–18 Uhr, So 12–17 Uhr (nur im Sommer), 68–70 Park Street, Bristol BS1 5JY, Tel. 01 17/926 55 48, www.bristolguild.co.uk

St. Nicolas Market. Die alte Börse ist zu einer wunderbaren Trödelmarkthalle geworden. Mo–Sa 9.30–17 Uhr, im Sommer auch jeden ersten So im Monat 11–17 Uhr, The Exchange, Corn Street, Bristol BS1 1JQ, Tel. 01 17/922 40 14, www.bristol.gov.uk/page/business/st-nicholas-market

AKTIVITÄTEN

Bristol Ferry. Die kleinen gelben Boote pendeln im Linienverkehr den ganzen Tag durch die Hafenbecken. Rundfahrt 4,80 £, Tagesticket 6 £, Bristol Community Ferryboats, 44 The Grove, Bristol BS1 4RB, Tel. 01 17/927 34 16, www.bristolferry.com

INFORMATION

Bristol Tourist Information Centre. Mo–Sa 10–17 Uhr, So 11–16 Uhr, E Shed, 1 Canon's Road, Bristol BS1 5TX, Tel. 03 33/321 01 01, www.visitbristol.co.uk

Kaffee und mehr: Boston Tea Party

Mitte: Ein Ort mit großer Anziehungskraft: Glastonbury mit seiner kleinen High Street
Unten: Was von der Abteikirche übrig blieb: die Ruinen von Glastonbury Abbey

42 Glastonbury

Auf der Suche nach Avalon

Das esoterisch anmutende Flair in Glastonbury hat einen Hintergrund: Manche behaupten, der Ort beziehungsweise ein Gebiet in der Nachbarschaft sei eigentlich das mythische Avalon, wo König Artus nach einer Verwundung hingebracht werden. Der Spuk passt gut zum Erscheinungsbild Glastonburys: Der hübsche kleine Ort ist geprägt von eindrucksvollen Steinfassaden, den Ruinen einer Abteikirche sowie dem unweit entfernten Hügel Glastonbury Tor.

Auf den ersten Blick erstaunen in Glastonbury (9000 Einwohner) die vielen bunt gekleideten Menschen auf den Straßen – der Ort ist heute Anziehungspunkt für die alternative, esoterische Szene. Die High Street mit ihren kleinen Cafés und Geschäften wirkt indes kaum anders als die meist genauso bezeichneten Straßen in Orten vergleichbarer Größe. Und doch stellt Glastonbury etwas Besonderes dar – wegen seiner Geschichte und wegen eines weitläufigen Klostergrunds.

Glastonbury Abbey

Die Ruinen der alten Abteikirche passen zu den mythischen Legenden, die sich rund um den Ort ranken. Glastonbury Abbey inmitten des Ortszentrums war ursprünglich im 7. Jahrhundert gegründet worden und zählt damit zu den ältesten ihrer Art in Großbritannien. Die Originalgebäude wurden 1184 bei einem Brand zerstört. Im 14. Jahrhundert jedoch bauten die Mönche die Anlage wieder auf – größer und mächtiger als je zuvor. Das konnte König Heinrich VIII. (1491–1547) nicht recht sein, der im 16. Jahrhundert alle Klöster schließen ließ: Der Abt von Glastonbury wurde 1539 auf Geheiß des Königs bei Glastonbury Tor hingerichtet. Das Kloster verfiel, obwohl es in neue Hände überging.

Heute ist die Abbey Hauptattraktion von Glastonbury. Durch ein massives Torhaus aus dem 14. Jahrhundert, das im 19. Jahrhundert restauriert wurde, gelangt man auf das 14 Hektar große Gelände. Von den Klostergebäuden sind nur noch Ruinen übrig, die jedoch die Ausmaße des Komplexes erahnen lassen. Die alte Abteikirche war einst 67 Meter lang. Auf dem Gelände will ein Mönch im 12. Jahrhundert den Sarg König Artus' entdeckt haben. Die Gebeine sollen im südlichen Querschiff beigesetzt worden sein – spätestens seit der Schließung des Klosters jedoch fehlt von ihnen jede Spur. Ein Schild in der Ruine weist noch auf jenen Ort hin, an dem sie sich angeblich befunden haben sollen. Ein Beweis bleibt aus – wie eigentlich an jedem britischen Ort, der einen Bezug zu König Artus herstellen will.

Glastonbury Tor

Noch ein Ort mit mythischer Vergangenheit: Der große Hügel mit seinem prägnanten Kirchturm stellt für viele Esoterikfreunde jenes Avalon dar, in dem einst König Artus genesen sein soll. Nun wird Avalon zwar allenthalben als Insel beschrieben, doch so ganz falsch wäre zumindest dieser Aspekt nicht: Der Tor (keltisch: Hügel) ist zu Dreiviertel umflossen vom Brue River, außerdem befindet er sich in ehemaligem Sumpfland. Man könnte ihn also zumindest als eine Art Halbinsel bezeichnen.

Der grasbewachsene Hügel ist durch den restaurierten Turm der früheren St. Michael's Church ein beliebtes Fotomotiv, viel mehr gibt es indes nicht

AUTORENTIPP!

HEIMAT DER CLARKS-SCHUHE

Outlet-Einkaufszentren sind in Großbritannien zugegebenermaßen in Mode gekommen – Clarks Village in Street aber stellt etwas Besonderes dar. Die rund 90 Geschäfte sind in den früheren Fabrikgebäuden des Schuhherstellers Clarks untergebracht. Sie bieten allesamt Markenwaren zu reduzierten Preisen an – vertreten sind viele namhafte Firmen von Gap über Nike bis North Face. Die in aller Welt vertretene Marke Clarks (die ebenfalls vergünstigte Vorsaisonware verkauft) wurde hier 1825 gegründet und produzierte viele Jahrzehnte lang in den Gebäuden des Orts. Das Shoe Museum (High Street) unweit des Outlet Centre gibt Aufschluss über die Entwicklung.

Clark's Village. Mo–Fr 10–19 Uhr, Do – 20 Uhr (im Winter bis 18 Uhr), Sa 9–18 Uhr, So 10–17 Uhr, Farm Road, Street BA16 0BB, Tel. 014 58/84 00 64, www.clarksvillage.co.uk

Oben: Hier geht es bunt zu: Einmal im Jahr wird bei Pilton das Glastonbury Festival gefeiert.
Unten: Eigentlich das mystische Avalon? Glastonbury Tor ist Ziel vieler Esoterikfreunde.

zu sehen. Er ist jedoch derart berühmt in England, dass es eine Nachbildung sogar in die Inszenierung der Eröffnungsfeier bei den Olympischen Spielen 2012 in London geschafft hat. In keltischer und römischer Zeit muss der Hügel besiedelt gewesen sein. Zudem gab es im 5. Jahrhundert eine Festung, an deren Stelle später zwei Kirchen gebaut wurden, zuletzt um 1360 die St. Michael's Church.

Nahrung für Artus-Anhänger ist die Lage des Hügels: Der Turm von St. Michael liegt auf einer Linie mit dem Klosterberg St. Michael's Mount in Cornwall, dem Hügel Burrow Mump in Somerset und dem mystischen Steinkreis von Avebury in Wiltshire.

Glastonbury Festival

Einmal im Jahr wird die Gegend um Glastonbury zum Woodstock Englands: Beim Glastonbury Festival, das streng genommen gar nicht im Ort, sondern in der Nähe auf einer Farm bei Pilton stattfindet, treten Ende Juni immer drei Tage lang internationale Rockstars auf. Das Festival, das es seit den 1770er-Jahren gibt, zieht Jahr für Jahr weit mehr als 100 000 Besucher an und gilt als der größte Event seiner Art in Großbritannien.

Infos und Adressen

SEHENSWÜRDIGKEITEN

Glastonbury Abbey. Die Ruinen einer der ältesten Abteikirchen Großbritanniens. Juni–Aug. tgl. 9–20 Uhr, März–Mai und Sept./Okt. tgl. 9–18 Uhr, Nov.–Feb. tgl. 9–16 Uhr, Eintritt 6 £, Magdalene Street, Glastonbury BA6 9EL, Tel. 014 58/83 22 67, www.glastonburyabbey.com

Glastonbury Festival. Legendäres Musikfest in der Nähe von Pilton. Jeweils am letzten Juniwochenende. Tickets gibt es nur bei Registrierung auf der Website. Worthy Farm, Worthy Lane, Pilton BA4 4BY, Tel. 017 49/89 04 70, www.glastonburyfestivals.co.uk

Glastonbury Tor. Der Hügel kurz vor Glastonbury gilt unter Sagenfreunden als das berühmte Avalon. Frei zugänglich, Eintritt frei, Glastonbury BA6 8BG, Tel. 019 34/84 45 18, www.nationaltrust.org.uk/glastonbury-tor/

ESSEN UND TRINKEN

Artisan Café. Kleines künstlerisch angehauchtes Café für zwischendurch. Mo–Sa 8.30–17.30 Uhr, 33 High Street, Glastonbury BA6 9HT, Tel. 014 58/83 21 16

Mystisch: die Gegend um Glastonbury Tor

Gute Stimmung beim Glastonbury Festival

Hundred Monkeys Café. Gemütliches Café und Restaurant in der Innenstadt, das Wert auf Bioprodukte legt. Mo–Sa 8–20.30 Uhr, So 10–16 Uhr, 52 High Street, Glastonbury, BA6 9DY, Tel. 014 58/83 33 86, www.hundredmonkeyscafe.com

ÜBERNACHTEN

Meare Manor. Komfortable Pension in einem alten Gebäude aus dem 19. Jahrhundert, das früher einmal Mönche beherbergte. 60 St Mary's Road, Meare, Glastonbury BA6 9SR, Tel. 014 58/86 04 49, www.mearemanor.co.uk

The George & Pilgrims Hotel. Altes, sehr zentrales Hotel hinter einer kathedralenartigen Fassade. 1 High Street, Glastonbury BA6 9DP, Tel. 014 58/83 11 46, www.georgeandpilgrimhotel.com

INFORMATION

Glastonbury Tourist Information Centre. Mo–Sa 10–16 Uhr, The Tribunal, 9 High Street, Glastonbury BA6 9DP, Tel. 014 58/83 29 54, www.visitsomerset.co.uk

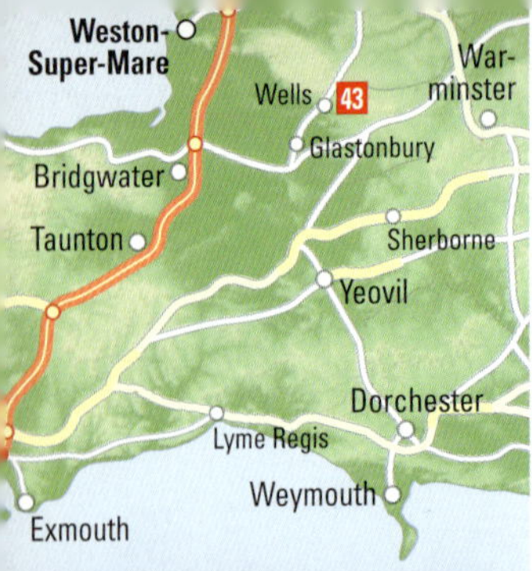

Kleiner Ort, große Baukunst: Wells Cathedral ist weit über die Grenzen der Stadt hinaus bekannt – unter anderem wegen ihrer prachtvollen Fassade (**Mitte**) und ihres Kreuzgangs (**unten**).

43 Wells
Die kleinste Stadt Englands

Die kleinste Stadt Englands ist wegen ihrer Kathedrale im ganzen Land bekannt. Im Zentrum des beschaulichen Orts ragt das Bauwerk aus dem 12. und 13. Jahrhundert empor. Nur deswegen erhielt Wells trotz seiner geringen Größe die Stadtrechte: In Großbritannien wird ein Ort durch eine Kathedrale automatisch zur Stadt. Andersherum kann es keine Stadt ohne Kathedrale geben.

Wells (10 000 Einwohner) liegt etwas versteckt, weit abseits der Autobahn 5 und deutlich entfernt von den sehr viel größeren Orten Bristol und Bath. Dennoch zieht die hübsche Innenstadt tagsüber viele Besucher an, die sich an den zahlreichen kleinen Geschäften der High Street und des Market Place entlanghangeln zur Kathedrale. Wie Bath ist auch Wells zu Zeiten der römischen Besatzung Englands zunehmend besiedelt worden, offenbar wegen seiner drei Wasserquellen. Daher auch der Name des Orts – *well* bedeutet im Englischen unter anderem »Quelle«. Sie befinden sich im heutigen Park von Bishop's Palace.

Bishops's Palace

Der beeindruckende mittelalterliche Palast neben der Kathedrale ist seit 800 Jahren Sitz des Bischofs von Wells und Bath. Wobei in dem Palast inzwischen nur noch Verwaltungsangelegenheiten erledigt werden – Wohnort des Bischofs ist nun ein Gebäude außerhalb der Stadt. Dafür können Gelände und Gebäude besichtigt werden. Mit dem Bau des von einer Steinmauer und einem Wassergraben (Palace Moat) umgebenen Anwesens wurde um 1210 begonnen. Mehr als 100 Jahre baute man immer wieder etwas dazu, sodass ein wunderschönes Ensemble entstanden ist.

Betreten kann man das Gelände durch ein burgähnliches Torhaus. Neben der Ruine der Great Hall ist der fast sechs Hektar große Garten sehenswert. Schön ist auch die Privatkapelle des Bischofs, die inzwischen ebenfalls für Besucher zugänglich ist. Zum Park gehören die Well Pools, ein Teich, der durch die Wasserquellen des Orts entstanden ist, die ihm seinen Namen gaben. Berühmt ist der Palast übrigens für seine Schwäne: Es dürften die weltweit einzigen sein, die eine Glocke läuten, sobald sie Hunger haben – eine Tradition aus der Zeit um 1870, als die Tochter von Bischof Hervey den Tieren diese Prozedur durch ein Stück Brot an der Glockenschnur beibrachte.

Wells Cathedral

Die Kathedrale im Zentrum von Wells stammt aus dem 12. Jahrhundert. Die mit fast 300 Skulpturen versehene Westfassade wurde um das Jahr 1260 fertiggestellt, begonnen wurde mit dem gesamten Bau aber bereits im Jahr 1176. Und dann sollte es noch mehr als 300 Jahre dauern, bis die Kathedrale in ihrer heutigen gotischen Pracht erstrahlte. Allein die Westfassade misst in der Breite 45 Meter und gehört damit weltweit zu den größten ihrer Art. Die in mehreren Reihen angeordneten Steinfiguren sind teilweise lebensgroß. Sie stellen teils biblische Figuren dar, teils Könige und Bischöfe. Die 24-Stunden-Uhr im nördlichen Querschiff wurde um 1390 installiert. Zu jeder Viertelstunde wird ein kleiner Gong geschlagen, einmal pro Stunde drehen sich Ritter mit Lanzen im Kreis.

Der Turm wurde im 14. Jahrhundert umgestaltet. Herzstück ist jedoch das Kirchenschiff mit seinen

AUTORENTIPP!

GOURMET-WANDERN

Erholung pur verspricht die Strawberry Line, ein nach und nach ausgebauter Wander- und Fahrradweg zwischen Clevedon und Cranmore, vorbei an Cheddar und Wells. Er nutzt die frühere Trasse einer Eisenbahnverbindung und führt durch wunderschöne Natur. Der Name stammt noch von den Zügen, die 100 Jahre lang Erdbeeren von den Feldern nahe Cheddar nach ganz England gebracht haben. Seit den 1960er-Jahren ist die Trasse für den Zugverkehr geschlossen. Heute bietet sich die Strecke nicht nur wegen der idyllischen Umgebung an – sie führt auch vorbei an allerlei landwirtschaftlichen Betrieben, die die ganze Wanderung zu einem Gourmettrip werden lassen: In Cheddar ist der Käse einmalig, in ganz Somerset gibt es exzellenten Cider – unter anderem in der Thatcher's Cider Farm in Sandford, an der die Strawberry Line ebenfalls vorbeiführt.

Strawberry Line.
www.thestrawberryline.co.uk

Jahrhunderteealt: die astronomische Uhr in der Kathedrale

Oben: Wie ein Gemälde wirkt die Landschaft rund um Wells.
Unten: Kleinstädtisch trotz berühmter Kathedrale: Straße in Wells

aufwendigen Deckenbögen und der Bleiverglasung. Einige der Buntfenster stammen noch aus dem 14. Jahrhundert. Berühmt ist die Kathedrale für das Jessebaum-Fenster am östlichen Ende des Chors, das während des Englischen Bürgerkriegs (1642–1651) beinahe zerstört worden wäre. Es wurde um 1340 geschaffen und zeigt biblische Szenen. Bereits die Römer hatten auf dem Gelände der Kathedrale ein Mausoleum erbaut, wie Ausgrabungen in den 1980er-Jahren ergaben.

Vicar's Close

Die älteste Reihenhaussiedlung Großbritanniens ist Teil des Geländes um die Kathedrale. Vicar's Close wurde 1363 für Mitglieder des Chores gebaut und ist seitdem kontinuierlich bewohnt. Eines der Häuser, Nr. 14, wird zeitweise als Selbstverpflegungsunterkunft vermietet. Die alten Steinhäuser reihen sich 140 Meter zu beiden Seiten der mit Steinen ausgelegten Straße nahe der Kathedrale. Zur St. Andrew Street hin steht Vicars' Hall, ein mit einem Tordurchgang versehenes abschließendes Gebäude.

Infos und Adressen

SEHENSWÜRDIGKEITEN

Bishop's Palace. April–Okt. tgl. 10–18 Uhr, Nov.–März tgl. 10–16 Uhr, Eintritt 7 £, einige Bereiche des Gebäudes gratis, Market Place, Wells BA5 2PD, Tel. 017 49/98 81 11, www.bishopspalace.org.uk

Wells Cathedral. Beeindruckende Kathedrale im Zentrum der Stadt. April–Sept. tgl. 7–19 Uhr, Okt.–März tgl. 7–18 Uhr, Eintritt frei, um eine Spende von 6 £ wird gebeten. Cathedral Green, Wells BA5 2UE, Tel. 017 49/67 44 83, www.wellscathedral.org.uk

ESSEN UND TRINKEN

Fenny Castle Tea Room. Hübsches Café-Restaurant in idyllischer Umgebung. April, Sept., Okt. Do–So 10–16 Uhr, Mai–Aug. 10–17 Uhr, Fenny Castle House, Castle Lane, Wookey, Wells BA5 1NN, Tel. 017 49/67 75 92, www.fennycastle.co.uk/tea-rooms.php

Goodfellows. Tolles Fischrestaurant von Koch Adam Fellows. Mo/Di 10–16 Uhr, Mi/Sa 9–16 und 18–22 Uhr, Do/Fr 10–16 und 18-22 Uhr, 5 Sadler Street, Wells BA5 2RR, Tel. 017 49/67 38 66, www.goodfellowswells.co.uk

In Kathedralennähe: das Swan Hotel

Detailverliebt: Fassade der Kathedrale

ÜBERNACHTEN

Belatane B&B. Hübsches, ruhiges Bed & Breakfast außerhalb von Wells. Pillmoor Lane, Coxley, Wells BA5 1RF, Tel. 017 49/67 10 40, www.beltanebandb.co.uk

No. 14 Vicar's Close. Übernachten in einem Haus der ältesten Reihenhaussiedlung Großbritanniens. Selbstverpflegung. Cathedral Green, Wells BA5 2US, Tel. 017 49/67 44 83, www.wellscathedral.org.uk/visit/no-14-vicars-close/

Swan Hotel. Schönes Traditionshotel in bester Lage gegenüber der Kathedrale. Sadler Street, Wells BA5 2RX, Tel. 017 49/83 63 00, www.swanhotelwells.co.uk

INFORMATION

Wells Tourist Information Centre. Mo–Sa 11–16 Uhr, Wells Museum, 8 Cathedral Green, Wells BA5 2UE, Tel. 017 49/67 17 70, www.wellssomerset.com

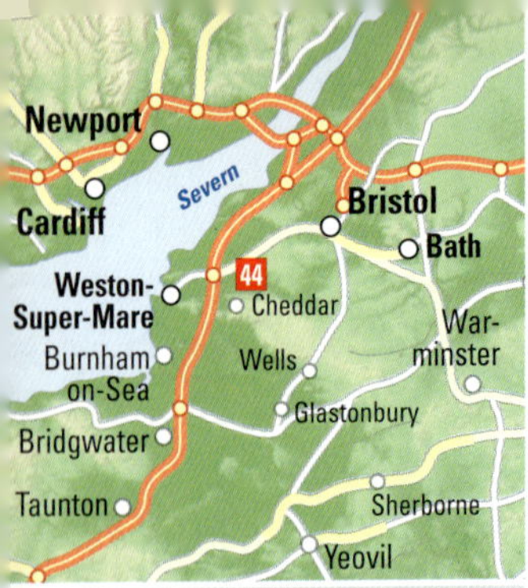

44 Cheddar

Die Heimat des Käses

Der Name dieses kleinen Ortes ist in aller Welt bekannt als Bezeichnung für den gleichnamigen Käse. Und der stammt ursprünglich tatsächlich von hier – auch wenn er inzwischen überall im Land hergestellt wird und sich nur noch des Namens bedient. Sehenswert ist Cheddar vor allem wegen seiner beeindruckenden Schlucht, der größten ihrer Art in Großbritannien. In den Höhlen lebten vor vielen Tausend Jahren Menschen, und später reifte genau hier der bekannte Käse.

Cheddar (5000 Einwohner) wirkt auf den ersten Blick wie ein viel zu touristischer Ort irgendwo in den Alpen. Doch wer die Souvenirshops hinter sich lässt und sich auf die ungewöhnliche Landschaft einlässt, wird begeistert sein. Entlang des Flusses Cheddar Yeo hat sich vor rund einer Million Jahren am Rande der Mendip Hills eine wunderschöne Schlucht gebildet. Während der letzten Eiszeit entstand ein Fluss aus Gletscherwasser, der sich durch den Kalkstein fraß. Er gelangte langsam auch unter die Erde, wo er die Höhlen von Cheddar formte.

Mitte: Malerisch gelegen: das Zentrum von Cheddar
Unten: Nur eine schmale Straße schlängelt sich durch die Schlucht Cheddar Gorge, die dadurch umso beeindruckender wirkt.

Cheddar Gorge

Der Ort liegt heute genau genommen etwas abseits der Schlucht, doch ziehen sich Restaurants und Geschäfte bis hinein nach Cheddar Gorge – und die Touristen ohnehin.

Die Schlucht ist auch beliebt bei Kletterern, die jedoch einige Erfahrung mitbringen müssen. Für eher Unerfahrene werden geführte Klettertouren auf kleinem Level angeboten. Wem flache Tunnel nichts ausmachen, der kann sich auch im »Caving« versuchen, bei dem Bereiche der Höhlen erkundet werden, die nur schwer zugänglich sind. Nett ist ein Spaziergang nach oben: Über eine lange Treppe gelangt man auf die Spitze der Mendip Hills an der Schlucht und kann sogar noch auf einen kleinen Aussichtsturm steigen.

Gough's Cave

Zwei der längs des Cheddar Gorge entstandenen Höhlen können besichtigt werden. Sie sind benannt nach ihren Entdeckern Richard Gough und George Cox. Gough's Cave ist die größere der beiden. Vor rund 250 000 Jahren begann mit Calcium angereichertes Wasser von den Decken zu tropfen, wodurch fantastische Stalagmiten und Stalagtiten entstanden. Übrigens wird hier auch Käse zum Reifen gelagert – eine besondere Sorte des Cheddars, der »cave matured«.

Durch die 400 Meter lange Gough's Cave führt ein Rundgang. Eindrucksvoll ist ein St. Paul's Cathedral genannter Bereich, der in der Tat sehr sakral wirkt. Bereits vor knapp 15 000 Jahren haben in den Höhlen Menschen gelebt – offenbar Kannibalen, die ihre Feinde und Einwanderer aus Europa fraßen. Das älteste vollständig erhaltene Skelett Großbritanniens wurde 1903 hier entdeckt, der Cheddar Man. Dabei handelt es sich um die Überreste eines Mannes, der vor rund 9000 Jahren gelebt haben muss. Zu sehen ist in Cheddar allerdings nur eine Nachbildung; das Original lagert im National History Museum in London.

Cox's Cave

Diese kleinere Höhle besteht aus insgesamt sieben miteinander verbundenen Grotten. Weil sie schon

AUTORENTIPP!

DER WILDE TEIL DER SCHLUCHT

Vor lauter Souvenirshops und Höhlen sind viele geneigt, am Ende des Dorfes von Cheddar wieder kehrtzumachen – dabei beginnt genau an dieser Stelle einer der spektakulärsten Teile der Schlucht. Dieser nördliche Teil gehört dem Denkmalschutzfonds National Trust, und er hat ihn gänzlich der Natur überlassen: keine Läden, kein Restaurant, wenig Besucher – hier kann man die Landschaft noch weitestgehend in Ruhe genießen. Im Informationszentrum gibt es eine Karte für einen sechs Kilometer langen Rundgang durch die Umgebung. Und: Hier findet man auch am einfachsten einen Abstellplatz für sein Auto – und kann den Rest von Cheddar zu Fuß erkunden.

Cheddar Gorge. Immer geöffnet, Information Centre April–Okt. Fr–Mi 11–17 Uhr, The Cliffs, Cheddar BS27 3QF, Tel. 014 52/81 42 13, www.nationaltrust.org.uk/cheddar-gorge

Oben: Hier lagert das Original: Cheddar-Käse in Gough's Cave. **Unten:** Gough's Cave ist geprägt von zahlreichen Stalagmiten und Stalagtiten.

kurz nach ihrer Entdeckung im Jahr 1837 für touristische Zwecke genutzt wurde, wirkt Cox's Cave entsprechend kommerzialisiert. Licht- und Toneffekte setzen den Stein an vielen Stellen in Szene. Am Ende des Rundgangs schließt sich Crystal Quest an, ein mit gruseligen Figuren in Szene gesetzter Spuk. Wer sich alles Künstliche wegdenkt, wird eine sehr eindrucksvolle Höhlenlandschaft erleben.

Cheddar Cheese

Nachweislich seit 1655 wird in England der berühmte Cheddar-Käse produziert – vermutlich aber noch sehr viel länger. Hergestellt wird er aus Kuhmilch, verfügt über rund 48 Prozent Fett in der Trockenmasse, je nach Stärkegrad reift er bis zu zwei Jahre. Obwohl die Käsesorte aus dem Südwesten Englands stammt, darf sie längst überall hergestellt werden: Anders als beim Parmesan gilt kein Namensschutz. Insofern stammt so gut wie kein Cheddar, den man heutzutage in Supermärkten kaufen kann, aus dem gleichnamigen Ort. In Cheddar selbst gibt es nur noch einen Käseproduzenten, die Cheddar Gorge Cheese Company. Anders als der irische Cheddar wird dem englischen traditionell kein Farbstoff beigemischt – nur einzelne Hersteller sind aus optischen Gründen dazu übergegangen.

Infos und Adressen

SEHENSWÜRDIGKEITEN

Cheddar Gorge Caves. Zwei der imposanten Höhlen können besichtigt werden. Tgl. 10.30–17 Uhr (Juli/Aug. ab 10 Uhr), Eintritt 18,95 £, The Cliffs, Cheddar BS27 3QF, Tel. 019 34/74 23 43, www.cheddargorge.co.uk

ESSEN UND TRINKEN

Edelweiss. Kleines Restaurant am Fluss mit britischer Küche. März–Nov. tgl. 10–17 Uhr, The Cliffs, Cheddar BS27 3QA, Tel. 019 34/74 23 47, www.edelweissrestaurant.co.uk

The Gardeneners Arms. Uriger Pub mit deftiger Küche. Mo–Sa 11–23 Uhr, So 12–22.30 Uhr, 35 Silver Street, Cheddar BS27 3LE, Tel. 019 34/74 22 35, www.gardenersarms.net

ÜBERNACHTEN

Arundel House. Kleines gemütliches Bed & Breakfast im Ort. Church Street, Cheddar BS27 3RA, Tel. 019 34/74 26 92, www.arundelhousecheddar.co.uk

Gordons Hotel. Einfaches Hotel mit kleinem Freiluftpool. Cliff Street, Cheddar BS27 3PT, Tel. 019 34/74 24 97, www.gordonshotel.co.uk

Delikatessen: Lebensmittelladen in Cheddar

Besser als sein Ruf: Käse aus England

EINKAUFEN

Cheddar Gorge Cheese Company. Der einzige noch verbliebene Käsehersteller in Cheddar. Tgl. 10–17 Uhr, The Cliffs, Cheddar BS27 3QA, Tel. 019 34/74 28 10, www.cheddargorgecheeseco.co.uk

AKTIVITÄTEN

Extreme Caving. Robbend durch die schmalen Höhlengänge! Tgl. 9.30, 11.30, 14 und 16 Uhr, Teilnahme 21 £, The Cliffs, Cheddar BS27 3QA, Tel. 019 34/74 23 43, www.cheddargorge.co.uk/x-treme/adventure-caving

Rock Climbing. Die Schlucht von Cheddar kletternd erleben. Ab 11 Jahren. April–Sept. tgl. 10.30, 13 und 15 Uhr (nicht bei Regen), Teilnahme 21 £, The Cliffs, Cheddar BS27 3QA, Tel. 019 34/74 23 43, www.cheddargorge.co.uk/x-treme/rock-climbing

INFORMATION

www.cheddarvillage.org.uk

Mitte: Einst großer Badeort, heute ein idyllischer Abstecher mit Meeresbrise: Weston-super-Mare
Unten: Die Strände und Wiesen in der Bucht des Severn bieten sich für entspannende Spaziergänge an.

45 Burnham-on-Sea
Der Duft der See

Burnham-on-Sea und Weston-super-Mare sind die beiden Ferienorte in der Bucht des Severn. Vergleichbar mit großen Strand-Resorts wie Brighton oder Eastbourne mögen sie nicht sein – einen Abstecher für ein bisschen frische Meeresluft sind sie aber allemal wert. Gerade Bewohner aus Bristol und Bath zieht es am Wochenende hierher, um ein bisschen Abstand vom Stadtleben zu bekommen.

Die besten Jahre haben viele britische Seeorte längst hinter sich – und da machen auch Burnham (19 500 Einwohner) und Weston (71 000 Einwohner) keine Ausnahme. Doch das Fehlen von Kommerz und Einheitsfußgängerzone kann auch seinen Reiz haben: Was zählt, ist das Meer. Das kommerzielle Zentrum Burnhams beschränkt sich mehr oder weniger auf die Victoria und die College Street. Man sollte keine Edelboutiquen erwarten und auch keine angesagten Modemarken – hier haben sich Einwohner aus dem Ort selbstständig gemacht und verkaufen Dinge für den Alltag. Das Leben spielt sich entlang der Esplanade genannten Promenade ab.

Anders als vergleichbare Seeorte hat sich Burnham nicht am vermeintlichen Wettbewerb um die längste Seebrücke beteiligt: Der Ort rühmt sich vielmehr, eine der kürzesten des Landes zu haben. Der Pier liegt direkt an der Promenade. Erbaut wurde er im 19. Jahrhundert als Endpunkt einer Eisenbahnverbindung nach Wales. Die stellte man jedoch mangels wirtschaftlichen Erfolgs schon bald wieder ein. Hübsch ist der hölzerne kleine Leuchtturm, der auf neun Stützen am Strand steht und elf Meter in die Höhe ragt. Das 34 Meter hohe High Lighthouse ist ein aus Stein erbauter zweiter Leuchtturm, der – wie der Name bereits vermuten lässt – weiter oben im Ort steht. Er ist jedoch nicht mehr in Betrieb.

Weston-super-Mare

Der Namenszusatz von Weston ist insofern ungewöhnlich, als er aus dem Latein stammt: *super mare* bedeutet »über dem Meer«. In viktorianischer Zeit entwickelte sich der Ort an der Severn-Bucht zu einem der angesagtesten Badeorte Englands. Die Eisenbahn brachte Gäste aus weiten Teilen des Landes, wobei Weston-super-Mare immer auch eine Art Wochenendziel von den Bewohnern Somersets war. Herzstück war wie in vielen Badeorten die Grand Pier genannte Seebrücke. In den 1980er-Jahren verkam sie jedoch zunehmend als Spielhölle, bis sie nach der Jahrtausendwende restauriert wurde. 2008 zerstörte ein Großfeuer das größtenteils aus Holz errichtete Bauwerk. Weil Weston ohne Seebrücke vermutlich niemanden mehr angezogen hätte, entschied man sich zu einem schnellen Wiederaufbau. Seit Ende 2010 können Besucher wieder auf dem Pier trockenen Fußes in Richtung Meer schlendern.

Von Nachteil war immer die Lage des Orts, weil in diesem Bereich der Küste das Wasser oftmals sehr getrübt ist, und die Ebbe für einen extremen Rückgang des Meeres sorgt. Diese ungünstigen Voraussetzungen für das Strandleben versuchte man durch Geschäfte und Vergnügungsangebote wettzumachen – was leider nur mäßig gelang. Hübsch ist die viktorianische Architektur, die den Innenstadtkern am Wasser säumt. Das Helicopter Museum zeigt außerdem insgesamt 80 Hubschrauber in seiner Ausstellung und zieht Besucher aus dem ganzen Land an.

Infos und Adressen

SEHENSWÜRDIGKEITEN

Helicopter Museum.
Tgl. 10–16.30 Uhr, April–Okt. 10–17.30 Uhr, Eintritt 6,50 £, Locking Moor Road, Weston-super-Mare BS24 8PP, Tel. 019 34/63 52 27, www.helicoptermuseum.co.uk

ESSEN UND TRINKEN

The New Castle. Restaurant in einem kleinen burgähnlichen Bau. Tgl. 8–23 Uhr, 2 Kewstoke Road, Kewstoke, Weston-super-Mare BS22 9YD, Tel. 019 34/41 84 17, www.thenewcastle.co.uk

Oak and Glass Restaurant. Guter Mittagstisch. Tgl. 10–17 Uhr, 1 Uphill Road North, Weston-super-Mare BS23 4NE, Tel. 019 34/64 18 74, www.oakandglass.co.uk

ÜBERNACHTEN

Cabot Court Hotel. Hotel an der Promenade von Weston-super-Mare. 1 Knightstone Road, Weston-super-Mare BS23 2AH, Tel. 019 34/42 79 30, www.jdwetherspoon.co.uk/home/hotels/cabot-court-hotel

INFORMATION

Tourist Information Centre.
Tgl. 10–16 Uhr (im Winter 10 bis 14 Uhr), South Esplanade, Burnham-on-Sea TA8 1BU, Tel. 012 78/78 78 52, www.burnham-on-sea.com

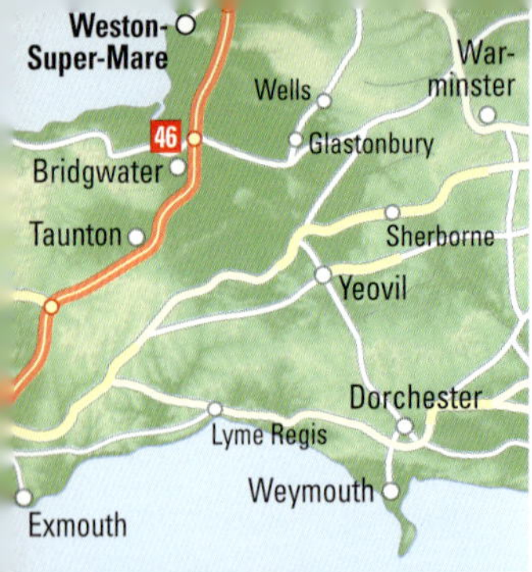

Mitte: Beliebtes Fotomotiv: Barrow Mump mit der Kirchenruine aus dem 15. Jahrhundert
Unten: Zwischenstopp nach Cornwall: Bridgwater am River Parrett

46 Bridgwater
Die alte Marktstadt

Die kleine Marktstadt an der Autobahn 5 ist für ihren Karneval bekannt, ein großes Straßenfest, das jedes Jahr Anfang November gefeiert wird. Ursprünglich war Bidgwater eine Industrie- und Hafenstadt. Inzwischen aber hat sich das Leben in die kleine Fußgängerzone verlagert. Der Ort ist für viele zu einem beliebten Zwischenstopp auf dem Weg nach Cornwall geworden. Wohl auch wegen der historischen Sehenswürdigkeiten in der Umgebung.

Leicht haben es Orte in dieser Gegend nicht – wer diesen Teil Somersets besucht, will meist noch viel weiter nach Devon und Cornwall. Insofern hat sich Bridgwater (35 000 Einwohner) damit abgefunden, eher ein Durchgangsziel zu sein. Die Innenstadt mit dem Corn Exchange (heute ein Restaurant) zeugt noch vom geschäftlichen Treiben, das in der alten Marktstadt einst geherrscht hat. Inzwischen ist es etwas ruhiger geworden. Die Innenstadt bietet sich für einen netten Bummel an, der Ort ist ideal für eine Zwischenübernachtung – zumal es rund herum viel zu sehen gibt.

Walled Gardens of Canington

Der schöne Garten etwas westlich von Bridgwater war ursprünglich ein kirchliches Gelände, das schon von 1138 an besiedelt wurde. Während des Mittelalters entstanden eine Kapelle, mehrere weitere Gebäude und die Mauer, die heute den Garten einfasst. Das Anwesen wechselte im Laufe der Jahrhunderte mehrfach seine Funktion – vom Privatdomizil über eine Schule bis schließlich zu einer Dependance des Cannington College. 2009 wurden die Gärten öffentlich zugänglich gemacht und stellen seitdem ein nettes Ausflugsziel dar. Zu sehen ist eine üppige Blumenauswahl nicht nur heimischer Pflanzen, die zusammen mit den Gebäuden ein harmonisches Ensemble bildet.

Burrow Mump

Der 24 Meter hohe Hügel östlich der Autobahn 5 gilt als eine der mystischen Stätten im Südwesten Englands – nicht etwa, weil hier jemals etwas Unheimliches passiert wäre, sondern weil Burrow Mump gemeinsam mit Glastonbury Tor an der sogenannten St. Michael's Line liegt, der Verbindung zwischen St. Michael's Mount in Cornwall und dem Steinkreis von Avebury.

Er ist auf natürliche Weise entstanden und mehrfach bebaut worden. Im 12. Jahrhundert hat es hier eine Kirche gegeben. Die noch sichtbare Ruine stammt jedoch von einem Nachfolgebau aus dem 15. Jahrhundert. Forscher streiten sich, ob an diesem Ort zuvor bereits ein normannisches Fort gestanden hat – Mauerreste beweisen das, doch mehr war bislang nicht zu entdecken. Dagegen haben Archäologen Reste von Tonwaren aus römischer Zeit auf dem Gelände ausgegraben. Der Hügel bietet an sich nicht viel außer der Ruine – er ist jedoch ein beliebtes Fotomotiv inmitten der sonst flachen Landschaft.

Maunsel Lock

Der Bridgwater and Taunton Canal war einst die Haupthandelsverbindung zwischen den Flüssen Tone und Parret. 1827 eröffnet, sollte er Händlern ermöglichen, ihre Waren möglichst effizient zu transportieren – doch es kam wie überall im Land: Der Bau der Eisenbahn setzte dem Kanalverkehr bald ein Ende. 1906 war Schluss mit dem Güter-

AUTORENTIPP!

WANDERN IM EXMOOR

Die großen Straßen führen allesamt am Exmoor vorbei und haben es noch nicht für sich erobert. Das mag einen Teil dazu beigetragen haben, dass sich der Nationalpark im Norden Devons und im Westen Somersets jede Menge Ursprünglichkeit bewahrt hat. Das Exmoor ist ein Paradies für Wanderer, denen sich schöne Strecken und grandiose Ausblicke bieten – nicht nur von der Küste, sondern auch weiter südlich von einer der zahlreichen Erhebungen. Auch auf eine seltene Pferderasse stößt man immer wieder: In den Weiten der Moorlandschaft weiden die Exmoor-Ponys. Hübsch ist das schon von Weitem sichtbare Schloss von Dunster, außerdem der kleine Ort Porlock mit seinem Hafen Porlock Weir und das 5000 Hektar große Holnicote Estate an der Küste.

Exmoor National Park. Exmoor House, Dulverton TA22 9HL, Tel. 013 98/32 38 41, www.exmoor-nationalpark.gov.uk

Oben: Ungewöhnlicher Rundbau: Der Corn Exchange in Bridgwater zeugt noch von der Funktion der Stadt als Handelszentrum.
Unten: Einst für Güterverkehr gebaut, heute Naherholungsziel: Maunsel Lock

verkehr, das Gewässer wurde sich selbst überlassen und verkam. In den 1980er-Jahren begann man jedoch, Pläne für eine touristische Nachnutzung zu entwickeln. Heute ist der Bridgwater and Taunton Canal ein beliebtes Ziel für Radfahrer und Wanderer, außerdem ziehen wieder schmale Boote auf dem Wasser entlang. Maunsel Lock zehn Kilometer südlich von Bridgwater ist ein guter Ausgangspunkt für Ausflüge – denn hier beginnen am Wochenende auch die Boottrips. Schön ist eine Radtour von Bridgwater entlang des Kanals. Der Coffee Shop an der Schleuse bietet selbstgebackenen Kuchen.

Minehead

Der Badeort am Bristol Channel ist so etwas wie das östliche Tor zum Exmoor. Minehead (10 000 Einwohner) gehört zu jenen britischen Seebädern, die zwar ihre besten Zeiten längst hinter sich haben, die viktorianische Architektur verleiht ihm aber einen gewissen Charme vergangener Zeiten, der für ein ganz eigenes Flair sorgt. Und: Minehead ist der nördliche Startpunkt des South West Coast Path, eines sehr schönen Wanderwegs entlang der Küstenlinie von Somerset, Devon, Dorset und Cornwall. Rund acht Wochen benötigt der Durchschnittswanderer, wenn er die über 1000 Kilometer an einem Stück zurücklegen möchte. Lebendiges Zentrum ist die Straße Parade, in der sich die wichtigsten Geschäfte angesiedelt haben. Hübsch ist die St. Michael's Church aus dem 14. Jahrhundert, auf deren Turm (15. Jahrhundert) lange Zeit ein Leuchtfeuer Schiffen den Weg wies. Der Hafen hat inzwischen kaum noch Bedeutung, wohingegen die alte Trasse der West Somerset Railway inzwischen wieder als Museumseisenbahn betrieben wird. Die Strecke startet in Minehead und führt über 36 Kilometer bis nach Taunton.

Infos und Adressen

SEHENSWÜRDIGKEITEN

Barrow Mump. Hügel mit den Ruinen einer mittelalterlichen Kirche. Frei zugänglich, Eintritt frei, Burrow Bridge, Taunton TA7 0RB, Tel. 019 34/84 45 18, www.bridgwatercarnival.org.uk

Walled Gardens of Canington. Schöner Garten auf einem früheren Klostergelände. März–April, Sept. tgl. 10.30–15 Uhr, Mai–Aug. tgl. 10–16 Uhr, Okt.– Feb. Mo–Fr 10.30–14.30 Uhr, Eintritt 3,95 £, Church Street, Cannington, Bridgwater TA5 2HA, Tel. 012 78/65 50 42, www.canningtonwalledgardens.co.uk

ESSEN UND TRINKEN

Green Olive Meze. Eines der wenigen türkischen Restaurants im Südwesten. Tgl. 12–14.30 und 17.30–23.30 Uhr (So bis 23 Uhr), 5 West Quay, Bridgwater TA6 3HL, Tel. 012 78/23 85 65, www.greenolivebridgwater.co.uk

The Spice Club. Klassische indische Küche. Tgl. 12–14 und 17.30–0 Uhr, 10 Eastover, Bridgwater TA6 5AB, Tel. 012 78/43 33 34, www.spiceclubbridgwater.co.uk

Übernachten auf dem Bauernhof: Huntstile Organic Farm

Verspielt: Walled Gardens of Canington

ÜBERNACHTEN

Huntstile Organic Farm. Bed & Breakfast auf dem Bauernhof. Goathurst bei Bridgwater TA5 2DQ, Tel. 012 78/66 23 58, www.huntstileorganicfarm.co.uk

Premier Inn. Sehr gutes Budgethotel. Express Park, Bristol Road, Bridgwater TA6 4RR, Tel. 08 71/527 81 48, www.premierinn.com/en/hotel/BRIBRE/bridgwater

AKTIVITÄTEN

Maunsel Lock. Wandern am alten Kanal. Bootstrips im Sommer an Wochenenden, Anmeldung erforderlich. Bankland, North Newton, Bridgwater TA7 0DH, Tel. 012 78/663 16, www.maunsellock.co.uk

INFORMATION

Tourist Information Centre. Mo–Fr 9–17 Uhr, Bridgwater House, King Square, Bridgwater TA6 9ZY, Tel. 012 78/43 64 38, www.visitbridgwater.org

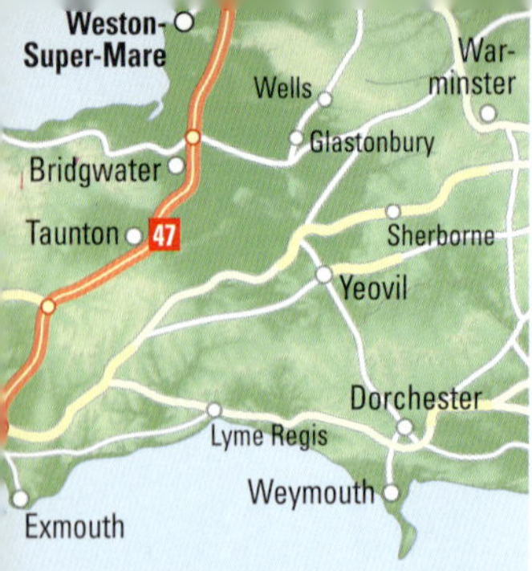

Erinnert an die lange Vergangenheit Tauntons: die letzten verbliebenen Abschnitte des Schlosses

47 Taunton

Somersets kleine Hauptstadt

Die Hauptstadt der Grafschaft Somersets gilt als das Geschäftszentrum der ganzen Region. Sie ist mit der M5 und der Haupteisenbahnlinie nach London verkehrstechnisch perfekt angebunden und insofern für viele ein beliebter Zwischenstopp auf dem Weg nach Cornwall. Schön ist das alte Schloss, in dem sich heute ein Museum befindet. Und schön ist auch die von Cider-Farmen geprägte Umgebung: Somerset ist die Apfelhochburg Englands.

Der Name der Stadt zeugt von ihrer Lage: Taunton (61 000 Einwohner) bedeutet so viel wie die Stadt (*town*) am Tone, der mitten hindurchfließt, wenn auch eher unauffällig. Das Zentrum mit den üblichen Einzelhandelsketten und Banken hat sich rund um die Fußgängerzone der High Street entwickelt. Ganz in der Nähe, am Ende der Hammet Street, befindet sich die aus Sandstein erbaute St. Mary Magdalen Church (1488–1508), deren Turm schon von Weitem sichtbar ist. Dieser ist jedoch deutlich jünger – er wurde um 1860 erneuert, übrigens von Sir Giles Gilbert Scott 1811–1878, dem britischen Meister der Neugotik. Im Inneren ist unter anderem die Decke sehenswert, die im Tudorstil mit ungewöhnlich dunklen Farben und Verzierungen bemalt ist.

Immer donnerstagvormittags bauen Landwirte aus Somerset auf dem Farmers Market in der High Street ihre Stände auf. Zentrale Veranstaltung der Stadt aber ist die Taunton Flower Show: Sie wird am ersten Augustwochenende im Vivary Park organisiert und ist mit ihren Blumen und Pflanzen in allen Variationen ein Fest für die Sinne.

Taunton Castle

Das burgähnlich anmutende Schloss stammt ursprünglich aus dem 12. Jahrhundert. William Gifford, der damalige Bischof von Winchester, hat es zwischen 1107 und 1129 erbauen lassen. Aus jener Zeit ist allerdings nicht mehr viel übrig geblieben, denn im 13. und 16. Jahrhundert erfuhr es zwei massive Umgestaltungen und wurde schließlich sogar in Teilen abgetragen. Im Jahr 1874 machte die Somerset Archaeological and Natural History Society einen Abschnitt des Gebäudes zum Museum – und diesem Zweck dient er bis heute. Das Museum of Somerset zeigt hier inzwischen naturkundliche Exponate aus der Grafschaft. Auch das Castle Hotel hat sich in der Burg eingenistet und hält für seine Gäste schön restaurierte historische Zimmer bereit.

Hestercombe Gardens

Das 20 Hektar große Gelände südlich von Taunton beinhaltet neben einem Herrenhaus drei Gärten unterschiedlicher Stilrichtungen. Der edwardianische Garten ist das erste gemeinsame Werk der Gärtnerin Gertrude Jekyll (1843–1932) und des Architekten Edwin Lutyens (1869–1944). Besucher können an einem kleinen Seen entlang spazieren und sich die restaurierte Wassermühle aus dem 17. Jahrhundert ansehen. Überall finden sich Überraschungen wie ein Mausoleum, ein chinesisch anmutender Pavillon oder eine Reetdachhütte. Seit 2014 ist auch das stattliche Herrenhaus für Besucher geöffnet. Der zugängliche Bereich enthält im Wesentlichen eine Bildergalerie. Hestercombe House stammt ursprünglich aus dem 13. Jahrhundert, wurde aber um 1680 und noch einmal zwischen 1725 und 1730 massiv verändert und mit neuen Gebäudeteilen versehen. Immer Mitte November wird in dem historischen Garten ein Weihnachtsmarkt aufgebaut.

Infos und Adressen

SEHENSWÜRDIGKEITEN

Hestercombe Gardens. Tgl. 10–17 Uhr (im Sommer bis 18 Uhr), Eintritt 8,80 £, Cheddon Fitzpaine, Taunton TA2 8LG, Tel. 018 23/41 39 23, www.hestercombe.com

Museum of Somerset. Di–Sa 10–17 Uhr, Eintritt frei, Taunton Castle, Castle Green, Taunton TA1 4AA, Tel. 018 23/25 50 88, www.somerset.gov.uk/libraries-and-heritage/museums/

ESSEN UND TRINKEN

Tristans. Moderne britische Küche. Di–Sa 18–22 Uhr, 11 Eeat Reach, Taunton TA1 3EW, Tel. 018 23/33 21 17, www.tristansbistro.co.uk

Podshavers Barn. Aufwendige britische Küche. Mi–Sa 19–21.15 Uhr, So 12–14.45 Uhr, Pound Lane, Taunton TA4 3DW, Tel. 018 23/43 35 56, www.podshavers.co.uk

ÜBERNACHTEN

Castle Hotel. Hotel im Schloss. Castle Green, Taunton TA1 1NF, Tel. 018 23/27 26 71, www.the-castle-hotel.com

Mount Somerset Hotel. Hotel mit Spa in ländlicher Umgebung. Lower Henlade, Taunton TA3 5NB, Tel. 018 23/44 25 00, www.the mountsomersethotelandspa.com

INFORMATION

Taunton Tourist Information. Mo–Sa 9.30–16.30 Uhr, 24 Paul Street, Taunton TA1 3PF, Tel. 018 23/33 63 44, www.visitsomerset.co.uk

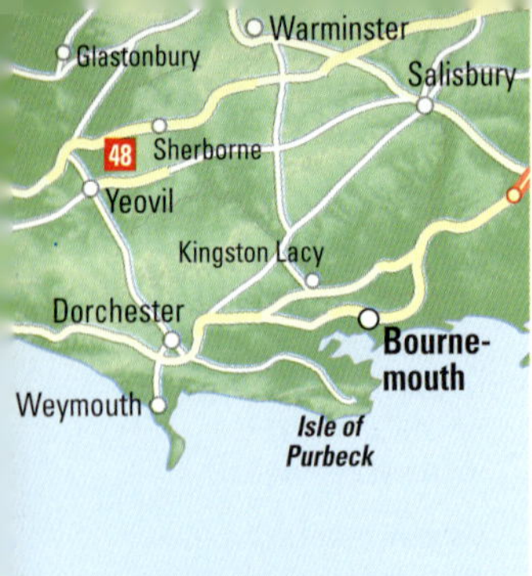

Mitte: Im Zentrum von Sherborne: die Abteikirche aus dem 8. Jahrhundert
Unten: Große Ausstellung zu Militärflugzeugen: Fleet Air Museum in Yeovilton

48 Sherborne
Der Ort der Internate

Der pittoreske Ort steht wirtschaftlich ein bisschen im Schatten des größeren Nachbarn Yeovil – ist aber durch seine alte Bausubstanz wesentlich attraktiver. Über Jahrhunderte schickten gut betuchte Briten ihre Kinder in eines der Internate von Sherborne. Die Sherborne School, 1550 von Edward IV. gegründet, gibt es bis heute. Beeindruckend ist auch die Abteikirche des Orts.

Sherborne (10 000 Einwohner) bietet sich gut für einen Bummel durch die Innenstadt an. In der makellosen und schmalen Haupteinkaufsstraße Cheap Street reihen sich Tudor-Gebäude an kleine Häuser im georgianischen Stil, die nette, individuelle Geschäfte beherbergen. Im Zentrum steht auch die Abteikirche Sherborne Abbey, die auf das 8. Jahrhundert zurückgeht. Weite Teile des Gebäudes ergänzte man jedoch im 14. und 15. Jahrhundert. Heute wirkt die Kirche besonders durch die aus Stein gehauenen Verzierungen sowie die aufwendig gestalteten Fenster. Zusammengenommen sollen die acht Glocken die schwersten der Welt sein.

Sherborne Castle

Das Erste der Schlösser Sherbournes ist nur noch eine Ruine: Sherborne Old Castle aus dem 12. Jahrhundert liegt in exponierter Lage östlich des Orts. Bis ins 16. Jahrhundert hinein war es in bischöflichem Besitz, dann ging es an den Seefahrer Sir Walter Raleigh (1552/54–1618), nach dessen Inhaftierung und Hinrichtung verkam es jedoch zunehmend. 1645 wurde es in großen Teilen zerstört. Heute stehen nur noch Fragmente einiger Mauern, etwa vom einst prachtvollen Turm. Umgeben von weiten Rasenflächen wirkt nicht nur diese Ruine sehr romantisch – man hat auch einen schönen Blick auf die Landschaft.

Sir Raleigh hatte den Grund und Boden genutzt, um auf der anderen Seite des Sherborne Lake ein neues Schloss errichten zu lassen, das nun den Namen Sherborne Castle trägt. Das Tudor-Schloss wurde von 1594 an erbaut, wobei man es in mehreren Etappen grundlegend veränderte. Zuletzt entstand 1787 ein Anbau an der Westseite. Mehrere Könige haben das Anwesen im Laufe der Zeit besucht. Wie viele englische Schlösser diente es während des Ersten Weltkrieges als Hospital. Einige Räume des Gebäudes können inzwischen besichtigt werden, am beeindruckendsten ist aber für viele der weitläufige Park rund um das Gebäude direkt am See.

Yeovil

Sherbornes größerer Nachbar Yeovil (40 000 Einwohner) dient den Bewohnern der Umgebung für die wichtigsten Einkäufe des Alltags. Der Ort war bereits zu Römerzeiten besiedelt und entwickelte sich später zu einem wichtigen Standort für die Rüstungsindustrie. Das Fleet Air Museum hat diese Vergangenheit aufgegriffen. Es ist auf dem Militärgelände in Yeovilton angesiedelt und beinhaltet die größte Ausstellung von Militärfluggeräten im Vereinigten Königreich.

So etwas wie ein Wahrzeichen ist Jack the Treacle Eater, ein alter Torbogen außerhalb des Orts auf dem Barwick Park Estate. 1775 erbaut, erinnert er an einen örtlichen Boten namens Jack, der Nachrichten nach London übermittelte – zu Fuß. Er soll sich von Sirup (*treacle*) ernährt haben.

Infos und Adressen

SEHENSWÜRDIGKEITEN

Fleet Air Museum. April–Okt. tgl. 10–17.30 Uhr, Nov.–März Mi–So 10–16.30 Uhr, Eintritt 14 £, RNAS, Yeovilton BA22 8HW, Tel. 019 35/84 05 65, www.fleetairarm.com

Sherborne Castle. Schloss aus dem 16. Jahrhundert. April–Okt. tgl. 11–16.30 Uhr, Eintritt 11 £, New Road, Sherborne DT9 5NR, Tel. 019 35/81 20 72, www.sherbornecastle.com

Sherborne Old Castle. Ruine des ersten Schlosses. April–Okt. tgl. 10–17 Uhr (Juli/Aug. bis 18 Uhr), Eintritt 3,70 £, Castleton, Sherborne, Dorset DT9 3SA, Tel. 019 35/81 27 30, www.english-heritage.org.uk/daysout/properties/sherborne-old-castle/

ESSEN UND TRINKEN

Earls Sandwich. Gute Sandwichbar. Tgl. 11.30–23 Uhr, 12 Silver Street, Yeovil BA20 1HW, Tel. 019 35/41 28 02, www.earls-sandwich.co.uk

ÜBERNACHTEN

The Manor. Hotel in altem Gebäude. 26 Hendford, Yeovil BA20 1TG, Tel. 019 35/42 31 16, www.oldenglishinns.co.uk/our-locations/the-manor-hotel-yeovil

INFORMATION

Tourist Information. Mo–Sa 9–17 Uhr, Digby Road, Sherborne DT9 3NL, Tel. 019 35/81 53 41, www.sherbornetown.com

49 Lyme Regis
Namensgeber von Summerhill

Der Küstenort am Rande der Grafschaft Dorset war vor Jahrhunderten einer der wichtigsten Häfen des Landes. Inzwischen ist der Tourismus die bedeutendste Einnahmequelle – Lyme Regis ist nicht nur ein hübscher Küstenort, sondern auch Teil der Jurassic Coast, eines Abschnittes, in dem seit jeher besonders viele Fossilien gefunden werden. Auf dem Summerhill erhielt 1924 die gleichnamige international bekannte demokratische Schule ihren Namen. Sie ist aber längst umgezogen nach Suffolk.

Die »Perle von Dorset«, wie Lyme Regis (4000 Einwohner) gern genannt wird, ist ein kleiner Hafenort mit großer Anziehungskraft auf Reisende. Während des Mittelalters und auch noch danach galt er als einer der wichtigsten Häfen Englands. Im 18. Jahrhundert war dieser sogar größer als jener in Liverpool.

»The Cobb«

Doch diese Zeiten sind lange vorbei – heute treffen sich Besucher an der The Cobb genannten Hafenmauer, die im weiten Bogen in den Ärmelkanal ragt. Jane Austen (1775–1817) hat der Mauer in ihrem Roman *Überredung* ein literarisches Denkmal gesetzt. Davor liegen eine Menge kleiner Fischerboote und Jachten vor Anker, doch der Frachtverkehr ist längst eingeschlafen. Angeboten werden aber weiterhin Angeltouren in die Umgebung – etwa eine Makrelen-Tour, die an der Hafenmauer beginnt. Wer mehr über die Meeresbewohner vor der Küste erfahren will, kann auch

Mitte: Einst ein bedeutender Hafenort, heute beliebtes Touristenziel: Lyme Regis
Unten: Vor allem an die Strandpromenade von Lyme Regis zieht es die Besucher.

das Marine Aquarium am Hafen aufsuchen. Dort wird weniger auf eine optimale Präsentation Wert gelegt als vielmehr auf Informationen über die in den Becken schwimmenden Fische.

Lyme Regis lebt von einer gewissen maritimen Nostalgie, wie es an der Südwestküste des Landes keine Seltenheit ist. Schmale Straßen ziehen sich vom Wasser entlang ins Landesinnere. In der Broad Street, Bridge Street und Church Street haben sich kleine Läden etabliert und bilden so etwas wie das Zentrum des Orts. Hier fließt auch, fast ein wenig verbaut, der kleine River Lim in der Lyme Bay in den Ärmelkanal. Daher auch der Name des Städchens – der Zusatz *Regis* erfolgte erst später als Auszeichnung des Königshauses. Besucher kommen heute gern wegen der Strände. Über insgesamt vier verfügt Lyme Regis, wobei die größten und belebtesten sich östlich und westlich an »The Cobb« anschließen.

Lyme Regis Museum

Das zentrale Museum der Stadt ist der Fossiliensammlerin und Künstlerin Elizabeth Philpot (1780–1857) gewidmet, die hier zusammen mit ihren beiden Schwestern wohnte und wirkte. Ihr Neffe Thomas Philpot schenkte das viktorianische Gebäude 1901 Lyme Regis. Zunächst trug es auch den Namen Philpot Museum, inzwischen ist man aber zur allgemeineren Ortsbezeichnung gewechselt, da die Sammlung der ursprünglichen Namensgeberin im Wesentlichen gar nicht hier, sondern in Oxford lagert. Dennoch sind Fossilienfunde aus der Umgebung ein Schwerpunkt des Lyme Regis Museum. Doch die Ausstellung dreht sich auch um Menschen – unter anderem um die Autoren Jane Austen (1775–1817) und John Fowles (1926–2005), die beide zumindest zeitweise in Lyme Regis lebten.

AUTORENTIPP!

DIE UNDERCLIFFS DER JURASSIC COAST

Sie zieht sich über 150 Kilometer von Orcombe Point bei Exmouth bis zur Isle of Purbeck im Osten und ist für Archäologen und Geologen ein beliebtes Ziel: Der Jurassic Coast genannte Küstenabschnitt ist ein häufiger Fundort von Fossilien, was ihm auch seinen Namen gab. Ein besonders eindrucksvoller Teil sind die 13 Kilometer langen Undercliffs zwischen Axmouth und Lyme Regis, die durch ein Gebiet von Geröll führen. Deswegen darf man sich hier aus Sicherheitsgründen auch nur direkt auf dem Weg bewegen, nicht abseits. Die Jurassic Coast ist seit 2001 von der UNESCO als Weltnaturerbe anerkannt. Die Gesteinsformationen sind um die 185 Millionen Jahre alt und bergen allerlei interessante Funde.

Jurassic Coast. Küstenabschnitt zwischen Orcombe Point und Old Harry Rocks. www.jurassiccoast.org

Oben: Das darf nicht fehlen: ein kurzes Bad im Wasser, auch wenn sich viele nur bis zu den Knien hineinwagen.
Unten: Die Guild Hall von Lyme Regis wird heute für Hochzeiten genutzt.

Town Mill

In der 700 Jahre alten Wassermühle von Lyme Regis haben sich inzwischen ein Café, eine Hausbrauerei und eine Töpferei angesiedelt. Aufzeichnungen zufolge gab es an dieser Stelle bereits seit mindestens 1280 eine Mühle. Die Lieferung von Mehl ist seit 1340 belegt. Nachdem der Betrieb 1926 schloss, verkam das Gelände zunächst. Inzwischen sind die alten Steingebäude aufwendig saniert worden.

Summerhill

Als A. S. Neill (1883–1973), ein schottischer Autor und Rebell, 1921 mit der Internationalen Schule in Dresden einen Vorläufer der Summerhill School gründete, ahnte noch niemand, welche Karriere diese Reformschule einmal machen würde. Über Österreich gelangte Neill 1923 nach Lyme Regis, wo er das Modell in einem Haus namens Summerhill verfeinerte. Es muss ihm gefallen haben: Auch nach einem erneuten Umzug 1927 an den heutigen Standort Leiston in Suffolk behielt er den Namen Summerhill bei. Das pädagogische Konzept basiert auf einer Selbstregulierung durch die Schüler, außerdem auf einer freiwilligen Teilnahme am Unterricht. In Lyme Regis erinnert nicht mehr viel an Summerhill: Das gleichnamige Gebäude in der Charmouth Road ist ein ganz normales Wohnhaus.

Infos und Adressen

SEHENSWÜRDIGKEITEN

Lyme Regis Museum. Fossilienmuseum. Apr.–Okt. Mo–Sa 10–17 Uhr, So 11–17 Uhr, Nov.–März Mi–So 11–16 Uhr, Eintritt 2,95 £, Bridge Street, Lyme Regis DT7 3QA, Tel. 012 97/44 33 70, www.lymeregismuseum.co.uk

Marine Aquarium. Kleines Aquarium am Hafen. März–Okt. tgl. 10–17 Uhr, Eintritt 5 £, The Cobb Lower Walkway, Lyme Regis DT7 3JJ, Tel. 012 97/44 42 30, www.lymeregismarineaquarium.co.uk

Town Mill. Eine alte Wassermühle. Mo–Fr 11–14 Uhr, Sa/So 11–16 Uhr, Mill Lane, Lyme Regis DT7 3PU, Tel. 012 97/44 35 79, www.townmill.org.uk

ESSEN UND TRINKEN

Amid Giants & Idols. Kleines Kaffeehaus einer lokalen Rösterei. Mo/Di 10–13 und 14–16 Uhr, Mi–Sa 9–17 Uhr, So 11–16 Uhr, 59 Silver Street, Lyme Regis DT7 3HR, Tel. 079 28/79 02 54, www.amidgiantsandidols.co.uk

Tierra Kitchen. Vegetarisches Restaurant. Mi–So 11–15 und 18–22 Uhr, 1A Coombe Street, Lyme Regis DT7 3PY, Tel. 012 97/44 51 89, www.tierrakitchen.co.uk

Fossiliensammlung im Lyme Regis Museum

Lyme Regis ist bekannt für Fossilienfunde.

ÜBERNACHTEN

Mariner Hotel. Hübsches, aber einfaches Hotel oberhalb des Orts. Silver Street, Lyme Regis DT7 3HS, Tel. 012 97/44 27 53, www.hotellymeregis.co.uk

Alexandra Hotel. Boutiquehotel mit Blick auf den Hafen. Pound Street, Lyme Regis DT7 3HZ, Tel. 012 97/44 20 10, www.hotelalexandra.co.uk

AKTIVITÄTEN

Nick's Mackerel Fisching. Fischertouren durch die Umgebung. Unterschiedliche Zeiten. Cobb Harbour, Lyme Regis DT7 3JJ, Tel. 07 97/479 60 02, www.lymeregismackerelfishing.com

INFORMATION

Lyme Regis Tourist Information Centre. April–Okt. Mo–Sa 10–17 Uhr, So 10–16 Uhr, Nov.–März Mo–Sa 10–15 Uhr, Church Street, Lyme Regis DT7 3BS, Tel. 012 97/44 21 38, www.lymeregis.org

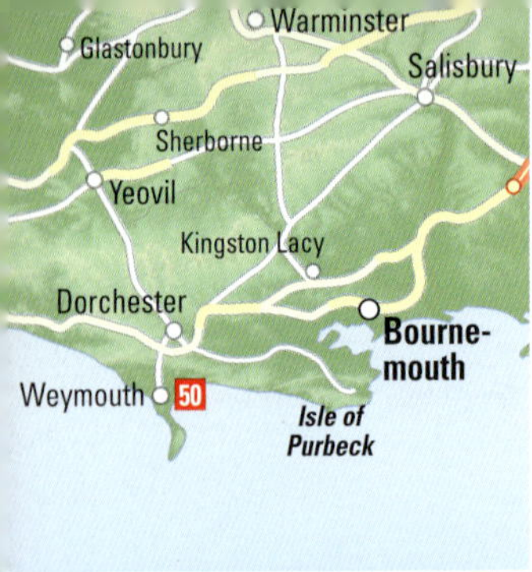

Die kleinen Boote auf dem River Wey prägen auch heute noch das Stadtbild von Weymouth.

50 Weymouth
Dorsets Ferienparadies

Die kleine Stadt an der Mündung des River Wey in Dorset ist eines der beliebtesten Ferienziele Südenglands. Neben dem Hafen des angrenzenden Portland Plateau ist auch Weymouth seit jeher ein Seefahrerort gewesen. Sein Hafen zieht sich vom Ärmelkanal flussaufwärts. Zu beiden Uferseiten ist ein Mischmasch aus Badeort und Fischerdorf entstanden. Weymouth ist auch Ziel einer Fähre von den Kanalinseln.

Kleine Gebäude aus der georgianischen und viktorianischen Phase prägen Weymouth (52 000 Einwohner), angereichert mit größeren Prachtbauten entlang der Esplanade. Auf Höhe der King Street steht so etwas wie das Wahrzeichen der Stadt: die Jubilee Clock. Wie in anderen britischen Orten (und solchen des damaligen British Empire) wurde sie 1887 zu Ehren des 50. Thronjubiläums von Queen Victoria erbaut. Das rot-blaue, reich verzierte viktorianische Konstrukt ist ein beliebter Treffpunkt von Einwohnern und Touristen. Silvester wird traditionell an dieser Stelle das neue Jahr begrüßt.

Nicht weit entfernt hat sich auch das Geschäftszentrum von Weymouth entwickelt: Entlang der St. Thomas Street und ihrer Seitenstraßen befinden sich zwischen Custom House Quay und der Westham Road die meisten Läden und Restaurants. In der Trinity Street hat eine örtliche Geschichtsvereinigung das Tudor House zugänglich gemacht, das um 1600 erbaute Haus eines Händlers und Geschäftsmannes. Rekonstruiert wurden der Alltag und das Leben seiner Familie – die Räume sind entsprechend eingerichtet.

Brewers Quay

Das frühere Gelände der Brauerei Devenish im alten Hafen hat sich zu einem Zentrum für Antiquitätengeschäfte entwickelt. Der viktorianische Gebäudekomplex wurde erst vor Kurzem restauriert, nachdem er lange Zeit ein Einkaufszentrum beinhaltet hatte. Ansässig ist inzwischen auch das Weymouth Museum, das sich der Geschichte der Stadt und der Region widmet.

Nothe Fort

Nachdem Portland Harbour im 18. Jahrhundert zu einem bedeutenden Militärhafen gewachsen war, entschied man sich, an der Küste ein neues Fort zum Schutz der Region zu errichten. Nothe Fort entstand in den Jahren bis 1872 und beinhaltet nicht nur den von außen sichtbaren Bereich mit seinen Mauern und gut geschützten Gebäuden. Es befinden sich auch Teile unter der Erde. Während des Zweiten Weltkriegs spielte das Fort eine wichtige Rolle bei der Vorbereitung des D-Days 1944.

Das Fort ist inzwischen in ein Museum umfunktioniert worden und zeigt eine interessante Ausstellung mit allerlei Filmsequenzen und Hinterlassenschaften aus der militärischen Nutzung.

Sandsfoot Castle

Von der alten Festung, die Heinrich VIII. (1491–1547) 1539 westlich der Stadt an der Küste errichten ließ, ist nur noch eine Ruine geblieben. Zusammen mit Portland Castle schützte die Anlage im 16. Jahrhundert den Hafen von Portland. Leider gab die fortschreitende Bodenerosion Sandsfoot Castle keine Sicherheit, dauerhaft unbeschadet direkt an der Küste bestehen zu können. Im 18. Jahrhundert wurde es deswegen auf-

AUTORENTIPP!

ISLE OF PORTLAND

Es wirkt wie eine Halbinsel, ist aber streng genommen ein richtiges Eiland: Das Portland Plateau, ein sechs mal zwei Kilometer breiter Kalksteinfelsen im Ärmelkanal, ist nur über die schmale Landbrücke Chesil Beach mit dem britischen Festland verbunden. Das Plateau mit seinen Felsen und Wiesen ist nicht nur landschaftlich sehr reizvoll – es stehen hier auch einige interessante Bauten. Portland Castle in Castletown wurde 1539 von Heinrich VIII. als Verteidigungsfort errichtet. Portland Bill ist die Bezeichnung eines 41 Meter hohen Leuchtturms (1716) am Rande der Insel. Portland Harbour im Nordwesten (ab 1849) gilt als einer der größten künstlichen Häfen der Welt. Der Portland-Stein ist ein begehrter Baustoff und wurde unter anderem für die St.-Paul's-Kathedrale in London verwendet.

Isle of Portland.
www.visit-dorset.com

Oben: Die Strandpromenade von Weymouth putzt sich gern heraus, denn hierher zieht es viele Besucher.
Unten: Die Jubilee Clock ziert die Esplanade. Sie wurde 1887 zu Ehren Queen Victorias erbaut.

gegeben und verfiel. Eine Gruppe Freiwilliger hat sich vor einigen Jahren daran gemacht, das Gelände zu sichern und dauerhaft zugänglich zu machen.

Rodwell Trail

So ist es auch mit dem Rodwell Trail gewesen, der an Sandsford Castle vorbeiführt: Die alte Eisenbahnverbindung zwischen Weymouth und Portland ist in eine Strecke für Radfahrer und Wanderer umfunktioniert worden. 1952 fuhr hier der letzte Zug, in den 1960er-Jahren entfernte man die Gleise. Nun ist die 3,5 Kilometer lange Strecke ein beliebtes Naherholungsziel geworden. Wer genau hinsieht, entdeckt in Höhe des Schlosses noch die Überreste der Bahnsteige. Der Startpunkt ist an der Abbotsbury Road, dem früheren Westham Halt. Die Route verläuft bislang bis zum Ferry Bridge Inn an der Portland Road.

Jordan Hill Roman Temple

Viel zu sehen ist leider nicht mehr von dem alten Tempel, den die Römer an der Weymouth Bay nordöstlich des heutigen Stadtzentrums erbaut hatten. Nur noch die Andeutungen der Grundmauern sind auf dem Rasen erkennbar. Das symmetrisch angelegte Gebäude muss gegen Ende der römischen Herrschaft über England (43–ca. 440) entstanden sein. Die Überreste wurden erst im 19. Jahrhundert entdeckt.

Infos und Adressen

SEHENSWÜRDIGKEITEN

Jordan Hill Roman Temple. Überreste eines alten römischen Tempels. Immer zugänglich, Eintritt frei, Bowleaze Coveway, Weymouth DT3 6PL, Tel. 08 70/333 11 81, www.english-heritage.org.uk/daysout/properties/jordan-hill-roman-temple/

Nothe Fort. Altes Fort an der Küste. April–Sept. tgl. 10.30–17.30 Uhr, Okt.–März So 11–16.30 Uhr, Eintritt 7 £, Barrack Road, Weymouth DT4 8UF, Tel. 013 05/76 66 26, www.nothefort.org.uk

Tudor House. Tudorgebäude, das als Museum hergerichtet wurde und das Leben einer Familie im 17. Jahrhundert zeigt. Mai–Okt. Di–Fr 13–15.45 Uhr, Nov./Dez., Feb.–Mai erster So im Monat 14–15.45 Uhr, Eintritt 4 £, 3 Trinity Street, Weymouth DT4 8TW, Tel. 013 05/77 97 11, www.weymouthcivicsociety.org/tudorhouse.html

Weymouth Museum. Heimatmuseum. April–Dez. Mi/Fr/Sa 10.30–16 Uhr, Eintritt 1 £, Brewers Quay, Hope Square, Weymouth DT4 8TR, Tel. 013 05/45 79 82, www.weymouthmuseum.org.uk

ESSEN UND TRINKEN

The Dorset Burger Company. Exzellentes Hamburger-Restaurant. Mo–Fr 12–14.30 und 16–22.30 Uhr, Sa 11–22.30 Uhr, So 11–21.30 Uhr, 6 King Street, Weymouth DT4 7BH, Tel. 013 05/78 08 88, www.thedorsetburgercompany.co.uk

The Harbour Bridge. Traditionelle britische Küche. Tgl. 12–15 und 18–23 Uhr, 19 Trinity Road, Weymouth DT4 8TJ

ÜBERNACHTEN

Bay Royal Weymouth Hotel. Traditionshotel am Wasser. 90–91 The Esplanade, Weymouth DT4 7AX, Tel. 013 05/78 27 77, www.bayhotels.co.uk

Moonfleet Manor Hotel. Schickes, traditionelles Hotel etwas außerhalb. Fleet Road, Weymouth DT3 4ED, Tel. 013 05/78 69 48, www.moonfleetmanorhotel.co.uk/de/

INFORMATION

Weymouth & Portland Borough Council. Mo–Do 8.30–17 Uhr, Fr 8.30–16.30 Uhr, North Quay, Weymouth DT4 8TA, www.visit-dorset.com

Das Nothe Fort überragt die Küste vor Weymouth.

BEACH SHOP

REISEINFOS

Vorangehende Doppelseite: Die Royal Parade in Eastbourne
Oben: Wasser prägt Südengland – Fähren wie hier in Cowes auf der Isle of Wight findet man allerorten.
Unten: Bierausfahren in Lewes: England gibt sich traditionsbewusst.

Anreise mit dem Flugzeug

Ab Deutschland gibt es von etlichen Flughäfen Direktverbindungen nach London. Vor allem British Airways, Easyjet, Germanwings, Lufthansa und Air Berlin verbinden die britische Hauptstadt mehrmals täglich mit Städten wie Frankfurt, Hamburg, München, Hannover, Berlin, Stuttgart und vielen mehr. Je nachdem, wohin man in Südengland möchte, kann die britische Hauptstadt mit ihren zahlreichen Zug- und Busverbindungen ein idealer Start sein. Während sich Heathrow vor allem für den Westen anbietet, liegen Stansted und Gatwick relativ günstig für eine Erkundung des Ostens.

Aber auch andere Flughäfen im Süden haben inzwischen gute Anbindungen nach Deutschland, vor allem Bristol und Southampton. Easyjet, Flybe und bmi regional nutzen Flughäfen wie diese.

Anreise mit dem Auto

Die kürzesten Verbindungen in den Südwesten Englands führen für Reisende aus Deutschland via Calais oder Dünkirchen nach Dover. Zwischen diesen Häfen verkehren rund um die Uhr mehrere Fährlinien (DFDS, P&O, MyFerryLink). Die Überfahrt dauert rund 1,5 Stunden ab Calais bzw. 2 Stunden ab Dünkirchen. Schneller geht es mit dem Zug: Zwischen Calais und Folkestone verkehrt alle 20 Minuten der Le-Shuttle-Zug durch den Eurotunnel (nachts seltener). Die Fahrt dauert 25 Minuten. Preislich gilt so gut wie immer: Je schneller, desto teurer – der Zug ist teurer als die Fähre, schnellere Fähren sind teurer als langsamere Verbindungen.

Für Reisende aus Österreich und der Schweiz können auch die Fährverbindungen zwischen Roscoff und Plymouth (Brittany Ferries) sowie zwischen Cherbourg und Portsmouth bzw. Poole (Brittany Ferries, Condor Ferries) interessant sein. Hier gilt die Regel nicht: Die Überfahrt dauert rund 5 Stunden – und ist deutlich teurer als die Calais-Verbindungen.

Anreise mit der Bahn

Der Eurostar verbindet Paris und Brüssel in jeweils rund 2,5 Stunden mit dem Londoner Bahnhof St. Pancras. Zubringer gibt es u.a. ab Köln. Auch die Deutsche Bahn plant eine ICE-Verbindung durch den Eurotunnel. Sie will ihre Züge von 2016 an unter dem Ärmelkanal hindurch nach London schicken. Bislang waren die beiden Tunnel immer der Betreibergesellschaft vorbehalten. Dies hat sich nun auf Druck der EU geändert.

Diplomatische Vertretungen

Botschaft der Bundesrepublik Deutschland. 23 Belgrave Square, London SW1X 8PZ, Tel. 020/78 24 13 00, www.london.diplo.de
Botschaft der Republik Österreich. 18 Belgrave Mews West, London SW1X 8HU, Tel. 020/73 44 32 50, www.bmeia.gv.at/botschaft/london.html
Schweizer Botschaft. 16–18 Montagu Place, London W1H 2BQ, Tel. 020/76 16 60 00, www.eda.admin.ch/london

Feiertage

Feiertage sind in Großbritannien relativ: Es gibt sie, auch in vergleichbarer Anzahl wie in Deutschland – allerdings sind auch an solchen Tagen zumindest in größeren Städten fast alle Geschäfte geöffnet, wenn vielleicht auch nicht so lange wie an normalen Wochentagen. Nur Banken haben

Oben: Feiern steht bei Briten hoch im Kurs, etwa in Leeds Castle in Kent.
Mitte: Nie ohne Union Jack: Mitarbeiter in Scotney Old Castle
Unten: Prachtschiff: Die Queen Mary II geht am Hafen von Southampton vor Anker.

Oben: Jährlicher Spaß vor dem Aschermittwoch: Pancake Races finden in vielen kleinen Orten statt. **Mitte:** Beliebtes Reiseziel: die Larmer Tree Gardens in Salisbury **Unten:** Straßenmusiker in Salisbury

geschlossen, deswegen auch der britische Ausdruck für Feiertage: bank holiday.

1. Januar: Neujahr (New Year's Day)
Karfreitag (Good Friday)
Ostermontag (Easter)
23. April: St. George's Day (Nationalfeiertag)
Erster Montag im Mai: Mai-Feiertag
Letzter Montag im Mai: spring bank holiday
Letzter Montag im August: summer bank holiday
25. Dezember: Weihnachten (Christmas)
26. Dezember: Weihnachten (Boxing Day)

Feste und Veranstaltungen

Februar/März: Pancake Race; in vielen kleinen Orten rennen Einwohner am Dienstag vor Aschermittwoch (Shrove Tuesday) mit Pfannkuchen in Pfannen um die Wette.
März, letzter Sonntag: Die Ruderteams der Universitäten Oxford und Cambridge treten auf der Themse im Westen von London zu ihrem berühmten Wettkampf an.
Anfang Mai: Cheltenham Jazz Festival
Anfang Mai: Brighton Festival; einen ganzen Monat steht das Seebad im Zeichen von Kunst und Kultur.
Mitte Mai: Bath International Music Festival mit Folk, Jazz, Klassik
Mai, letzter Montag: In Coopers Hill (Gloucestershire) rollen Rundkäse und Einwohner um die Wette einen Hang hinab.
Anfang Juni: Isle of Wight Festival, großes Rockfestival mit vielen international bekannten Bands
Mitte Juni: Royal Ascot, Pferderennen und gesellschaftlicher Höhepunkt
21. Juni: Sommersonnenwende – Stonehenge wird an diesem Tag Pilgerort für Hobby-Druiden.
1. Juliwoche: Henley Royal Regatta; wer nicht selbst rudert will wenigstens gesehen werden.

Mitte Juli: Bristol Harbour Festival
1. Augustwoche: Cowes Week, das größte Segelereignis vor der Isle of Wight
Anfang August: Bristol Balloon Fiesta, eines der größten Heißluftballonfestivals Europas – unbedingt ansehen: die Night Glow am ersten Abend.
Mitte August: Canterbury Cricket Week, das älteste Cricket-Turnier des Landes
Mitte Oktober: Cheltenham Literature Festival
5. November: Guy Fawkes Night; England feiert in jedem halbwegs größeren Ort mit Scheiterhaufen und Feuerwerk das Misslingen eines Versuchs, das Parlament in die Luft zu sprengen.
Anfang Dezember: Weihnachtsmärkte; in vielen Städten Südenglands hat sich diese Tradition inzwischen etabliert. Einen besonders schönen Markt gibt es in Bath.

Geld/Währung

In Großbritannien gilt das britische Pfund – mit Euro kommt man bestenfalls in großen Kaufhäusern weiter. Das Einfachste ist, Geld mit der EC-Karte am Geldautomaten zu ziehen. Aber Achtung: Nur wenige deutsche Banken ermöglichen dies gebührenfrei (zum Beispiel die Deutsche Bank für bestimmte Kontengruppen an Automaten von Barclays sowie immer mehr Kreditkartenunteranbieter an Visa-Automaten). Fast überall werden EC- und Kreditkarten akzeptiert – doch auch hierbei verlangen die meisten Kreditinstitute Gebühren, da bei der Abrechnung immer noch von Pfund zu Euro umgerechnet wird. Wer Bargeld tauschen will, findet an Flughäfen und in Kaufhäusern Wechselstuben, die zum Teil gute Kurse haben und oftmals keine Gebühren verlangen.

1 Pfund Sterling (£) entspricht 100 Pence (p)
Münzen: 1 p, 2 p, 5 p, 10 p, 20 p, 50 p, 1 £, 2 £
Scheine: 5 £, 10 £, 20 £, 50 £

Oben: Typisch für südenglische Orte: kleine Fenster, alte Gebäude
Unten: Viele bekannte Rockmusiker haben auf den Straßen Englands begonnen – ist er der nächste?

Oben: Wenn die Blumen blühen, erstrahlen viele alte Gebäude noch einmal in einem ganz anderen Licht.
Unten: Zeugt von der jahrtausendealten Geschichte der Gegend: der Steinkreis von Avebury

Achtung: Es gibt in Großbritannien mehrere Banken, die unterschiedliche Banknoten ausgeben. Neben der Bank of England sind dies auch einige schottische und nordirische Kreditinstitute. Theoretisch kann man mit allen überall bezahlen – jedoch gibt es gerade in kleineren Orten manchmal Schwierigkeiten, wenn der Kassierer etwa einen schottischen Schein noch nie zuvor gesehen hat.

Gesundheit

National Health Service (NHS) ist die nationale Gesundheitsbehörde des Vereinigten Königreichs. EU-Bürger werden im Notfall kostenlos in den Krankenhäusern oder Gesundheitszentren behandelt. Es empfiehlt sich dennoch eine Auslandsreisekrankenversicherung – etwa für den Fall einer größeren Operation oder für den Rücktransport nach Hause.

Klassische Apotheken sind in Großbritannien unüblich. Einfache Medikamente gibt es in größeren Supermärkten frei verkäuflich, andere fast überall im Land in den Filialen der Drogeriekette Boots.

Herrenhäuser und Schlösser

Was wäre England ohne seine historisch bedeutsamen Bauten und prähistorischen Hinterlassenschaften? Das ganze Land ist gesät damit, viele liegen versteckt abseits einer Landstraße und sind in Deutschland weitaus weniger bekannt als Windsor Castle oder Stonehenge. Vor allem zwei Organisationen kümmern sich um den Erhalt von geschichtsträchtigen Gebäuden: der Denkmalschutzfonds National Trust und die britische Denkmalschutzbehörde English Heritage. Die Namen sollten sich Touristen merken, denn beide haben es verstanden, auch unbekannte Herrenhäuser zu wunderschönen Ausflugszielen zu machen – samt Café, Garten und interessanten Führungen.

Das Prinzip ist oftmals: Die Besitzer, die sich den Unterhalt der großen Anwesens nicht mehr leisten können, vermachen dem National Trust Grund und Boden – erhalten dafür aber ein Wohnrecht auf Lebenszeit. Halten Sie auf Straßenschildern Ausschau nach dem stilisierten Burgmauer-Symbol von English Heritage und dem Zweig-Logo vom National Trust, die in ganz England die Bauten der beiden Organisationen ankündigen.

Für einen längeren Urlaub bietet sich bei beiden Organisationen eine Jahresmitgliedschaft an, die es zum ermäßigten Preis auch für Paare und ganze Familien gibt. Außerdem verkauft Visit Britain in Deutschland Wochenpässe für die Sehenswürdigkeiten wahlweise einer der beiden Organisationen. Damit hat man für den gewählten Zeitraum freien Eintritt.
www.visitbritainshop.de
www.nationaltrust.org.uk
www.english-heritage.org.uk

Internet und Telefon

In Südengland findet man fast überall ein Café, Hotel oder Restaurant mit WLAN (Wi-Fi), oft kann man dort sogar gratis ins Internet. Es gibt mehrere große WLAN-Netze, die an öffentlichen Orten sehr präsent sind: Neben British Telecom zum Beispiel The Cloud, ein Netz, das man nach Anmeldung kostenlos nutzen kann. Coffeeshop- und Pubketten werben häufig mit Gratis-Internet.

Im ganzen Land sind die Mobilfunknetze von T-Mobile, Vodafone, Orange, O2 und Three verbreitet, oft bei Unteranbietern wie Virgin Mobile,

Oben: Gärten und Herrenhäuser sind eine der Hauptattraktionen Südenglands.
Unten: Zwei, die zu England einfach dazu gehören: Leuchttürme und rote Telefonzellen wie hier auf der Isle of Portland

Oben: Kunsthandwerk wird gerade in kleinen Orten immer beliebter. Zahlreiche Geschäfte bieten solche Waren an.
Unten: Man sieht sie im ganzen Land: die vor allem aus London bekannten roten Doppeldeckerbusse.

Tesco Mobile oder Mobile by Sainsburys. Fast alle bieten günstige Prepaid-Karten an, die auch Touristen ohne komplizierte Anmeldung nutzen können. Bei einem längeren Aufenthalt rechnet es sich, für ein Smartphone oder einen Tablet-PC eine solche Karte zu kaufen. Alle Mobilfunkanbieter haben spezielle Datenpakete, mit denen man zum Teil schon für rund 5 Pfund den ganzen Monat kostenlos über UMTS surfen kann.
www.visitengland.com/de
www.visitbritain.com

Klima/Reisezeit

Frühjahr bis Herbst ist die beste Reisezeit. Dann liegen die Durchschnittstemperaturen bei 10 bis 15 Grad, im Sommer auch oft bei 20 bis 25 Grad. Wegen der Nähe zum Golfstrom herrscht im Süden ein mildes Klima. Auch die Winter sind in der Regel mild, die Temperaturen rutschen selten unter null Grad – entsprechend selten von Schnee begleitet, aber durchaus von Regen. Im Osten des Landes kann es ein paar Grad kälter sein. Typisch sind kurze, aber dafür häufige Schauer – selten Dauerregen.

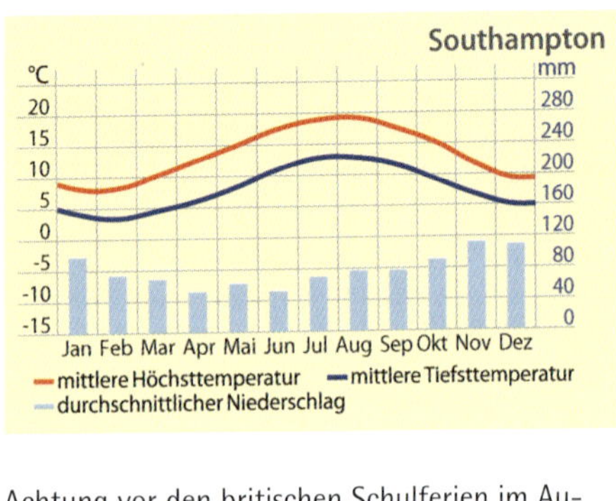

Achtung vor den britischen Schulferien im August: Dann ist der Süden Englands dicht bevölkert und die Hotels entsprechend teuer. Noch etwas ist im Winter lästig: Es wird nicht nur früh dunkel – viele Sehenswürdigkeiten sind dann geschlossen oder haben zumindest sehr eingeschränkte Öffnungszeiten.

Linksverkehr

Auf der Britischen Insel wird nach alter Tradition links gefahren – wie in fast allen Ländern mit angelsächsischer Vergangenheit. Das klingt schwerer als es ist, denn Straßen und Beschilderungen sind so angelegt, dass man im Grunde nichts falsch machen kann. Im Kreisverkehr hat wie überall der Verkehr im Kreis Vorfahrt. Rechts vor Links gibt es in diesem Sinne nicht, auch nicht Links vor Rechts, stattdessen verdeutlichen alle möglichen Schilder, Ampeln und Fahrbahnmarkierungen (Linien beispielsweise), was zu tun ist.

Vorsicht vor überhöhter Geschwindigkeit: Die Strafen sind hoch. Häufig begegnet man Schildern, die auf Kontrollkameras hinweisen – es gibt jedoch deutlich mehr Schilder als Kameras, was den Autofahrer leicht dazu verleiten kann, sie zu ignorieren. Und inzwischen sind auf Autobahnen Messungen der Durchschnittsgeschwindigkeit über eine längere Distanz durch Kennzeichenerkennung sehr beliebt.

Grundsätzlich beträgt in Städten die Höchstgeschwindigkeit 30 mph (rund 48 km/h), auf einspurigen Straßen außerhalb des Orts 60 mph (97 km/h), auf zweispurigen Straßen sowie Autobahnen 70 mph (112 km/h). Andere Regelungen (die oft vorkommen!) sind wiederum durch spezielle Schilder ausgewiesen. Es gilt dieselbe Gurtpflicht wie in Deutschland, ebenso das Verbot von Mobiltelefonen am Steuer. Die Promillegrenze liegt bei 0,8 und wird vor allem auf dem Land gern und häufig kontrolliert.

Oben: Durch das milde Klima Südenglands begünstigt: die üppige Vegetation auch an Häusern
Unten: Einkaufen in alter Umgebung: Outlet Malls wie die in Swindon sind oft in ehemaligen Fabriken untergebracht.

Oben: Wer nach Südengland kommt, sollte Zeit mitbringen – es gibt einfach zu viel zu entdecken.
Unten: Die schönste Beschäftigung am Nachmittag: Cream Tea mit Scones, Marmelade und Clotted Cream

Maßeinheiten

1 Inch = 1 Zoll = 25,4 mm
1 Foot = 12 Zoll = 0,3048 m
1 Yard = 3 Fuß = 36 Inch = 0,914 m
1 Mile = 1,609 km
1 Pint = 0,568 l
1 Ounce (oz) = 28,35 g
1 Pound (lb) = 16 oz = 453,6 g

Notruf

Polizei, Rettungsdienst und Feuerwehr: 112

Öffnungszeiten

Theoretisch gibt es immer irgendetwas zum Einkaufen. Größere Supermärkte haben werktags meist von 7 bis 22 Uhr geöffnet, Einzelhändler in den Innenstädten von 10 bis 17 oder 18 Uhr. Donnerstags ist in Großbritannien der Tag mit längeren Ladenöffnungszeiten (bis 20 Uhr). In Ballungszentren gibt es große 24-Stunden-Supermärkte. Auch sonntags haben in größeren Städten und in den Einkaufszentren auf der grünen Wiese viele Geschäfte geöffnet (meist 11 bis 16 Uhr). Banken und Behörden halten sich an mit Deutschland vergleichbare Öffnungszeiten: montags bis freitags meist 9 bis 17 Uhr. Viele Banken haben auch Samstagvormittag einige Stunden geöffnet.

Trinkgeld

Wie in den meisten Ländern gibt man auch in Großbritannien im Restaurant rund zehn Prozent des Rechnungsbetrags als Trinkgeld. Achtung: In touristisch stark besuchten Gegenden kann es vorkommen, dass eine *Service Charge* gleich als zusätzlicher Betrag mit auf der Rechnung ausgewiesen ist. Im Taxi reicht das Aufrunden auf den nächsten Pfund-Betrag, im Pub gibt es konsequent kein Trinkgeld, wenn man sich sein Getränk am Tresen holt und gleich dort bezahlt.

Verkehrsverbindungen vor Ort

Bahn: Die britischen Bahnen sind besser als ihr Ruf, ab London gibt es schnelle Verbindungen ins ganze Land.
Bus: Die Überlandbusse von National Express fahren alle größeren Orte Großbritanniens an, auch von den großen Flughäfen aus. Busse sind in der Regel günstiger als die Bahn, dafür dauert die Fahrt auf vielen Strecken länger. Megabus ist der größte Konkurrent von National Express und wirbt mit günstigen Preisen. Regionale Busverbindungen gibt es quasi überall – allerdings im ländlichen Bereich meist nur mit wenigen Fahrten täglich, teilweise am Sonntag.
Mietwagen: Alle bekannten Autovermietungsfirmen sind auch in den größeren Orten Südenglands vertreten. Es gibt große Unterschiede in Preis und Leistung. Oft ist es im Verhältnis günstiger, einen Wagen über einen längeren Zeitraum zu mieten als nur für einen Tag. Mitunter ist es sogar günstiger, ein Auto gleich am Flughafen in London zu buchen. Achtung: Viele Mietwagenfirmen haben ihre Filialen nicht zentral in der Stadt, sondern in einem Gewerbegebiet etwas außerhalb. Mietwagenbroker wie Cardelmar oder Sunnycars werben mit ihren Billig-Angeboten.
Taxi: Preislich vergleichbar mit den Tarifen in Deutschland und insofern nur für kurze Strecken sinnvoll

Zeit

In Großbritannien gilt Greenwich Mean Time (GMT), d.h. es ist dort immer eine Stunde früher als in Deutschland. Die Sommer- und Winterzeit beginnen am selben Tag wie in Deutschland.

Oben: Zeitvertreib am Abend: einer der zahlreichen Pubs – manche zeigen gern ihre Verbundenheit zum britischen Königshaus.
Unten: Abends wird es vielerorts richtig romantisch – wie hier am Hafen von Weymouth.

Südengland für Kinder und Jugendliche

BEWEGEN

Jump. Große Halle bei Bristol zum Klettern und Toben für Kinder bis zu 12 Jahren. Mo–Fr 10–18.30 Uhr, Sa/So 9.30–18 Uhr, Eintritt Kinder (je nach Alter) 0–7,50 £, Erwachsene gratis, 22 Concorde Road, Cribbs Causeway, Bristol BS34 5TB, Tel. 01 17/931 27 33, www.123jump.co.uk

Durch Harry Potters Kulissen: Warner Bros. Studio Tour in Leavesden

Woodmill Outdoor Activity Centre. Outdoor-Aktivitäten an einer früheren Mühle. Tgl. 9–17 Uhr, Preise je nach Angebot, Woodmill Lane, Swaythling, Southampton SO18 2JR, Tel. 023 80/91 57 44

FESTIVALS

Bath Children's Literature Festival. Ein Festival der Kinder- und Jugendliteratur. Ende September/Anfang Oktober. Büro: Abbey Chambers, Kingston Buildings, Bath BA1 1NT, Tel. 012 25/46 22 31, www.bathfestivals.org.uk/childrens-literature

Camp Festival. Festival auf Lulworth Castle in Dorset mit Musik, Kultur und vielen Angeboten für Kinder. Ende Juli/Anfang August, Lulworth Castle, East Lulworth, Wareham BH20 5QS Tel. 08 44/888 44 20, www.campbestival.net, www.lulworth.com

Larmer Tree Festival. Großes Musikfestival bei Salisbury, bei dem es auch viele Aktionen für Kinder gibt. Mitte Juli, Larmer Tree Festival Office, PO Box 1790, Salisbury SP5 5WA, Tel. 023 80 71 18 20, www.larmertreefestival.co.uk

MUSEEN

Oxford Castle. Das etwas andere Geschichtsmuseum: Oxford Castle wurde noch bis in die 1990er-Jahre als Gefängnis genutzt. Jetzt führen kostümierte Mitarbeiter durch den Komplex und machen Geschichte erlebbar. Tgl. 10–16.30 Uhr, Eintritt Erwachsene 9,95 £, Kinder 6,95 £, 44–46 Oxford Castle, Oxford OX1 1AY, Tel. 018 65/26 06 66, www.oxfordcastleunlocked.co.uk

Warner Bros. Studio Tour. Der Name täuscht: Hinter der Studio Tour verbirgt sich keine Führung durch die Filmstudios (die sind nebenan), sondern ein Harry-Potter-Museum, das einem Filmstudio nachempfunden ist. Tgl. 10–20 Uhr (teilweise bis 22 Uhr), nur nach Voranmeldung, Eintritt Erwachsene 31 £, Kinder 23,50 £, Studio Tour Drive, Aerodrome Way, Leavesden, Watford, Hertfordshire WD25 7LR, Tel. 08 45/084 09 00

TIERE

Isle of Wight Donkey Sanctuary. Eselfarm, auf der man die Tiere auch adoptieren kann. Apr.–Okt. 10.30–16.30 Uhr, Eintritt frei, Lower Winstone Farm, Whiteley Bank, Wroxhall, Isle of Wight PO38 3AA, Tel. 019 83/85 26 93, www.iwdonkey-sanctuary.com

Slimbridge Wetland Centre. 325 Hektar Weideland und Sumpfgebiet mit mehr als 200 Vogelarten, die beobachtet werden können. Tgl. 9.30–17.30 Uhr (im Winter bis 17 Uhr), Eintritt 12,30 £, Kinder 6,70 £, Gloucestershire GL2 7BT,

Tel. 014 53/89 19 00, www.wwt.org.uk/wetland-centres/slimbridge

SPASS

Chessington World of Adventure. Großer Freizeitpark am Rande von London. Tgl. 9.30–16.30 Uhr, Eintritt 45 £, Familien ab 2 Personen 34 £ pro Person, Leatherhead Road, Chessington KT9 2NE, Tel. 08 71/663 44 77, www.chessington.com

Dickens World. Eine 90-minütige Tour durch das viktorianische England von Charles Dickens. Tgl. 10–17.30 Uhr, Eintritt 7,50 £, Vorabbuchung erforderlich, Leviathan Way, Chatham Maritime, Kent ME4 4LL, Tel. 08 44/858 66 56, www.dickensworld.co.uk

Fossil Hunting. Auf Fossiliensuche an der Südküste Englands – die wegen ihrer zahlreichen Funde auch Jurassic Coast genannt wird. Unterschiedliche Orte, Informationen auf der Website. Erwachsene 12,75 £, Kinder 6,75 £, www.discoveringfossils.co.uk

Legoland Windsor. Großer Freizeitpark rund um die kleinen bunten Bauklötze. April–Okt. tgl. 10–18 Uhr (im Sommer bis 19 Uhr), Eintritt 46,80 £, Winkfield Road, Windsor SL4 4AY, Tel. 08 71/222 20 01, www.legoland.co.uk

The Needles Park. Vergnügungspark an der Küste der Isle of Wight. Tgl. 10–16 Uhr (im Sommer an einzelnen Tagen länger), Eintritt frei, die Attraktionen kosten jedoch (Sessellift 4 £ hin und zurück), Alum Bay PO39 0JD, Tel. 08 71/720 00 22, www.theneedles.co.uk

ESSEN

Jamie Olivers Recipease. Diese relativ neue Kette von Fernsehkoch Jamie Oliver ist eine gelungene Kombination aus Café, Kochschule und Lebensmittelgeschäft. Angeboten werden auch kurze Kochkurse für Kinder. Mo–Sa 8–19 Uhr, So 9–17 Uhr, Kurs ca. 15 £, nur nach Voranmeldung, 72 Western Road, Brighton BN1 2HA, Tel. 012 73/31 13 38, www.jamieoliver.com/recipease/lessons

Watershed Café Bar. Großes einfaches Restaurant im Watershed-Kulturkomplex am Hafen von Bristol, gut für Familien geeignet. Mo–Sa 10–23 Uhr, So 10–22.30 Uhr, 1 Canon's Road, Harbourside, Bristol BS1 5TX, Tel. 01 17/927 64 44, www.watershed.co.uk/food-drink/cafe-bar

Immer eine gute Idee: Spaß an einem der zahlreichen Piers

Kleiner Sprachführer

ALLGEMEINES

guten Morgen/Tag good morning/afternoon
gute Nacht good night
hallo hello
auf Wiedersehen goodbye
Tschüss! Bye-bye!
Wie geht es Ihnen/dir? How are you?
gut very well
ja yes
nein no
bitte please
danke thank you
gern geschehen You are welcome.
Wie bitte? Pardon?
Entschuldigung excuse me
Ich verstehe nicht. I don't understand.
Ich heiße ... My name is ... / I am ...
Ich spreche kein Englisch. I don't speak English.
Sprechen Sie ...? Do you speak ...?
Wie viel Uhr ist es? What time is it?

UNTERWEGS

links left
rechts right
geradeaus straight on
in der Nähe near by
weit weg far away
Gibt es in der Nähe ...? Is there a ... near by?
Entschuldigung, wo ist ...? Excuse me, where can I find ...?
geöffnet open
geschlossen closed
Touristeninformation tourist information centre
Bahnhof station
Flughafen airport
Mietwagen rental car
Zug train
Fahrkarte ticket
Kreisel roundabout
Ampel traffic light
Autobahn motorway
Bushaltestelle bus stop
Tankstelle filling station/petrol station
Parkhaus/Parkplatz car park
Museum museum
Kirche church
Kathedrale cathedral
Hilfe! Help!
Achtung! Attention!
Polizei police
Arzt doctor

ESSEN UND TRINKEN

Haben Sie einen Tisch für ... Personen? Do you have a table for ... people?
Kann ich bitte für 20 Uhr einen Tisch für ... Personen reservieren? Could I reserve a table for ... for 8 p.m., please?
Ist dieser Tisch besetzt? Is this table occupied?
Herr Ober! Excuse me!
Die Speisekarte, bitte! Could I see the menu, please?
Ich bin Vegetarier. I am vegetarian.
Ich möchte gern ... I'll have ..., please.
Guten Appetit! Enjoy (your meal).
Die Rechnung, bitte! Could I get the bill, please?
Der Rest ist für Sie. Keep the change.
Tagesmenü dish of the day
Frühstück breakfast
Mittagessen lunch
Abendessen dinner
Vorspeise starter
Hauptspeise main (course)
Nachtisch desert
Beilage side order
Weinkarte wine menu
das Glas the glas
ein Glas Bier a pint of beer
Flasche bottle
Tasse cup
Messer knife
Gabel fork
Löffel spoon
Teller plate
Serviette napkin
Tee tea
Kaffee coffee

Mineralwasser mit/ohne Kohlensäure sparkling/still mineral water
Milchkaffee Latte
Bier beer
Wein wine
Essig vinegar
Salz salt
Zucker sugar
Pfeffer pepper
Fisch fisch
Lamm lamb
Rind beef
Schwein pork
Hühnchen chicken
Lachs salmon
Kabeljau cod
Seeteufel monkfish
Hummer lobster
Garnelen prawns
Meeresfrüchte seafood
Schinken ham
Würstchen sausages
Käse cheese
Obst fruit
Kuchen cake
Salat salad
Spinat spinach
Spargel asparagus
Möhren carrots
Erbsen peas
Blumenkohl cauliflower
Kartoffeln potatoes
Reis rice
Nudeln pasta
heiß hot
kalt cold

ÜBERNACHTEN

Hotel hotel
Pension guest house/B&B
Jugendherberge youth hostel
Ich habe ein Zimmer reserviert. I have reserved a room.
Haben Sie ein freies Zimmer? Have you got any vacancies?
Ich suche ein Zimmer für ... Personen. I am looking for a room for ... people.
Einzelzimmer single room
Doppelzimmer double room (mit Doppelbett)/twin room (mit zwei Einzelbetten)
mit Bad en suite
mit Frühstück B&B (Bed and Breakfast)
Halbpension half board
für eine Nacht for one night
für eine Woche for one week
Gepäck luggage
anmelden check in
abmelden check out

EINKAUFEN

Fußgängerzone pedestrian zone
Haupteinkaufsstraße high street
Geschäft shop
Supermarkt supermarket
Einkaufszentrum shopping mall/centre
Markt market
Bäckerei bakery
Apotheke pharmacy
Ich hätte gern ... I would like to buy ...
Wie viel kostet das? How much is this?
teuer expensive
günstig cheap
Größe size
Rabatt discount
Schlussverkauf sale
bezahlen pay
Geld money
Keditkarte credit card
Geldautomat cash machine/ATM
Umtausch (ex)change
Umkleidekabine changing room
Erstattung refund

ZAHLEN

0 zero
1 one
2 two
3 three
4 four
5 five
6 six
7 seven
8 eight
9 nine
10 ten
11 eleven
12 twelve
100 (one) hundred
1000 (one) thousand
¼ a quarter
½ half

Verantwortlich: Ulrich Jahn, Marianne Rösler
Redaktion: Dr. Barbara Münch-Kienast
Korrektorat: SAW Communications, Dr. Sabine A. Werner
Layout: graphitecture book & edition
Umschlaggestaltung: Ulrike Huber,
Repro: Repro Ludwig
Kartografie: Kartographie Huber, Heike Block
Herstellung: Bettina Schippel
Printed in Slovenia by Florjancic

Unser komplettes Programm finden Sie unter

www.bruckmann.de

Bildnachweis:
Alle Bilder des Innenteils und des Umschlags stammen von Franz Marc Frei, außer: 35, 127 (2), 165, 183, 201, 236, 239o., 282: Michael Pohl; 39: Deal Museum Trust; 38 (2): mauritius images/ Alamy; Shutterstock: 6o., 99o. (Fulcanelli), 9l. (HS3RUS), 28o. (B.S.Karan), 29 (Ella Hanochi), 30o., 42u., 43, 72, 100o. (Paul J Martin), 30M. (Chris Jenner), 30u. (Ralf Gosch), 32 (Antonio Danna), 36 (2), 219u. (ian woolcock), 37 (Tom Curtis), 40o. (ImagineMedia), 40u., 55, 66, 100u. (Philip Bird LRPS CPAGB), 42o. (Gordon Bell), 49 (donsimon), 59 (Paulina Grunwald), 60u. (S.m.u.d.g.e), 61o. (Chantal de Bruijne), 62o. (Chris Harvey), 62u. (Martin Parratt), 63, 65 (Sue Chillingworth), 64u. (Liubov Terletska), 67 (Kamira), 73, 74o. (Ron Ellis), 82 (rosesmith), 83 (tlorna), 92o. (Nick Hawkes), 92u. (Barry Goble), 93 (Chester Tugwell), 94o. (Lilly Trott), 94u. (Veronika Surovtseva), 95u. (Kelvin Yam), 98u. (ivanovskyy), 104o., 106o. (gfdunt), 104u., 106u. (Guy Erwood), 105 (Francesco Carucci), 109o. (Mark Spokes), 110o. (Malcolm Chapman), 128o., 133, 187 (BasPhoto), 129, 130o. (Jane Rix), 132 (Kevin Eaves), 142o. (Paul Robinson), 161 (1000 Words), 166o., 167o. (David Bukach), 166M. (Michael Warwick), 174 (Featureflash), 175u. (Kiev.Victor), 182u. (AdamEdwards), 185 (Dutourdumonde Photography), 186o. (Luis Santos), 192 (Amra Pasic), 195 (David Hughes), 233 (Sue Burton PhotographyLtd), 242o. (Paul D Smith), 243o. (Emily Taner), 269 (Ollie Taylor), 274o. (Michaelpuche); Wikimedia Commons: 33 (Gaius Cornelius), 34 (Immanuel Giel), 41 (Val Vannet), 64o. (JohnArmagh), 68 (Rib), 70u. (Brian Snelson), 95o. (Robin Webster), 108 (Konstantin Dankov), 109u. (Colin Smith), 110u. (Simon Q), 171 (WyrdLight.com).

Umschlag:
Vorderseite:
Oben: Blüte einer Anemone (Shutterstock/ eurobanks)
Mitte links: London-Brighton Rallye, Crawley
Mitte rechts: Bourton-on-the-Water, Cafe am Windrush River
Unten: Schwarze Schwäne in Leeds Castle, Maidstone
Rückseite:
Links: Old Harry Rocks / The Pinnacles bei Swanage / Dorset
Rechts: Der Royal Pavilion in Brighton

Die Deutsche Nationalbibliothek verzeichnet diese Publikation in der Deutschen Nationalbibliografie; detaillierte bibliografische Daten sind im Internet über http://dnb.d-nb.de abrufbar.

ISBN 978-3-7654-8499-5